ミネルヴァ日本評伝選

山紫水明の都にかへさねば

七代目小川治兵衛

尼﨑博正著

ミネルヴァ書房

刊行の趣意

「学問は歴史に極まり候ことに候」とは、先哲荻生徂徠のことばである。

歴史のなかにこそ人間の智恵は宿されている。人間の愚かさもそこにはあらわだ。この歴史を探り、歴史に学んでこそ、人間はようやくみずからの正体を知り、いくらかは賢くなることができる。新しい勇気を得て未来に向かうことができる。徂徠はそう言いたかったのだろう。

「ミネルヴァ日本評伝選」は、私たちの直接の先人について、この人間知を学びなおそうという試みである。日本列島の過去に生きた人々の言行を、深く、くわしく探って、そこに現代への批判を聴きとろうとする試みである。日本人ばかりではない。列島の歴史にかかわった多くの異国の人々の声にも耳を傾けよう。

先人たちの書き残した文章をそのひだにまで立ち入って読み、彼らの旅した跡をたどりなおし、彼らのなしとげた事業を広い文脈のなかで注意深く観察しなおす――そのとき、はじめて先人たちはいまの私たちのかたわらによみがえってくる。彼らのなまの声で歴史の智恵を、また人間であることのよろこびと苦しみを、私たちに伝えてくれもするだろう。

この「評伝選」のつらなりのなかから、列島の歴史はおのずからその複雑さと奥ゆきの深さをもって浮かび上がってくるはずだ。これを読むとき、私たちのなかに新たな自信と勇気が湧いてきて、その矜持と勇気をもって「グローバリゼーション」の世紀に立ち向かってゆくことができる――そのような「ミネルヴァ日本評伝選」にしたいと、私たちは願っている。

平成十五年（二〇〇三）九月

上横手雅敬
芳賀　徹

慶沢園（現在）

無隣庵

（上・「無隣庵林泉」『京華林泉帖』〔明治42年〕，下・現在）

清風荘

（上・「清風館庭園」『住友春翠』〔昭和30年〕，下・現在）

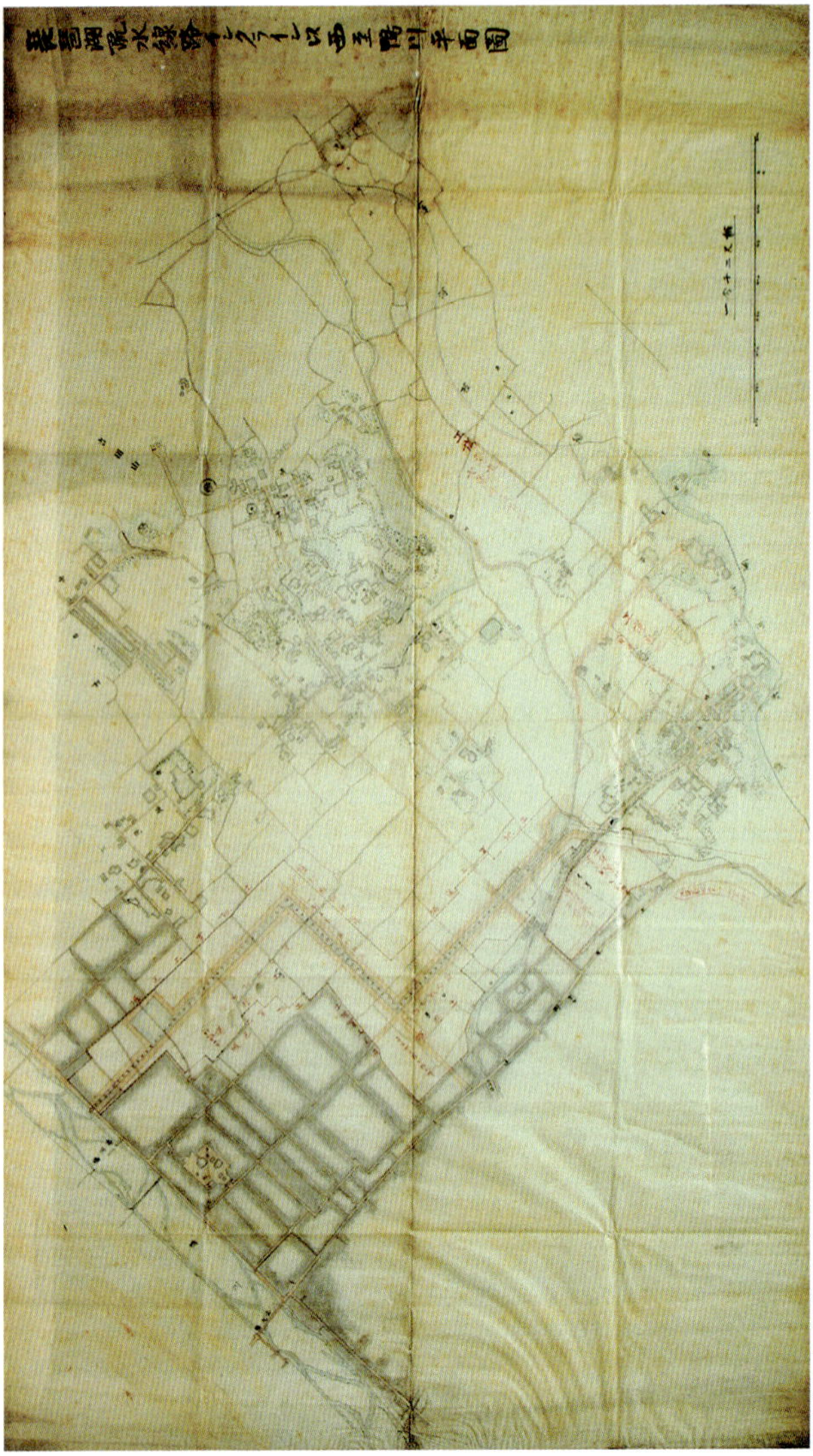

「琵琶湖疏水線路インクライン以西至鴨川平面図」
（琵琶湖疏水記念館蔵）

はしがき

京都で、ぜひ出会っておきたい庭がある。南禅寺畔に佇む名園、無鄰庵。時の流れとともに所有者が替わり、ライフスタイルや周辺環境、そして美意識がどのように変化しようとも生き残っていく。名園とはそういうもの。

名園が人々に受け継がれていくには理由がある。時代を超えて感動を与え続けられるかどうかだ。では感動は何に由来するのであろうか。答えは一つ、創造性である。

いつの時代にも、創造的であったものだけが伝統となり、伝統が新たな創造性を弛まなく刺激しつづけてきた。そのダイナミズムを「創造する伝統」と呼ぶことにしよう。

このような観点から日本庭園の歴史を振り返ってみると、注目すべき三人の作庭家が浮かび上がってくる。中世の夢窓疎石《むそうそせき》（一二七五～一三五一年）、近世の小堀遠州《こぼりえんしゅう》（一五七九～一六四七年）、そして近代の植治《うえじ》こと七代目小川治兵衛《おがわじへえ》（一八六〇～一九三三年）。彼らに共通しているのは、それぞれの時代に独自の庭園観を示しつつ、日本庭園に新たな境地を切り拓いていったことである。

なかでも作庭の現場に直接かかわる〝植木屋〟であった七代目小川治兵衛（屋号を植治という、以下植治と称する）は異色の存在といえる。しかしながら、〝植木屋〟であったがゆえに、植治の評価は必ずしも正当になされてきたとはいえない。

植治が活躍した明治中期から大正、昭和初期、それは明治維新によって新たに登場した政財界の有力者たちが独自の文化を追求していった時代にあたる。植治の作庭した庭園は彼らに受け入れられ、やがて近代庭園のスタイルとして定着していく。その発端となったのが京都南禅寺畔に営まれた山縣《やまがた》有朋《ありとも》の別荘、無隣庵《むりんあん》にほかならない。

三十歳代半ばの植治は、山縣との出会いを契機として近代庭園に目覚め、岡崎・南禅寺界隈の別荘庭園群を主舞台として自らの作風を確立していく。そのデザイン力もさることながら、時代の流れを読む先見性、用意周到な計画性、迅速な実行力を備えた実業家としても植治は傑物であった。

京都の近代化の波に揉まれながら、世の動きを敏感に察知し、ときには土地取引に手を染めてまで大胆に事を運ぶ。このような総合プロデューサーとしての力量を兼ね備えていたがゆえに、植治は政財界人たちの信頼を勝ち取り、彼らの人脈を通じて、京都の、そして東京の数ある植木屋を尻目に全国へと作庭活動を展開していったのである。

岡崎・南禅寺界隈には無隣庵をはじめ、平安神宮神苑、對龍山荘《たいりゅうさんそう》、旧岩崎別邸、清流亭《せいりゅうてい》、有芳園《ゆうほうえん》、碧雲荘《へきうんそう》、怡園《いえん》などの代表作が残されていて、植治が目指した空間性とデザインの本質を物語ってくれる。東山を望む雄大な空間構成、琵琶湖疏水の水を引き入れた軽快な流れの意匠、明るく開放的な芝生広場、林間に見え隠れする瀟洒《しょうしゃ》な茶室の佇まい。植治が描いたこのような情景は、新時代のリーダーたちのセンスを巧みに具現化したものにほかならなかった。

近代自然主義の時代にあって、植治は庭園における自然のモチーフと、その表現法にも新風を吹き込んでいる。日本庭園がこだわり続けてきた景勝地の海岸風景を、誰もが見覚えのある身近な野山の風景に置き換えるとともに、それらを原寸大で表現することによって、「眺める庭」から「五感で味わう庭」へと転換したことの意味は極めて大きい。

植治の庭園観は、茶道の変革を目論む益田鈍翁《ますだどんのう》や高橋箒庵《たかはしそうあん》など近代数寄者たちの好みとも符合していた。同時に、幕末から明治にかけて茶の湯（抹茶）を凌駕《りょうが》する勢いであった煎茶の影響を読み取ることもできる。植治の果たした役割の一つは、抹茶と煎茶を融合した「近代数寄空間」の創出にあるといえよう。

このような植治独自の境地は、弛まない作庭活動のなかで醸成されたものである。

明治二十九（一八九六）年に完成をみた無隣庵、その作庭中に手がけた平安神宮神苑を皮切りに、對龍山荘や和楽庵《わらくあん》など明治三十年代の作庭を通じて植治の作風は確立する。

四十年代に入ると別荘地開発は南禅寺参道の北方へと拡がっていく。白川《しらかわ》沿いを中心に次々と邸宅や別荘が営まれるなか、この地域の土地経営に意欲を燃やす塚本与三次《つかもとよさじ》との二人三脚によって植治の作庭活動はますます活発化していった。世間に名が知られるようになった植治を、『京都日出新聞』が「京名物（二十八）小川治兵衛氏」として取りあげたのは明治四十三（一九一〇）年四月十四日のことである。

この頃から長男の保太郎《やすたろう》（白楊《はくよう》）が頭角をあらわし、大正四（一九一五）年に挙行された即位大礼では関連する諸工事を取り仕切るまでになる。大礼後の白楊は碧雲荘の作庭に意欲を燃やすが、写真、古瓦蒐集、石造美術の調査で才能を発揮する趣味人でもあった。

その間、植治は大阪の慶沢園《けいたくえん》、京都の清風荘《せいふうそう》、鹿ケ谷別邸《ししがたにべってい》など、最大の施主である住友春翠《しゅんすい》の仕事を相次いで手掛ける。大正七（一九一八）年から本格化する東京進出も、春翠の実兄である西園寺公望の駿河台本邸から始まった。かくして全国的に名声が高まり、絶頂期を迎えた植治を、大正十五（一九二六）年二月二十一日付の『京都日出新聞』は「名物老人　見識家の植治　造庭術の第一人者　七代目の小川治兵衛翁」として紹介している。

ところがこの年、悲しむべき出来事が相次いで植治を襲う。新聞掲載の翌三月に住友春翠が亡くなり、昭和と改元されて間もない十二月二十八日には白楊が四十五年の生涯を閉じたのである。植治は失意のなかで昭和大礼を迎えることになった。

それでもなお大礼に伴う諸工事をはじめ、倉敷の大原孫三郎《おおはらまごさぶろう》や東京の岩崎小弥太《いわさきこやた》、長尾欽弥《ながおきんや》、細川護立《ほそかわもりたつ》、あるいは高橋箒庵らの求めに応じて植治は旺盛な作庭活動を続けていく。数年後の昭和八（一九三三）年十二月二日、都ホテル葵殿の作庭を最後に植治の軌跡は消える。享年七十四歳。

十二月四日、『京都日出新聞』に死亡記事「小川治兵衛翁　造庭の一人者」が、同日付『大阪毎日新聞』に「逝いた造園王」と題する追悼記事が掲載された。また翌昭和九年一月一日に発行された西川一草亭《にしかわいっそうてい》主宰の『瓶史』新春特別号は、丹羽圭介《にわけいすけ》からの聞き書き「庭師　植治」に誌面をさいている。

死の直前に残した植治の最後の言葉は、

「京都を昔ながらの山紫水明の都にかへさねばならぬ」

であったという。『京都日出新聞』の死亡記事も冒頭に、

「翁は生前常に京都の誇りである風致問題について非常に頭をなやまし保存に全力をつくしてゐた」

（『大阪毎日新聞』）

と記している。晩年の植治にとって京都の風致問題がいかに大きな関心事であったかがわかるだろう。ここに京都の近代化とともに歩んできた植治の本質を見る思いがする。

近代都市建設への意欲と、東山山麓の自然、歴史文化によって培われてきた風致を保存しようとする意識が常に共存していた京都の近代化。それは植治にとって南禅寺界隈に自らの作庭の舞台が設定されるプロセスであったとともに、東山の自然景観と融合する庭園群によって醸し出される文化的景観が形成されていく源でもあった。

これらの視点もふくめて、京都が生んだ稀有の〝植木屋〟、植治像を浮き彫りにしていくことにしよう。それはとりもなおさず、近代日本庭園の本質的価値を明らかにすることでもある。

なお、小川治兵衛の「衛」については、当代監修の『「植治の庭」を歩いてみませんか』（二〇〇四年）にしたがった。すなわち、七代目は「衛」、八代目以降は「衞」である。ただし、新聞等の刊行物を引用する際には、その記載のままとした。また、住友吉左衞門《すみともきちざえもん》については、『住友春翠』（一九五五年）にしたがって「衞」とし、刊行物の引用では原文のままとした。

無隣庵は、扁額に「無鄰菴」とあるが、当時の新聞記事等は全て「無隣庵」と記しているので、引用以外はそれにしたがった。ちなみに国の名勝指定は「無鄰庵」でなされている。また本文中の引用文に関しては、原文を活かし、旧漢字、旧かな遣い、傍点の類もそのままとした。

七代目小川治兵衛——山紫水明の都にかへさねば

目次

図版一覧

関係地図

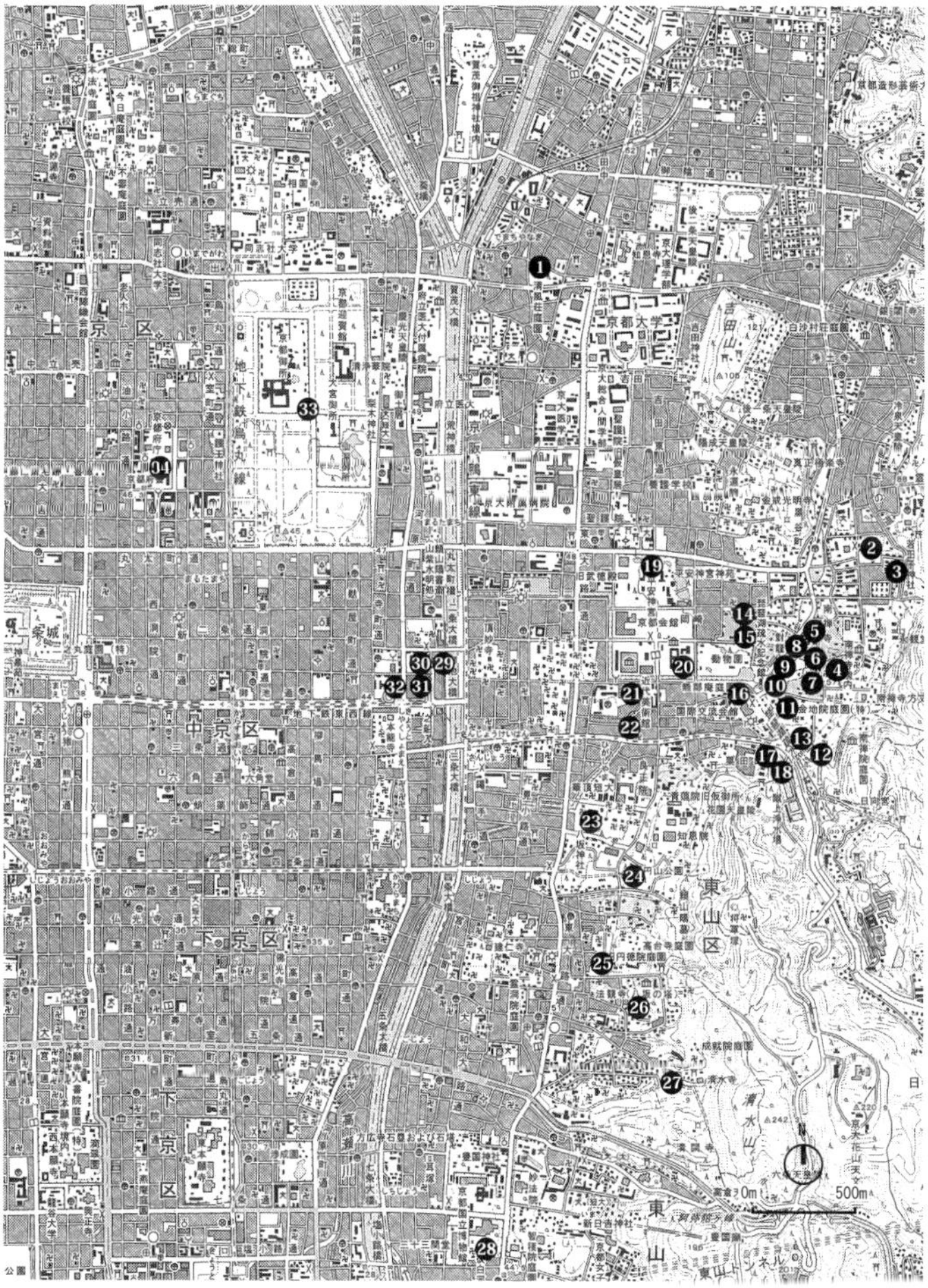

❶ 清風荘
❷ 有芳園
❸ 光雲寺
❹ 碧雲荘
❺ 怡園
❻ 塚本与三次邸（清流亭）
❼ 山中定次郎邸
❽ 塚本与三次邸（岩崎別邸）
❾ 藤田小太郎別邸
❿ 染谷寛治・聚遠亭
⓫ 對龍山荘
⓬ 稲畑勝太郎・和楽庵
⓭ 横山隆興別邸
⓮ 中井三郎兵衛邸
⓯ 下村忠兵衛邸
⓰ 無隣庵
⓱ 都ホテル葵殿
⓲ 喜寿庵
⓳ 平安神宮
⓴ 京都市商品陳列所
㉑ 外村定次郎邸
㉒ 並河靖之邸
㉓ 久原邸
㉔ 円山公園
㉕ 下河原町十牛庵
㉖ 桝屋町十牛庵
㉗ 清水寺華中庵・紫翠軒
㉘ 帝室京都博物館
㉙ 旧角倉別邸（第二無隣庵）
㉚ 旧角倉本邸（田中市兵衛邸）
㉛ 旧伊集院兼常邸
㉜ 京都市迎賓館
㉝ 京都御苑　京都御所　仙洞御所
㉞ 京都府庁

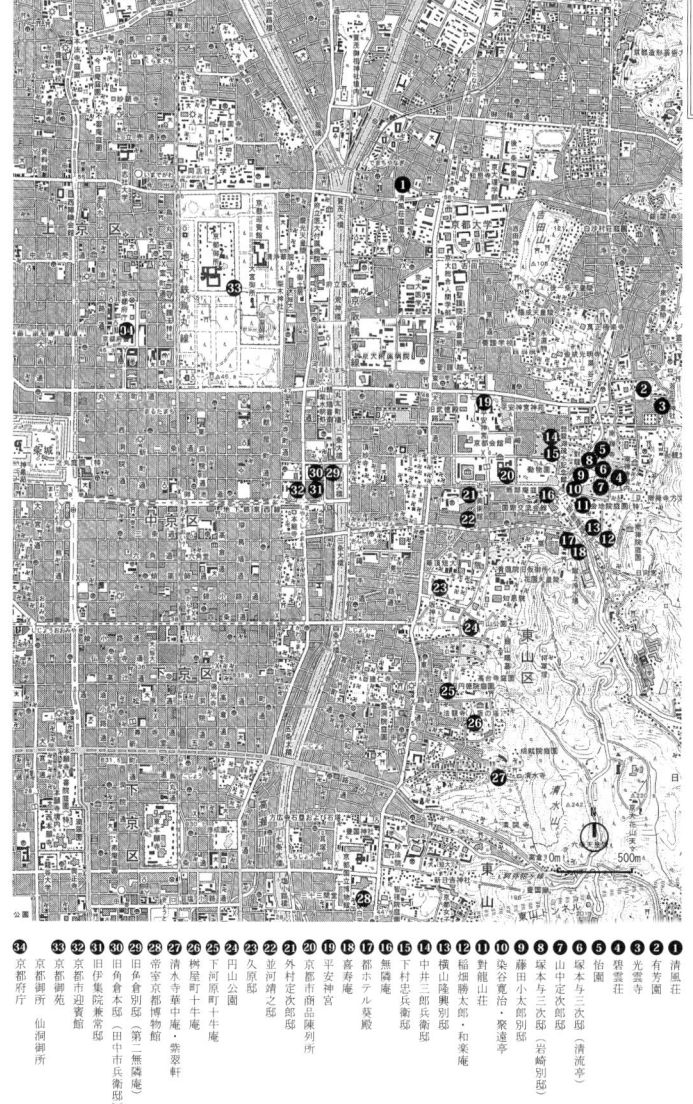

序章　京都の近代化と植治

1　近代化の波

七代目小川治兵衛の襲名

万延元（一八六〇）年、山本藤五郎《やまもととうごろう》（山本家の過去帳による）の次男として現在の長岡京市馬場に生まれた植治は九歳で明治維新を迎える。幼名は源之助《げんのすけ》。やがて長男は山本家を継いで弥兵衛を名乗り、源之助は十八歳のときに小川ミツと結婚し、京都市東山区三条通白川橋上ルで植木屋を生業とする小川家へ婿養子として入った。明治十（一八七七）年のことである。

二年後に義父が亡くなり七代目小川治兵衛を襲名、十五（一八八二）年には長男保太郎（白楊）が誕生した。なお源之助には姉ぎんがいて、その子の岩城亘太郎《いわきせんたろう》ものちに植治のもとで仕事をすることになる。

このように植木屋として出発した植治の、近代庭園の先覚者としての才能は、京都という風土のなかで、近代化という時代の流れとともに華開いていく。その京都の近代化こそ、植治が岡崎・南禅寺界隈を中心に作庭活動を展開していくための舞台設定にほかならなかった。まず、京都の近代化の動きをみておくことにしよう。

木屋町二条の変貌

明治二（一八六九）年の車駕東幸以後、政治・経済・文化の中心が東京へと移っていくなか、歴代の京都府知事は京都の再生をかけた政策を打ち出していった。いわゆる「京都策」である（『京都の歴史』第8巻）。

第一期「京都策」は明治初年から同十四（一八八一）年まで、槇村正直《まきむらまさなお》知事時代の勧業政策を中心としていた。そのターゲットとされたのが木屋町二条周辺である。

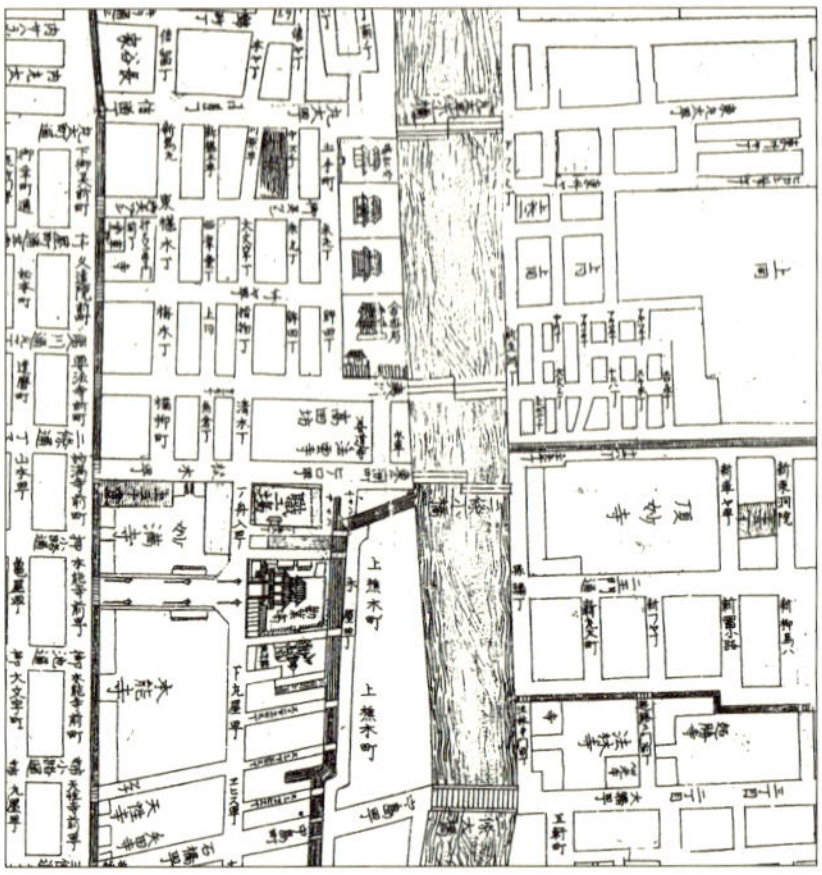

木屋町二条に開設された「勧業場」と「職工場」
（明治９年「改正京都区分一覧之図」）

明治四（一八七一）年、高瀬川一ノ舟入の南側に「勧業場《かんぎょうじょう》」が開場、同七（一八七四）年には北側に「職工場《しょっこうじょう》」（同十年織殿《おりどの》と改称）が建設された。明治九（一八七六）年発行の「改正京都区分一覧之図」をみると、夷川通りより北の加茂川べりには「舎密局」や工場が立ち並んでいる様子がわかる。

一方、「勧業場」の南には知事自身が「槇村家」を構えており、この地がやがて勧業政策の中心地から別荘・高級住宅地へと変貌していくことを予感させる。

明治十四（一八八一）年に至り、「勧業場」は民間へ払い下げられ、その跡地は「京都ホテル」となる。さらに、同二十（一八八七）年には「職工場（織殿）」も京都織物株式会社へ払い下げられた。

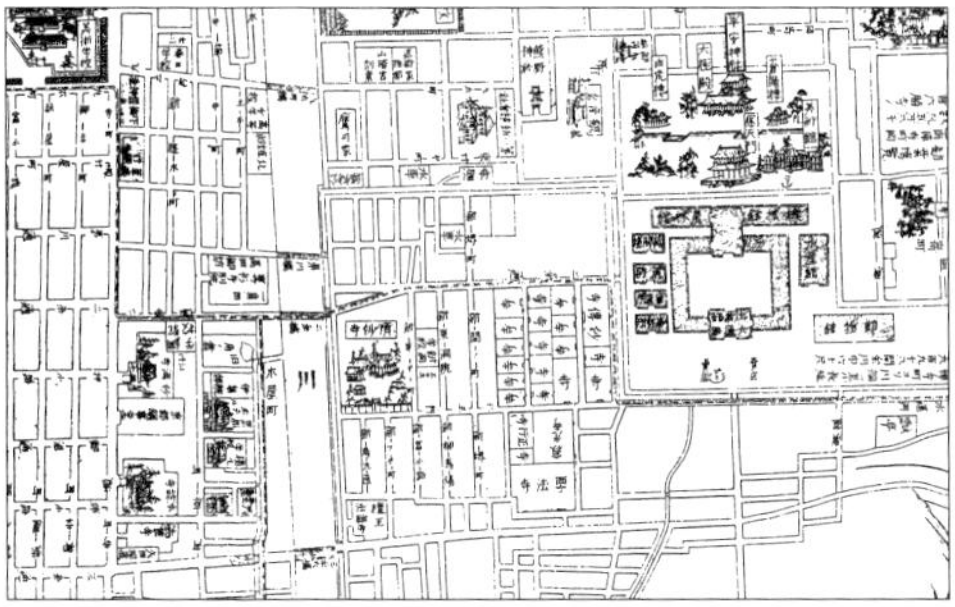

「勸業場」跡地は「京都ホテル」「伊集院邸」となる
（明治28年「新撰京都古今全図」）

明治二十八（一八九五）年発行の「新撰京都古今全図」では、「勧業場」跡地である「京都ホテル」の一角に「伊集院邸」と記されている。一方、「職工場」の跡地は「旧角ノ倉」と表記され、池らしい形が描かれている。高瀬川の起点にあたる木屋町二条は江戸時代以来、高瀬川を開削した角倉了以《すみのくらりょうい》が本邸と別邸を構えていたところで、「旧角ノ倉」が本邸、加茂川から高瀬川への導水路が斜めに走っているところが別邸にあたる。明治二十四（一八九一）年に山縣有朋が別荘（第二無隣庵）を営んだのは、この角倉別邸跡地にほかならない。

　間もなくして山縣と伊集院は相次いで南禅寺界隈へ転出するが、旧角倉本邸と同別邸は明治三十九（一九〇八）年に田中市《たなかいち》兵衛《べえ》が取得し、植治によって作庭が行われた。また、「勧業場」南の「槇村家」は女婿の新宮氏へ、新宮氏から林氏へと受け継がれていく。
このように、槇村知事が元老院議官へ転出した明治十四年以降、木屋町二条周辺は高級住宅地へと変貌していった。加茂川に臨み、比叡山から東山の山並みを一望する風光明媚な土地柄だけに、その後も有力者たちが目をつけるところとなり、大正三（一九一四）年に藤田伝三郎の長男・平太郎が、同六年には京都府知事を務めた北垣國道《きたがきくにみち》が居を構えることになる。

琵琶湖疏水の竣工

第三期「京都策」は明治十四（一八八一）年に着任した第三代北垣國道知事によって推し進められた。植治が七代目小川治兵衛を襲名して間もない頃のことである。琵琶湖疏水の開削を軸とするこの第三期「京都策」こそ、近代庭園の先覚者たる植治の将来を決定づけるものであった。

北垣は〝第二の奈良化〟を防止するためには内陸都市の矛盾を解消し、経済的基盤を強化することが重要であるとし、琵琶湖疏水の開削を決意する。かねて関東、北陸方面から京都への物資輸送は、逢坂山《おうさかやま》と日ノ岡峠《ひのおかとうげ》が大きなネックとなっていたからである。

そのため、明治五（一八七二）年の「京津間通船路計画」、同七年の「従江湖西京迄、水路掘割願」、同八年の「京津間水路測量出願」など、主に滋賀県側からの提案がなされてきた。しかし、大津が大阪経済圏へ接近しようとするこれらの動きに槇村知事は同意せず、明治八（一八七五）年から三カ年をかけて逢坂山と日ノ岡峠の道路改修を精力的に行う。その後、明治十三（一八八〇）年に大津から逢坂山遂道を抜ける鉄道の開通をみるが、日ノ岡峠を避けて大亀谷から稲荷へと迂回するルートであ

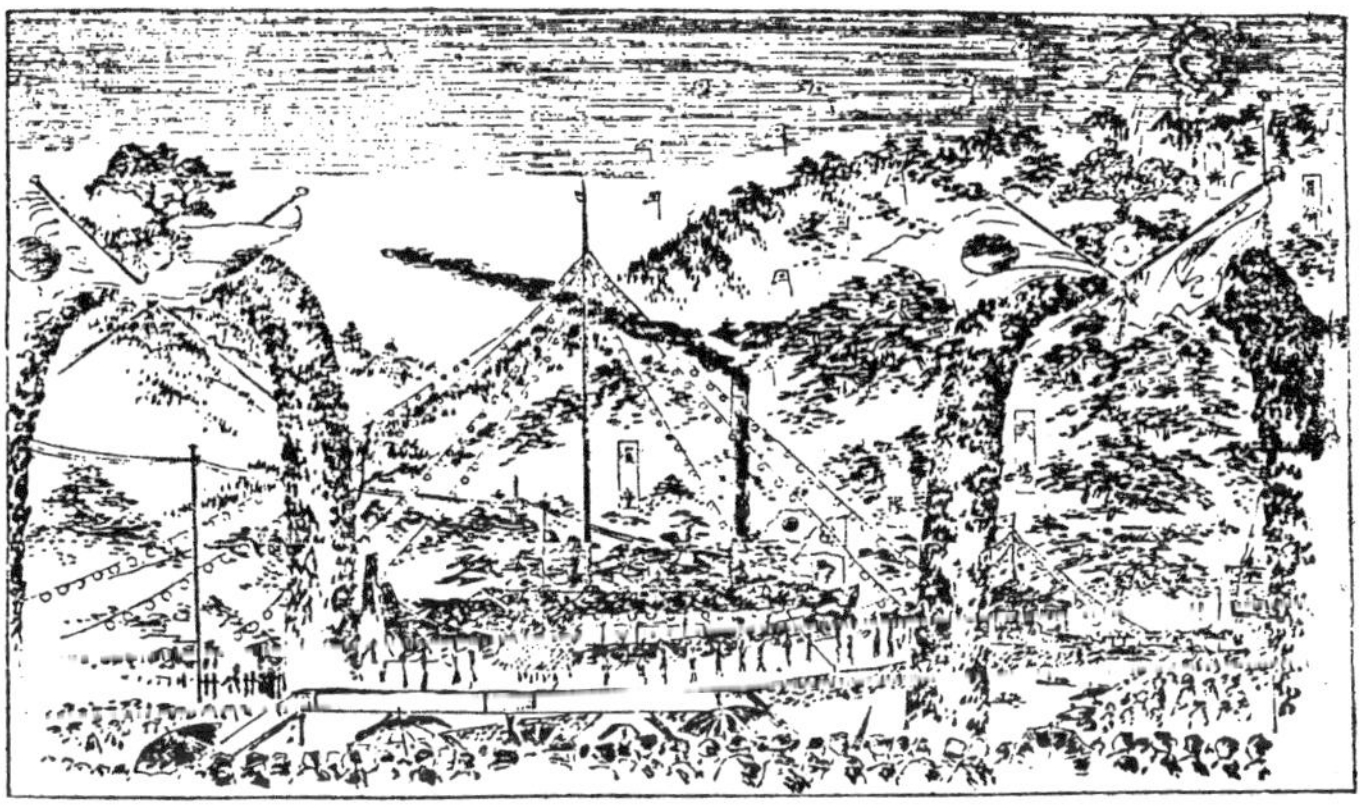

「疏水通水式場と夜会会場の賑わい」（『日出新聞』明治23年4月8日）

ったため、なお根本的な問題解決には至っていなかった。

北垣は明治十五（一八八二）年の調査を経て翌十六年四月に成案、東京の工部大学校で琵琶湖疏水を卒業設計とした弱冠二十三歳の田辺朔郎《たなべさくろう》（一八六一～一九四四年）を御用掛《ごようがかり》に任命する。明治十六（一八八三）年十二月に起工伺、同十七年に内務省の実地調査、大阪府と滋賀県から異議申し立てがあったものの、十八（一八八五）年一月十二日に起工が許可されて着工の運びとなった。それから五年後の明治二十三（一八九〇）年、琵琶湖疏水は完成する。天皇、皇后両陛下臨席のもと、四月九日に竣工式典が催された。長年の懸案がここに日の目を見たのである。

なお、疏水竣工式典前日の明治二十三年四月八日、華頂山を背にし、眼下に疏水運河と京都市街、遠くに東山、比叡山から北山までを一望のもとに収める山麓に「吉水遊園」が開園している。松、桜、梅、桃、山吹などを植え、風雅な茶亭、竹床を設えるなどの結構は、東山三条古川町で種油商を営む西村仁作を園主とする地主たちの共同事業であった。明治二十八（一八九五）年三月に訪れた富岡鉄斎《とみおかてっさい》が八勝を撰し、谷口香嶠《たにぐちこうきょう》が「京都吉水園八景圖」を描いた絶景の勝地、この吉水遊園こそ、昭和八（一九三三）年に植治が最後の作庭を行うことになる都ホテルの前身にほかならない（『都ホテル百年史』）。

岡崎・南禅寺界隈の賑わい

琵琶湖疏水の竣工によって、その京都への入り口にあたる岡崎・南禅寺界隈は京都の近代化を象徴する地域となっていく。明治二十四（一八九一）年、蹴上発電所の設置によってインクライン（傾斜鉄道）が稼働、翌二十五年から正式に電気事業が開始された。同二十七年に鴨川運河が開通、これで大津から琵琶湖疏水、鴨川運河を通って伏見へ至る全長二十キロメートルの舟運ルートが完成したことになる。

明治二十八（一八九五）年は、京都にとって記念すべき年であった。四月に第四回内国勧業博覧会、十月には平安遷都《せんと》千百年記念祭が催され、都市交通機関として京都電気鉄道が伏見から博覧会場の正門前を通って南禅寺まで走ることになったのである。

この年以降、大正年間までに実施されたのが第三期「京都策」である。京都百年の大計といわれた〝三大事業〟、すなわち第二琵琶湖疏水事業、水道事業、道路拡築ならびに電気軌道敷設事業を軸とする近代京都の都市基盤整備が、西郷菊次郎《さいごうきくじろう》市長によって完結する。

琵琶湖疏水の竣工は、それを契機として岡崎・南禅寺界隈での作庭条件が整えられていったという意味で、植治にとって画期的な出来事であった。それにもまして、植治が平安遷都千百年記念祭の記念殿として建設された平安神宮の神苑作庭を命じられ、それをきっかけとして大きく飛躍していったことに運命の糸を感じる。

2 作庭の舞台設定

工業地化から別荘地へ

では、琵琶湖疏水の竣工を契機として植治の作庭条件が整えられたとは、具体的にどのようなことを指すのであろうか。順次、紐解いていこう。

まず挙げられるのが水力発電の出現。京都の都市整備が推進されていくなか、南禅寺界隈の位置付けは琵琶湖疏水建設途中の明治二十二（一八八九）年八月、水力発電所が建設されたことによって大きく転換されることになる。

明治十六（一八八三）年の「起工趣意書」が記すように、疏水建設の当初の目的は交通、運輸が第一で、灌漑、水車、飲料、清掃、消火などが視野に入れられていた。なかでも水車の動力による製造業の近代化は京都の経済基盤強化に不可欠であり、期待も大きかったといえる。明治二十（一八八七）年に設立された京都織物株式会社が南禅寺塔頭少林院の跡地を購入したのも、水車の動力によって疏水沿いの地域が工業地として発展していく可能性を見越してのことであった。

ところが水力発電の登場によって、当初の方針は電力へと比重が移されることになる。明治二十四（一八九一）年の蹴上発電所建設、翌二十五年の電気事業開始によって二十八年に市街電車が走り、第四回内国勧業博覧会では電力のデモンストレーションも行われた。〝三大事業〟の柱の一つとして明治四十五（一九一二）年に竣工した第二琵琶湖疏水が、水道整備、工業用水の確保もさることながら、発電力の増強を第一の目的にしていたことは言うまでもない。

水力発電によって市内各所への電力供給が可能となり、水車の動力に頼る必要性が薄まった結果、南禅寺界隈の工業地化は必然的にその根拠を失うことになった。少林院跡地に京都織物株式会社の工場が建設されることはなく、鹿ヶ谷に予定されていた大水車場計画も白紙に戻された。そして「琵琶湖疏水線路インクライン以西至鴨川平面図」（口絵参照）に朱筆で「工場敷地」と記されている南禅寺から鹿ヶ谷へ至る地域には、やがて植治の作庭活動の舞台となる邸宅や別荘が次々と造営されていくことになるのである。

風致保存意識の高まり

水力発電所の建設が決定される直前の明治二十二（一八八九）年三月、北垣知事の決裁をうけた「疏水及び編入地域を中心とする市街劃定案」が立案された。そのなかで、前年の二十一（一八八八）年六月に市域へ編入された鴨川以東の粟田口《あわたぐち》、南禅寺、吉田、岡崎、浄土寺、鹿ヶ谷などの地域が、疏水竣工後に大きく発展していくことへの期待感が、次のように表明されている。

「琵琶湖疏水成功ノ後ハ漸ク熱閙ノ市區ニ變移スヘキ時運ニ向ヒ、加ルニ高等中學校ヲ始メ盛大ナル二三ノ製造場ヲモ建築中ニテ……」

一方で南禅寺山門より永観堂、若王子を経て銀閣寺門前までの地域が「東山ニ於テ最良ノ風景ヲ有スルの勝地ニシテ……」と高く評価されていることに注目したい。開発計画とともに東山の風致景観が強く意識されていたのである（『琵琶湖疏水及水力使用事業』）。

明治三十一（一八九八）年に就任した初代京都市長・内貴甚三郎は、同三十三（一九〇〇）年の市会で百万人都市を想定した地域別都市開発構想を提案する。その中で「東方ハ風致保存ノ必要アリ」と位置付けられ、「名勝旧蹟ノ保存ハ京都トシテ決シテ放棄スベカラザル事業ナリ」との意向が表明された（『京都市会議事録』明治三十三年）。

東山の風致および古社寺等旧蹟の保存が京都にとって不可欠であるとの内貴市長の認識は、明治二十三（一八九〇）年の北垣知事談話、

「名勝地保存のことは市の經濟に關する甚だ大なり凡そ内外人の四時京都に輻輳するや其來意を問ば過半は神社佛閣名勝舊蹟あるに由て……名勝地は京都固有の財源なり……名勝地の盛衰は卽ち京都市の盛衰に大關係あり……」（『日出新聞』明治二十三年二月十四日）

を受け継ぐものであった。

都市開発と風致保存を共存させせようとする意識が、植治の作庭の主舞台となる南禅寺界隈の別荘地化を促すとともに、今日の京都の風致景観を形づくってきたといえよう。

南禅寺の衰退と土地の流動化

かくして東山一帯の風致を保存しようという意識が高まるなか、工業地化をまぬがれた南禅寺界隈は別荘地への道を歩みはじめることになる。その前提条件の一つが、旧南禅寺領における土地の流動化であった。

徳川幕府の庇護によって宗教上の権力と経済基盤である寺領を保障されてきた南禅寺は、幕府の崩壊で存亡の危機に直面する。まず明治四（一八七一）年の社寺上知令《じょうちれい》によって現在の境内地を除くすべての寺領を失った。翌五年十一月の無檀無住寺院の廃寺令で慈聖、正眼、少林、金龍軒（天授庵《てんじゅあん》内）の四院が、ついで明治十一（一八七八）年十二月の合寺令で寿光院（真乗庵へ）、牧護庵《ぼくごあん》（法皇寺《ほうこうじ》へ）、済北院（東禅院へ）、岩栖院（雲門庵へ）、瑞雲庵（語心院へ）の五院が消滅。やがて語心院、大寧院、楞厳院、聴雪院、雲門庵、上生院、東禅院、龍華院の八院もなくなり、明治三（一八七〇）年に二十五院を数えた南禅寺塔頭のうち、明治末までに十七院が姿を消してしまう（『南禅寺史』）。

このようにして上知された南禅寺の旧境内や塔頭跡地が民間へと払い下げられ、相次いで邸宅や別荘が築造されていったのである。

ここに塚本与三次（一八八四〜一九三四）という人物が登場する。塚本が白川の左岸に居を構え、南禅寺界隈での土地経営に本格的に取り組みはじめたのは明治三十九（一九〇六）年のことであった。土地取引だけではなく、「庭付き高級建売住宅」の販売を計画していたふしもみられる塚本との連携によって、植治の南禅寺界隈での作庭活動はさらに活発化していくことになる。

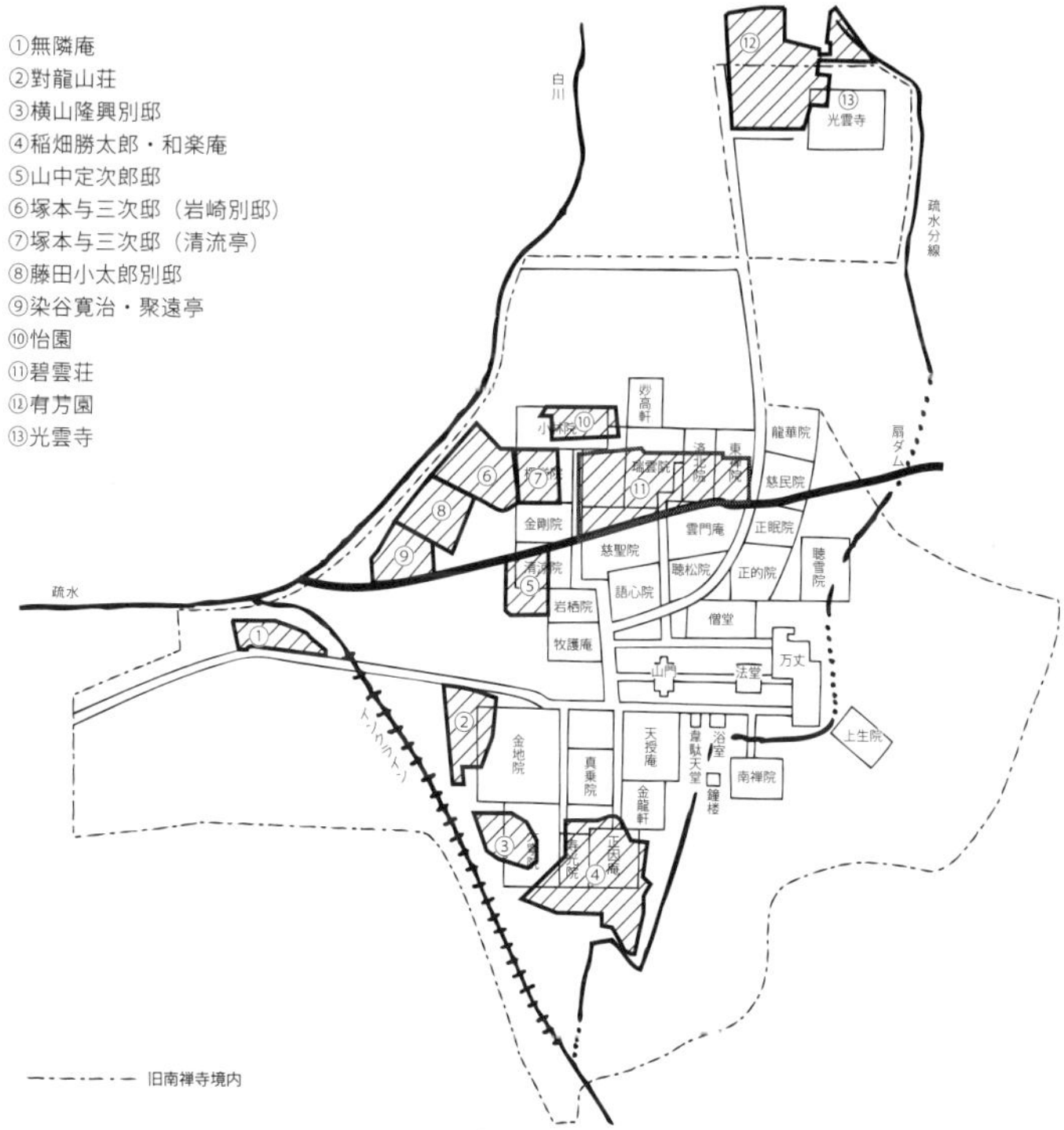

旧南禅寺境内に築造された植治の庭園

3 疏水の水の確保

京都の近代化の動きを見据えながら、一方で、植治は自ら作庭活動のための準備を着々と整えつつあった。その一つが庭石の調達である。無隣庵の作庭にかかわり始めた明治二十七（一八九四）年、植治は「植木並ニ庭石商」を名乗り、疏水の舟運を利用して琵琶湖西岸に産する庭石（守山石）を搬入している。

安価で迅速に調達可能な庭石を確保する一方、植治の眼は流れを基調とする自らの作庭に不可欠な疏水の水を手に入れることにも向けられていた。水車業者と疏水水利事務所との間に立ってコーディネーター的な役割を果たしていたふしがみられるのは、その証といえよう（『京都日出新聞』明治二十七年九月九日）。

塚本与三次との二人三脚

疏水の水を確保しようとする植治の目論見は、やはり塚本与三次との連携によって達成されることになる。塚本は土地経営だけではなく、水力発電の出現で不要となった水車の権利を買い取り、その売買によって疏水の水を庭園へ供給する役割も果たしていた。

岩城亘太郎の証言によれば、塚本は「南禅寺から白川、松ヶ崎に至る間の、東山山麓の疏水二十数か所の水車の権利を、京都市から全部買い取った」人物で、「松風陶器という工場が機械化したために、不要になった水車に目をつけて、その権利を譲り受け、野村邸や細川邸など、東山一帯の邸宅や別荘にこれを売りつけた」という（『日本の庭――岩城亘太郎作品集』）。

南禅寺界隈疏水園池群の成立

植治がはじめて琵琶湖疏水の水を庭園に用いたのは明治二十七（一八九四）年、隣家の並河靖之邸においてであった。七宝の研磨用の余水を園沖の水源としたのである。

疏水からの引水は防火用水として、あるいは公共施設の修景用として始まったが、その草分けである円山公園への引水が明治二十六（一八九三）年のことだから、植治の対応がいかに早かったかがわかる。なお、円山公園の噴水池計画は田辺朔郎に委嘱され、末端では八坂神社本殿の防火用水としても利用できるようになっていた（『琵琶湖疏水の１００年〈叙述編〉』一九九〇年）。

明治二十八（一八九五）年、第四回内国勧業博覧会場の噴水などへ疏水の水が引かれ、そのバルブ室から平安神宮神苑まで鉄管が延長された。東本願寺の防火用として蹴上船溜の貯水槽から三条通を西進して白川右岸を南下する約四・六キロに鉄管が埋設されたのもこの年である。同年、「防火用」の名目で引水工事が行われた無隣庵は、一個人が庭園での利用を主目的として疏水の水を利用した草分けといえよう。これら明治二十年代の取水口は、いずれもがインクライン上端の蹴上船溜に設けられていたという点で共通している。その水系を「蹴上船溜《ふなだまり》系」と呼ぶことにする。

なお、第二琵琶湖疏水竣工にともなって明治四十五年（一九一二）に敷設された「京都御所防火水道」、および知恩院参道脇の久原邸への導水も蹴上船溜からなされている。京都御所への引水は第一疏水開削当初から計画されていたが、それは疏水分線の新町頭で禁裏御用水へ補給するというものであった。また久原邸へは、植治が作庭した当初は「大井を掘り、電気機械を用いて渓頭に送水」(『京華林泉帖』)していたものを、大正十(一九二一)年に京津線が三条通りへ移されたあと旧軌道に鉄管を埋設して導水されたのである。

明治三十年代には南禅寺参道南側の稲畑勝太郎・和楽庵、横山隆興《よこやまたかおき》別邸、對龍山荘などへ引水されたが、この時期の特徴は、對龍山荘でみられるように、稲畑邸、横山別邸の園池から流れ出た水を二次的に利用するという形態が現れたことである。また取水口も蹴上船溜から発電用の取水口付近へと移っていく(「発電用取入口系」)。

明治四十年代に入ってからの別荘地開発は南禅寺参道付近から扇ダム放水路の北側へと展開し、さらに鹿ヶ谷方面へとひろがっていった。岩崎小弥太別邸、清流亭、碧雲荘、藤田小太郎《ふじたこたろう》別邸、染谷寛治《そめたにかんじ》・聚遠亭《じゅおんてい》、怡園など、扇ダム放水路の北側に位置する庭園への引水は、永観堂附近の疏水分線に設置されている扇ダムから行われた(「扇ダム系」)。また最北端の有芳園と光雲寺については、それぞれが独自に疏水分線から直接取水する形態をとっている。

このように南禅寺界隈での別荘地開発の進展とともに植治の作庭舞台は広がり、それとともに疏水の水で網の目のように結ばれた庭園群を核とする文化的景観が形成されていったことは特筆に値しよう。

なお、白川左岸の塚本与三次邸と分割後の岩崎別邸は当初、白川の水を利用していた。現在よりも白川の河床が高く、取水が容易だったからである。河床を下げるなどの改修が行われたのは、昭和九

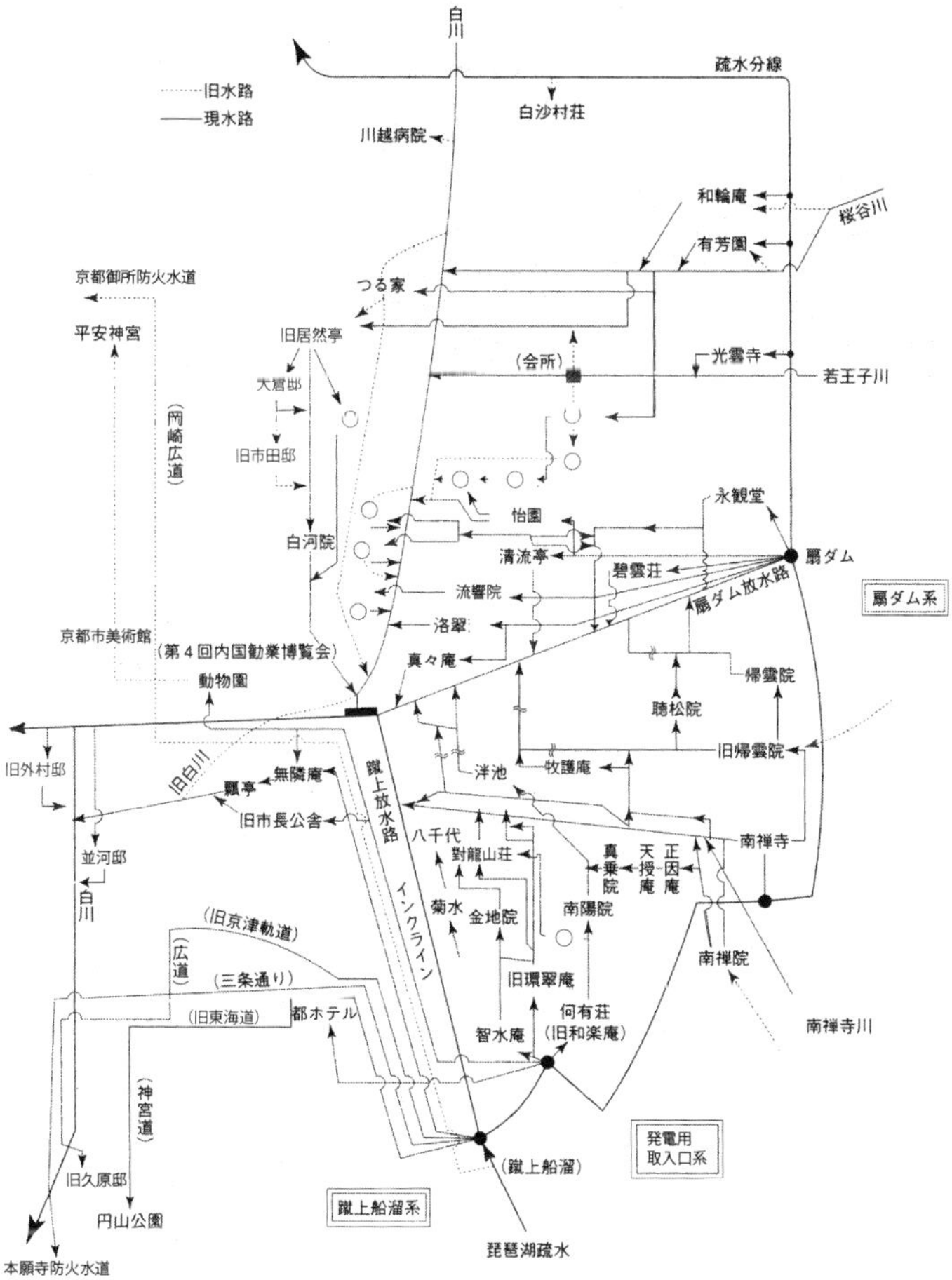

南禅寺界隈疏水園池群の水系

（一九三四）年の室戸台風につづき、翌十年六月二十九日に京都を襲った大水害後のことであった（『京都の治水と昭和大水害』）。

4　京都の造園界の動向

では、近代化の波の中で京都の造園界はどのような状況にあったのであろうか。そして植治はどのような動きをしていたのであろうか。まず明治維新以前の京都の造園界の状況を概観しておこう。

近世京都の植木屋仲間

江戸時代、京都の植木屋仲間は上《かみ》（北野《きたの》）、中《なか》（川東《かわひがし》）、下《しも》（大仏《だいぶつ》）、西《にし》（鳴滝《なるたき》）の四組があったとされ、現存する最も古い史料として明和五（一七六八）年の「惣樹木屋仲間（中）式法定」（佐野藤右衛門氏所蔵）がある（『京都の歴史』第6巻）。

「惣樹木屋《そうじゅもくや》」とは聞きなれない名称だが、庭造りや庭木の植え込み、手入れ（木透《きずかし》）をする「樹木屋」と、植木あるいは盆栽や草花の栽培、販売をする「植木屋」を併せて「惣樹木屋」と称していたものと考えられる。「惣樹木屋仲間」は後に「植木屋仲間」と改称されるが、仲間を組織していた植木屋の人数については、文化十二（一八一五）年から文政十三（一八三〇）年に至る「植木屋仲ヶ間勘定帳」および「植木屋仲間諸入用控帳」から約百五十人から百七十人であったと推定されている（「京都の植木屋仲間」）。

明治維新後の沈滞

明治元（一八六八）年、政府は従来通り商売を営むよう指示する。植木屋仲間もこの動きに呼応して同三年十二月に「社中申合」を取り決め、「第一植木商社」として再出発した。しかし、その実態は江戸時代の仲間定を踏襲したもので、旧来の植木屋仲間の形式的な再編であったとみられる（『組合百年史』）。

明治維新後の造園界の状況を、植治は次のように回想している。

「最も多く庭園が造られたのは明治十四五年以後のことである。明治維新頃は造庭處の話ではなかった。その頃造庭師廣く云へば植木職なるものが市内に七百人もあったろうが、維新政變後のことゝて人心の動揺は免れず、庭造りの仕事などは稀有のことだった。でそれ等の連中は何れも青息――吐息で此位困ったことはなかった」

（『京都日出新聞』大正十五年二月二十一日）

動揺が激しかったのは京都だけではない。「明治庭園記」（一九一五年）で小澤圭次郎《おざわけいじろう》が嘆いているように、東京では江戸城内の庭園をはじめ、西郷隆盛《さいごうたかもり》軍が駐屯した尾張藩の下屋敷・戸山荘《とやまそう》など、幕末には二百七十余あった大小諸藩の上屋敷、中屋敷、下屋敷および抱屋敷の庭園のほとんどは荒廃するにまかせられ、ついには破壊されていく運命にあった。旗本屋敷や幕府、諸大名の庇護を失った社寺の庭園も含めると、その数じつに数千にのぼると推定される。

京都の寺院庭園も荒廃を極めていた。明治二十一（一八八八）年七月、『都林泉名勝図会』（一七九九年）を手に京都の寺院を巡覧した小澤は、その荒廃ぶりを「言語に絶せり」と表現している。天龍寺の漕源池《そうげんち》は「全く水涸れ草茂りて、その惨状は目もあてられず」。臨川寺《りんせんじ》、西芳寺《さいほうじ》、龍安寺《りょうあんじ》、等持院《とうじいん》、妙法院《みょうほういん》の積翠園《せきすいえん》などの庭園は荒廃が甚だしいために観覧を謝絶されたという。また醍醐《だいご》の三宝院《さんぼういん》庭園は「池の心、ゆるやかならず、石の立ずまひ、浅はかにて、見所少し」。山科勧修寺《かんじゅじ》の庭園にいたっては「今や瀑涸れ、亭廃して、大に見所を失ひ、其手入も、甚行届かざるを以て、樹々の枝は、おのがまゝに乱合い、水草ども、いやが上に、生い茂りかば、却て自然の景趣を現出したるぞ、おかしけれ」という状態であった。

「京都園藝業組合」の設立

このような状況のなか、琵琶湖疏水建設途上の明治二十（一八八七）年、ようやく京都特有の伝統技術を向上させようとの機運が高まり、衰退した業界の活性化をめざして京都園藝業組合が組織されることになる。同年七月四日に京都府へ提出された「園藝業組合規約御認可願」は以下のような内容であった。

京都の園藝業は維新以来衰頽し、技術も昔に比べ及ぶべきもない。しかし、近年になって庭造りなども追々行われるようになり、ことに外国人が日本庭園を好むことから、横浜や東京へ出稼ぎする職工もいる。因って、同業者の技術を研磨し、京都特有の技芸を回復するため、明治十八（一八八五）年に布達された同業組合準則に基づいて組合を設立したいので認可してほしい……云々。

同二十年八月八日に京都府知事・北垣國道名で認可された「京都園藝業組合」の主意も同様であるが、貴顕紳士の別荘庭園が造られ、公園地の設置も進みつつあり、また洋風家屋の新築が増加する傾向に対応する必要があるとの時代認識を読み取ることができる。

そこで興味深いのは、「進デ欧米ノ風ニ則リ、園藝学校ヲモ設置シ」とあるように、新たな時代の要請に応えようとする姿勢が示されていることである。第三十五条に「園藝美術ノ頽廃ヲ挽回センカ為メ」に「植物講究会ヲ開キ、相当ノ学士ヲ聘シ」、「造庭術ヲ講究センカ為メ模範庭園ヲ設ケ……実業ヲ養成セシムル」、「盆栽ニ係ルモノハ、時々共進会ヲ開キ」と記されている三つの事業計画は、その意欲の表れとみてよい。

設立当初の組合員は総代の井上清兵衛・水谷宗助以下、上京六十五名、下京六十一名の計百二十六名であった。文化・文政期の植木屋仲間より数十名減少しているのは、農村部の鳴滝と大仏の二組がはずされたためである。また「職工及庭石商」は付属（準組合員）と位置付けられ除外されていた。営業種目によって「造庭部」と「盆栽部」とに分けられているのは江戸期の職種分けに依拠していたからだと考えられ、「樹木屋」が「造庭部」に、「植木屋」が「盆栽部」に相当するとみられる。

第四回内国勧業博覧会への出品

意欲満々のうちに結成された京都園藝業組合であるが、その後しばらく目立った動きはみられない。しかし、第四回内国勧業博覧会が近づくと、新聞紙上に様々な意見が寄せられるようになった。

開会を二年後に控えた明治二十六（一八九三）年、「樹木植付の事　但し専ら日除の為め必要につき之れに適応の樹木を要す」という博覧会場の植栽に関する記事が載る（『日出新聞』明治二十六年四月二十九日）。同年五月十日付の紙上では、

「唯た博覧會期中の爲めならず、四時の觀賞に美を飾るの樹木を撰みて栽うべきは論を待たず……池を穿ち、山を築き、林泉美術の摸範を遺し、鞍馬の石運ぶべし、貴舟の巌搬ぶべし澱の鯉放つべし、琵琶の鮒養ふべし……」

との提言がなされたりもした。博覧会の開催を機に、造園修景への期待が高まりつつあったのである。そのようななか、同年八月二十四日に井上清兵衛が博覧会場内の植栽工事を五百八十五円で入札する（『日出新聞』明治二十六年八月二十五日）。

明治二十七（一八九四）年五月三十日、京都園藝業組合は博覧会事務局宛てに疋田源吾組長名で「園藝館設置ニ付　借地願」を、同年九月に「第四回内國勧業博覧会休憩場及ヒ草花栽植場設計書」を提出した。施工は設計書に添付された絵図面通りに行われたようで、「博覧會案内記（三）」に掲載されている「工藝《ママ》館中庭盆栽席の圖」は設計絵図面と瓜二つである（『日出新聞』明治二十八年四月五日）。

工事途中の様子について『日出新聞』は、

「園藝組合の出店も本館及び大和葺二棟の建築落成を告げしを以て昨今は庭園の工事中なるが來る十五日比までには悉皆成功するに付き盆栽品の搬入等を爲すよし」

（「博覧會彙報」『日出新聞』明治二十八年三月六日）

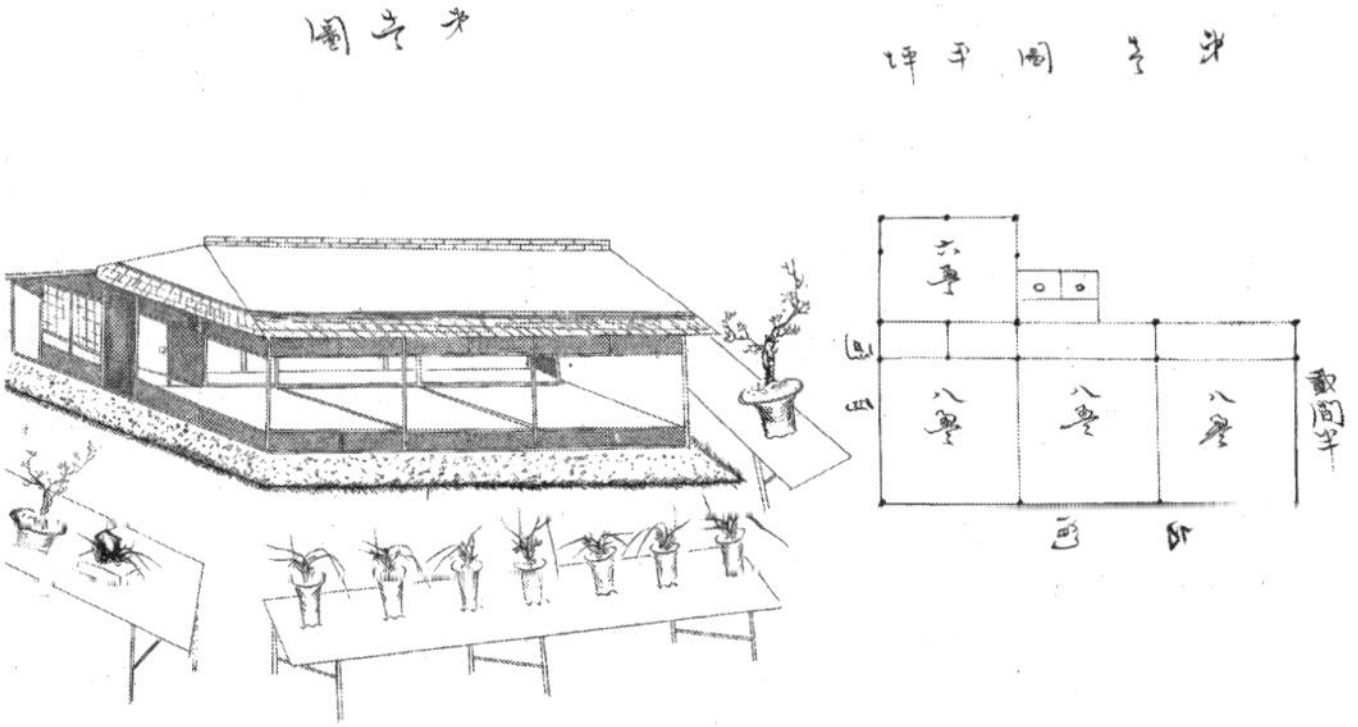

「第四回内國勧業博覧会休憩場及ヒ草花栽植場設計書」

「工藝館中庭盆栽席の圖」（『日出新聞』明治28年４月５日）

と報じている。また開会間近の三月三十日には、

「工業舘の中庭内に建設せし京都園藝業組合の園藝陳列舘及び庭園工事は全く落成の上盆栽等を陳列し中庭の門戸には麥藁葺の門を建築し、庭園の陳列所及び休憩所とも風雅に出來上り喫茶店と相對して頗る景致善し」

と評判は上々であった。

しかし、明治二十（一八八七）年の「京都園藝業組合」発足当初、植治はそのメンバーには入っていなかったとみられる。藤田彰典の「明治二十年の植木屋分布図」をみても、組合員の分布範囲は北大路通、西大路通、九条通、東山通に囲まれた地域にほぼ限られているからである。翌明治二十一（一八八八）年に鴨川以東の粟田口、南禅寺、吉田、岡崎、浄土寺、鹿ヶ谷などが市域に編入されるものの、植治の動向は依然として不明である。

第一章　近代庭園の濫觴

1　植治の登場

回顧

明治四十三（一九一〇）年四月一日の夜、五十一歳の植治は白川畔の居宅（小川治兵衛本邸）を訪れた黒田《くろだ》譲《ゆずる》（天外《てんがい》）に、出生や植木屋へ進んだ動機など、それまで歩んできた道を次のように語っている（「園藝の名家」『續々江湖快心録』）。

「私は乙訓郡西神足村、字馬場山本彌兵衛の三男で、幼名源之助と云ひました、槇村知事の時分に、私と他の者二人とを郡から選抜して、何か學問をやらすとのことでしたが、私は學問よりかう云ふ方が好でそれを斷はり、十七の歳に小川家へ入家して、先代の名の治兵衛に改ためました。この小川家は私で五代目になりますので、初めは園藝の稽古も、やはり天地人とか、五行とかいふことを

「小川氏庭園」(「園藝の名家」)

正直に學んでやって居り、また三十四五まではやはり樹へ昇ってチョキン〳〵とやって居りました。處が山縣さんが無隣庵をお作りになること、なり、五尺くらゐの樅を五十本栽へろといふ仰せつけでしたが、……」

「山本彌兵衛の三男」や「私で五代目になります」など不確かなところはあるものの、七代目小川治兵衛を襲名してから山縣有朋と出会うまでの十数年間は普通の植木屋として過ごしていたことがわかる。

なお、植治から聞き取りをした黒田天外は、明治から大正にかけて京都を中心に活動した美術評論を専門とするジャーナリストであった。庭園にも造詣が深く、明治期に新たに造られた庭園を歴訪するとともに、伊集院兼常、山縣有朋、小川治兵衛らと直接会って記事にしている。

黒田の著した『江湖快心録』（一九〇一年）、『續江湖快心録』（一九〇七年）、『續々江湖快心録』（一九一三年）、『日本――美術と工芸』（一九一二年）は、当時の造園事情を知るうえで貴重な資料となっている。

「植木並ニ庭石商　小川治兵衛」

植治の名が初めて登場するのは、明治二十七（一八九四）年発行の『京都案内都百種』である。「盆栽商」の項に植治を含む六名が掲載されていて、「盆栽商」が水谷萬花園、大辻久一郎および疋田源吉《ママ》の三名、「植木商」が井上清兵衛《いのうえせいべえ》と小林傳藏《こばやしでんぞう》の二名、植治は「植木並ニ庭石商　三條白川橋北裏堀池町　小川治兵衛」と記されている。時に植治三十五歳。そのうち植木商・井上清兵衛と盆栽商・水谷萬花園（水谷宗助）の二名は「園藝業組合規約御認可願」提出時の総代であり、また疋田源吾は明治二十八年に京都園藝業組合が第四回内国勧業博覧会へ園藝館及び庭園を出展した時の組長である。

これら組合の有力者とともに植治が「植木並ニ庭石商」として名を連ねていることは、その頃すでに業界で一定の影響力を有していたことの証といえよう。ただし、組合規約では「庭石商」が「付属（準組合員）」と位置付けられていたこともあり、なお植治と組合の関係は明らかでない。

明治二十七年の植治といえば、山縣有朋から託された久原庄三郎《くはらしょうざぶろう》のもとで無隣庵の作庭に取り組むとともに、平安神宮神苑の作庭を命じられ、さらには並河靖之《なみかわやすゆき》邸の庭園を完成させるという大きな節目に立っていた時期にあたる。

2　庭石調達への意欲

疏水による庭石の産地直送

明治二十七（一八九四）年の段階で、植治が「植木並ニ庭石商」と名乗っていたことには大きな意味がある。植治は疏水の舟運を利用して大量の庭石を安価かつ迅速に確保する道を開拓し、何時いかなる注文があっても常に対応できる体制を整えていたと考えられるからである。

植治が目を付けたのは琵琶湖の西岸に産する「守山石《もりやまいし》」であり、沖ノ島に産する間知石積用《けんちいしづみよう》の「沖ノ島」であった。疏水による石材の運賃は一才（一尺立方）が一銭五厘であるのに対して汽車は二銭四厘、荷車は五銭、その安価さは群を抜いていた。疏水での輸送が減少していった明治三十年以降もなお、石材だけが盛んだったのはこのためである。

さらに有利だったのは、庭石の揚げ場が作庭の現場と目と鼻の先の岡崎であったこと。まさに「産地直送」といってよい。

しかし、植治は決して疏水の輸送だけに執着したわけではない。明治三十二（一八九九）年に綾部まで鉄道が通じると即座に丹波方面の庭石を、また同四十三（一九一〇）年に山陰本線が開通すると日本海側に産する「緑色凝灰岩《りょくしょくぎょうかいがん》」を貨車輸送するという手際の良さを発揮するのである。

守山石の搬出

では、守山石とはいかなる庭石なのか、少し回り道をしてみよう。

守山石は琵琶湖西岸の守山に産し、摺曲した層理が顕著なチャートと呼ばれる岩石である。石塚定次（石定）氏の証言によれば、それを地元の石材業者は、「純守山」あるいは「縞石」と呼んでいた。もともと青味を帯びているが、錆びると白っぽくなり、庭園での守山石のほとんどがこのような状態になっている。

守山石の搬出状況（石塚定次氏提供）

純守山の地層はごく一部に限られていて、守山より少し北の木戸付近では頁岩《けつがん》が接触熱変成を受けた菫青《きんせい》石《せき》ホルンフェルス、あるいは砂岩ホルンフェルスの地層に変わる。それを地元では「守山の黒手」と呼び、純守山と合わせて「守山石」と総称していた。

当初、谷筋に露出しているものを採集していたが、それらを採り尽くした後は土中から掘り出すことが多くなった。十トンほどもある守山石を四つ車（台木と輪木はマツ、シャフトはカナメかカシ）に載せ、幅三尺余りの道を山裾まで降したのである。舵棒をもつ者、石を支える者、後から押す者など数人がかりの作業で、上り坂では巻縄をして引き、山裾からは牛に引かせてシマと呼ばれる湖岸の舟着まで運んだという。

シマから京都の土場へ

舟運は湖上交通の要であり、沿岸の各村には必ずシマが設けられていた。守山石はシマで百石船（平安神宮東神苑築造時の見積書では三百石船）と呼ばれる帆船に荷積みされ、船底には小石と百貫目ぐらいまでの重さの中石（「中入」）が、甲板には大石（「上積」）が載せられた。これが「一艘《いっそう》」である。

帆船で大津に着いた守山石は、小さな二艘の疏水舟に積み替えられて疏水に入る。やがて京都市街を見下ろす蹴上船溜に着くとインクラインで南禅寺船溜へ降ろされ、仁王門通りに沿って岡崎をまっすぐ西へ進み、疏水が北へ折れるあたりで二条釜座に店をもつ仲買人・吉岡和助の土場に着けられた。土場には植木屋たちが待ちかまえていて、仲買人との取引が済むと荷車や牛車に積み替えて各々の現場へと散っていく。植木屋は「中入」を一艘、「上積」を一艘として買ったというから、守山石は土場に着いたとたん、二倍の値段に跳ね上がったことになる。

守山石の運搬方法と出荷先に変化が訪れたのは、昭和初期のことであった。湖西に江若鉄道が敷設されて貨車積が中心となったため、出荷先が京都、奈良、名古屋、金沢、東京へと拡大したのである。東京へは植治の甥・岩城亘太郎からの、また京都からは植治のほかに植熊《うえくま》（加藤熊吉《かとうくまきち》）の注文が多く、住友鹿ヶ谷別邸へも大量に搬入したという。

守山石の普及

南禅寺界隈の庭園はもちろんだが、植治は疏水から遠く離れた現場へも守山石を運んでいる。清水二年坂の桝屋町に営まれた清水吉次郎《しみずきちじろう》の十牛庵《じゅうぎゅうあん》をみてみよう。

明治四十一（一九〇八）年に植治が作庭した桝屋町の十牛庵は、大正天皇の即位大礼に際して大改修が行われた。大正四（一九一五）年四月三十日付の植治の請求書によると、同月四日と十一日分を合わせて計百七個の守山石が搬入されている。また大正三年二月二十八日付の請求書に「石垣野面小船九艘　二三〇圓」とあることから、間知石積用として「沖ノ島石」も運ばれてきていたことがわかる（「清水家十牛庵文書」）。

琵琶湖岸の長命寺山近くに浮かぶ沖ノ島では江戸時代以前から石材の切出しが行われており、琵琶湖疏水の開通後は守山石とともに京都へ大量に搬入されるようになった。明治から大正・昭和初期の京都、とくに南禅寺界隈に築かれている間知石積の石材は、ほとんどがこの沖ノ島石である。

大正大礼に伴う御所・御苑の工事でも守山石は主役であった。大正元（一九一二）年からの京都御苑修造工事では、大小合わせて百十五個もの守山石が用いられている。また仙洞《せんとう》御所《ごしょ》北池の中島から東岸へ短冊形に架かる石橋は大正三（一九一四）年に三条白川橋の改修で生じた古材を京都府から寄贈されたものだが、設置の際、「橋台際の装石」として「比良産の庭石、平均三才以上、十才までの庭石、計十個」が植治から購入された。その「比良産の庭石」こそ、守山石に他ならない。植治は仙洞御所の土橋改修に際しても、装石用として守山石二十個を納入している。

このように守山石は植治にとって欠かせない庭石であったが、京都では鞍馬石や貴船石などが名石とされていたため、下等な庭石にみられがちであったという。それゆえ当初は他の植木屋から敬遠されたものの、庭石需要の増大にともなって、やがて京都の近代庭園を特徴づける庭石となっていったのである（「岩城亘太郎聞き書き」『庭』別冊四六）。

3　並河靖之邸の作庭

前夜

「植木並ニ庭石商」として登場した明治二十七（一八九四）年、植治は隣家の七宝家《しっぽうか》・並河靖之（一八四五〜一九二七年）の庭園を完成させている。山縣有朋と出会う直前、近代庭園に目覚める前夜のことであった。

建築は明治二十六（一八九三）年四月二十六日に上棟、二十七年十一月十五日に竣工披露された。その時の様子を翌十六日の『日出新聞』は「並川《ママ》氏新宅落成」と題して詳しく伝えている。また十数年を経た庭園については、京都府庁発行の『京都府寫真帖』（一九〇八年）、および『京華林泉帖』（一九〇九年）によって知ることができる。

靖之の養女・徳子は「父を語る」（一九六三年）のなかで次のように記している。

「明治二十三年、まず倉を建て、それを店に使い、明治二十六年に完成しました。何事にも凝り性の父の事とて、木材は狂いの来ぬ様にとゆうので、若狭の谷を一谷買って、その資材を三年間も風雨に晒して用いたものだそうで……。而も外国人を迎えるのに不便の無い様にと、鴨居なども皆六尺建にし、縁側は全部硝子障子をたて廻したものですから、当時としてはとても珍しいものであったそうです。」

明治二十三年に始まり、同二十七年に竣工した整備工事は、明治二十二年のパリ万博で金賞牌を獲得したことがきっかけであったと推察される。その前後、二十六年に緑綬褒章《りょくじゅほうしょう》を賜り、二十九年には帝室技芸員を拝命するなど、靖之は人生の絶頂期にあった。

庭園については、

「庭園は巴里博覧会で作ったと自称して居られ、全部お隣の植治さんの養父さん時代に作られたもので、治兵衛さんが十八才で養子に来られた計りの時に出来たものです。晩年庭を見に来てあの燈籠はいくらだった安いものやと述懐されて居りました。……」

と記されており、植治が小川家に入った明治十（一八七七）年から間もない頃、翌十一年に開催されたパリ万国博覧会で得た収益による作庭であった可能性も示唆している。

いずれにせよ、住居と仕事場を兼ねた並河靖之邸の庭園には、植治の感性とともに靖之の美意識が強く反映されているとみてよい。

シドモアと靖之

並河靖之邸を訪れた外国人の記録を紐解いてみよう。まず『武士道——日本の魂』を著した新渡部稲造とも親しく、ワシントンのポトマック河畔に日米友好の桜を植えるため尽力したことで知られるシドモア女史（Eliza Ruhamah Scidmore）の『シドモア日本紀行』（一八九一年初版）だが、初版の発行年からすると、シドモアの見たのは明治二十七（一八九四）年に竣工する以前の庭園だったということになる。

「主人の導きで奥まった暗いところを通り、両側が庭に面して開放された大きな部屋、さらに小池に張り出したバルコニーへ案内されました。彼が手を叩くと黄金の鯉が水面に浮上し、投げた餅をぱくぱく食べます。この小さな楽園、六〇フィート［一八メートル］四方あるかないかの庭園に丘、林、藪、島、岬、湾、さらに竹林に隠れた井戸や祠があり、同時にいちばん奥の生垣の上には、円山の緑の斜面がそびえています。」

まるで現在の庭園を思わせる情景ではないか。「円山の緑の斜面」、すなわち華頂山を望む雄大な空間構成は『京華林泉帖』（一九〇九年）に掲載されている「並河氏林泉」の写真から窺《うかが》い知ることができる。その解説に「往年米国発行の書に掲載せられ其名欧米諸国に聞えたり」とあるのは、シドモア女史の著作を指すのであろう。

また明治四十一（一九〇八）年発行の『京都府寫真帖』は、「並川《ママ》靖之七寶工場」として、以下のように解説している。

"NAMIKAWA SAN FEEDING HIS CARP"（『英国特派員の明治紀行』）

「帝室技藝員並川靖之の經營にて明治六年十二月の創業に係り最近一箇年の産額約二萬圓にして英米其他の各國に輸出せり……並川七寶の名聲は遠く海外に傳はれり」

靖之の七宝が世界的に高い評価を受けていたことがわかる。同じ頃、並河邸を取材撮影した英国人写真家がいた。ロンドンで『この世の楽園・日本』（一九一〇年）を出版したハーバート・G・ポンティング（Herbert George Ponting）である。彼が被写体としたのは、池上に張り出した縁先から鯉に餌をやる並河氏の姿であった（『英国特派員の明治紀行』）。

煎茶での接待

シドモアが並河邸を訪ねようと思ったきっかけは、靖之が「京都で最高の日本人、最も面白い人物」と評する日本の友人がいて、魅力的な庭園の中で一緒に茶を飲むよう勧めてくれたからだという。

「主人は茶の葉の形の黄色い象牙の大匙を取り出し、そっと葉を載せ急須に入れ、それから湯を少し冷ますために洋梨型小鉢にゆっくり注ぎ、次にその湯を葉の上にどっと注ぎました。手際よく、極めて淡い琥珀色の液を抽出し、各茶碗に半分ずつ入れ、それを葉の形の台、つまり金銀線象眼細工の金属の茶托にのせて、私たちに勧め……」

靖之が勧めた茶とは、抹茶ではなく、まぎれもなく煎茶であった。

黒田天外の訪問

明治二十九（一八九六）年十一月三十日に並河邸を訪れた黒田天外は、庭園の様子を次のように記している（『名家歴訪録　上篇』）。

「幽邃閑寂を極め、筧水にやあらん淙然として鳴る。」

そのとき黒田が引き合わされた「画工中原氏」こそ、やがて植治の依頼で設計図を描くことになる中原哲泉《なかはらてっせん》であった。十五、六の時から育てたという中原を靖之は

「此者に描かせますれば、私の思うたとおりに出来る。また画を描く時に、線金の曲げ工合も考え

てありますから、線金も画のとおり曲げられる。之が私の我ものと云う画師です」
と紹介している。中原への信頼の厚さを窺い知ることができよう。

数日後、黒田は再び並河邸を訪れて工場を見学した。

「工場は邸内の庭續きにあり、四方は玻瓈障子を嵌し、室内清爽にして、庭園の竹樹怪石悉く映徹し來り、池水また淙然として不斷の音樂を奏す、眞に美術工藝家の工場と稱するに足る」

工場は庭園の趣と融合した素晴らしい環境にあった。黒田は工場を見学したのち「幽邃紆曲なる庭園を過ぎ」、枝折戸《しおりど》を開いて七宝を焼く窯場を見学、「窯場を出で、戸を閉し、再び庭園を過ぎ、奥座敷に至り、茗を啜って談」じたのである。奥座敷で啜った茗《めい》とは、シドモアが勧められたのと同じ、煎茶にほかならない。

植治らしさのデザイン

庭園の細部に目を向けてみよう。『日出新聞』の記者は、池尻から流れ出て縁先手水の足元を巡る躍動的な水の扱いについて次のように記している。

「泉水の清きは琢磨用の水として疏水の流れを引けるを用いるよし……、棗形の水鉢をめぐりて池水を吐出せしむる造作は尤とも好意匠にして……」

もともと七宝の琢磨用《たくまよう》として引かれた疏水の水であるが、その余水を利用して園池をつくるという発想が靖之のものか、あるいは植治によるものなのかは定かでない。いずれにせよ、そこには植治の真骨頂である躍動的な流れのデザインの萌芽がみられることだけは確かである。池には沢飛びで渡らせる手法も組み込まれていて、そのいずれもが植治らしさを彷彿とさせる。

また鞍馬石《くらまいし》の一文字手水鉢を宙に浮かして据えた座敷東側の縁先手水は独創性に富んでいて、軽快なリズムを感じさせる。真黒石のあいだに古瓦を配した軒内の端正な畳石も、古瓦の蒐集家として有名であった植治ならではのデザインといえよう。

古典的な庭石選択

ところが、巨大な二本の切石を短冊形に組み合わせた沓脱石《くつぬぎいし》には「葛石は膳所城の櫓に用いし大石なり」との解説がつき、園池の南岸に立つ異形の活込み型石燈籠については「庭の正面植込に続きて金地院八窓亭の庭なる朝鮮招来の燈籠あり」との由来が語られるといった調子である。「朝鮮招来の燈籠」は『都林泉名勝図会』(一七九九年)に描かれている金地院開山堂前の二基の石燈籠と同形で、その一基である可能性はあるものの、もちろん朝鮮で作られたものではない。このように出自や由来で箔をつけようとする評価を、植治はどのように受けとめていたのであろうか。

庭石についてみると、三波川変成帯《さんばがわへんせいたい》に産する結晶片岩《けっしょうへんがん》(青石《あおいし》)が多数認められ、伊豆半島の東海岸から運ばれてきた根府川石《ねぶがわいし》も散見する。もちろん京都産の鞍馬石や貴船石も多く、真黒石《まぐろいし》も含めて、いずれもが江戸時代からの名石である。一方、平安時代以来の京都の伝統的な庭石であるチャートは意外に少なく、また守山石は一石もない。このような江戸時代の名品に拘った素材選択には、靖之の美意識が強く反映されていたのではないかと推察される。

代用品の時代

鞍馬石は江戸中期以降、とくに明治から大正・昭和初期にかけて大流行した名石である。需給のバランス上、名石には代用品がつきもので、鞍馬石にも鞍馬産の「本《ほん》鞍馬《くらま》」に対して「タンクラ」、すなわち丹波産の擬鞍馬石が存在した。この頃すでに、飛石や沓脱石として「タンクラ」が流通していたのは興味深い。

座敷東庭に踏分石《ふみわけいし》として据えられている白川石製の「伽藍石《がらんいし》」にも同じことがいえる。建築の礎石である伽藍石を踏分石として用いるのは江戸時代からのことで、『築山庭造伝（後編）』（一八二八年）の「蛸羅石（からんせき）」の項に「大庭を造るとき大伽藍の礎をもって置けり……踏分等に……」との記載がある。近代数寄者の高橋箒庵が時代ものの古い伽藍石を手に入れるべく奈良や京都の古寺を奔走したこともあって、近代に大流行をみた。そのため本物の入手が困難となり、庭園用として新たに作られた「庭伽藍」と呼ばれる代物が流布したのである。

植治好みの樹木

樹木で興味深いのは、棗型《なつめがた》手水鉢傍らのキササゲ。十月頃に長さ三十センチもある細長い実が幾条にも垂れ下がり、それが冬の風物詩となる。原産は中国の中・南部で、台湾原産のコウヨウザンとともに植治の好んだ樹木であった。しかし、近代数寄者の高橋箒庵はあまり好感をもっていなかったらしく、

「茶人が木角豆《きささぎ》と云って、葉の稍々大きい、然も落葉する木を愛して、茶室附近で見掛けるのは、

實《み》の生《な》るのを賞美するのであろうが、余は餘り感服しない」

と述べている（『趣味ぶくろ』）。

イスノキも面白い。紀伊半島の南部や四国、九州に自生しているが、京都近辺では比較的珍しい樹木といえる。それでも裏千家今日庵《こんにちあん》や藪内家燕庵《えんなん》の露地にはかなりの大きさのものがみられるほか、仙洞御所には幹周りが二メートルにもおよぶ大木が生育している。イスノキの材は緻密で堅く、櫛をつくることから「クシノキ」とも呼ばれ、その灰が古くから磁器の釉薬の溶剤とされてきたという。

4　山縣有朋との出会い――無鄰庵

並河靖之邸の庭園が完成した明治二十七（一八九四）年は、植治が久原庄三郎のもとで無鄰庵を手がけはじめ、また平安神宮神苑の作庭を命じられた年でもあった。

三つの無鄰庵

翌明治二十八（一八九五）年の暮れ頃から、植治は山縣有朋（一八三八～一九二二年）の直接の指揮の下、無鄰庵の作庭に専念することになる。近代庭園の先覚者としての道を歩みはじめる契機となった山縣有朋の別荘・無鄰庵、その造営に至る経緯をたどってみることにしよう。

山縣は現在の無鄰庵の前に同名の庵を二つ営んでいる。長三洲の「無鄰菴記」によると、最初の無鄰庵は文久・慶応年間（一八六一年～一八六七年）、奇兵隊時代に長門吉田の清水山に結ばれたもので、松林と竹の茂る「泉清砂白」の地であった。

第二の無隣庵は「京師鴨川西崖高瀬分流處」、すなわち高瀬川の起点に位置する京都・木屋町二条の旧角倉別邸であった。そこは老樹鬱蒼とした中を滔々《とうとう》と水が流れ、街中に居ることを忘れさせるほどのところであったが、山縣はさらに幽邃《ゆうすい》の地を求めて南禅寺畔の現在地へ移ってきたのである。

第二無隣庵の庭園

木屋町二条の第二無隣庵については、『京華林泉帖』に掲載されている「田中氏二條樋口邸林泉」の解説文と写真から知ることができる。

「直に鴨川に臨み高瀬川の全水其邸内を過ぐ明治の初め上地の後山縣公爵及ひ川田男爵小一郎清水吉次郎を經て近年大阪田中市兵衛の所有たり川田氏以来大に修營を加へ最も力を家屋に盡したり」

明治二十五（一八九二）年十一月に山縣から三野村利助へ売却された第二無隣庵は、翌二十六年三月に川田小一郎が入手して建物を中心に大改修されたことがわかる。それから十年後の明治三十六（一九〇三）年八月に清水吉次郎の所有となり、同三十九（一九〇六）年十二月には田中市兵衛の邸宅となった。植治が庭園に手を加えたのは、この時である。

田中邸となって間もない頃の庭園の様子を『京華林泉帖』は、

「其林泉は……喬木既に多かりし上に更に緑葉樹を増植し蔚然たる森林となし以て人家と隔て樹影

「田中氏二條樋口邸林泉」（『京華林泉帖』）

水聲市塵の地にあらさるか如し、京都に於て流川の大なる林泉は之を第一とすへし」と記し、樹木が鬱蒼《うっそう》と生い茂り、とても街中とは思えないほど幽邃な情景を伝えている。

木屋町二条から南禅寺畔へ

ところで、山縣が木屋町二条の旧角倉別邸を取得したのは明治二十四（一八九一）年七月、同年五月に首相を辞して間もない頃であった。それを売却するのが翌二十五年十一月だから、第二無隣庵を所有していたのは一年数カ月という短い期間だったことになる。

ここに、注目すべき『日出新聞』（明治二十五年七月十三日付）の記事がある。それは「山縣伯爵の別邸取拡げ」と題したもので、「近接する地所四十余坪拝借の議」を府知事に願い出たが、「鴨川横断工事を起こすことにもならば特に必要なる所なれば此際同地所貸下は断固として拒絶せんことに内決せし由」という内容であった。

南禅寺へ移転した理由について、山縣自身や『京華林泉帖』は木屋町二条周辺の喧騒を避け、山水に恵まれた南禅寺畔へ移ったとしている。しかし、この新聞記事は「鴨川横断工事」という具体的な都市計画があり、敷地の拡張もままならぬ状況ゆえの移転決意であったことを物語っている。報道からわずか数カ月後、山縣は第二無隣庵を手放す。

新聞報道の少し前、明治二十五（一八九二）年六月十七日から二週間ほどの間、山縣は第二無隣庵に滞在している。その時の山縣といえば、久原庄三郎と囲碁をしたり（『日出新聞』六月十九日）、中井《なかい》櫻洲山人《おうしゅうさんじん》と囲碁をしたあと一緒に南禅寺近傍を散策したり（同六月二十一日）、「両三日降雨の為め終日閑居し中井櫻洲山人幷北垣府知事の外、絶えて客に接せず時に久原庄三郎と圍碁を試み居ると云ふ」（同六月二十三日）というように、まさに晴耕雨読の日々を過ごしていた。

囲碁の相手をしていた久原庄三郎は山縣と同郷で、実弟の藤田伝三郎《ふじたでんざぶろう》と藤田組をつくり、日本土木会社などに参画した実業家である。また中井櫻洲山人（中井弘《なかいひろし》）は滋賀県知事時代の明治十七（一八八四）年、北垣京都府知事とともに琵琶湖疏水工事を認可・推進した人物である。明治二十六（一八九三）年十一月から翌二十七年十月まで第五代京都府知事を務め、同二十八（一八九五）年に岡崎の地で開催される第四回内国勧業博覧会を誘致したのも中井であった。

このように琵琶湖疏水の建設と岡崎・南禅寺界隈の発展に深く関わった人物が第二無隣庵で山縣と談合していた事実は、山縣の南禅寺畔への転居が何らかの意図をもって行われた可能性を示唆しているといえよう。それが南禅寺界隈に邸宅や別荘が次々と営まれていく先駆けとなったことを考え合わせると、なおさらである。

借地での造営

完成から数年後の明治三十三（一九〇〇）年十二月二日の朝、無隣庵を訪れた黒田天外に山縣は次のように語っている。

「此庭園は此前の川から此方へは、明治二十七年に久原に托して作らしておいたので、其後二十八年の丁度此頃に、清國から歸って少し閒暇であったから、川の彼方の地面を借入れて新たに作ることになった」

（「山縣侯の無隣庵」『續江湖快心録』）

無隣庵の作庭は、山縣が日清戦争の第一軍司令官として出征中の明治二十七（一八九四）年から主屋に近い西側部分を久原庄三郎に託して進めていたが、帰国した翌二十八年の末頃から東側への拡張工事を始めたというのである。久原庄三郎とは、第二無隣庵でしばしば山縣の囲碁の相手をしていた人物にほかならない。

気になるのは、「川の彼方の地面を借入れて」と山縣が話しているように、京都市所有の土地を借りて庭園を拡張しようとしていたこと。すでに作庭を始めていた西部にしても、明治四（一八七一）年の上知後に京都市が所有していたものを岡本甚助が取得、そののち久原の所有となっていた。この地が山縣へ所有権移転登記されるのは無隣庵が完成をみた明治二十九（一八九六）年十二月のことであり、新たに京都市から借り入れた東部が山縣の所有となるのは三十五年のことである。

疏水からの引水　これらの事実から、京都市が土地を提供することによって、山縣の別荘を南禅寺界隈へ誘致しようとしたのではないかとの推測が生まれる。東山一帯の風致保存という方針のもと、南禅寺界隈の別荘地開発を目論んでいた京都市にとって、山縣の知名度の高さは極めて好都合であったにちがいない。それを裏付けるかのように、明治二十八（一八九五）年八月八日付の『日出新聞』は以下の記事を載せている。

「洛東南禪寺町の山縣侯爵別莊へは今回水利事務所より鐵管を敷設して庭園の噴水其他使用水料に充つる爲め引水工事に着手したるが其水量半個にして工費は五百圓内外の豫算にて竹内仝所技手工事を擔當し両三日中に落成するよし……（山縣侯爵は）今後は仝別莊に滞在する都合にて器具其他の準備も整ひ居る由」

無隣庵の完成後、この引水工事への返礼として山縣が寄付を申し出たことを、明治三十（一八九七）年八月三日付の『京都日出新聞』は「山縣侯の寄附」と題して次のように報じている。

「山縣侯は洛東南禪寺町字艸川に別莊を新築し防火用水として疏水運河の水を引き、昨今工事大に進捗したれば將來京都市水利事業の隆盛を企圖する爲め、金二百圓を三十年度水利事業費の内へ寄附したき旨昨日市参事會へ出願せり」

ここで注目されるのは、疏水からの引水の目的を「防火用水」としていることである。江戸時代以来、度々の大火に見舞われた苦い経験から、新生京都のインフラ整備において防火対策は重要課題の一つであった。したがって、明治二十六（一八九三）年の円山公園、同二十八（一八九五）年の第四回内国勧業博覧会会場と平安神宮神苑、および「東本願寺防火水道」、あるいは第二疏水開通後の「京都御所防火水道」など、琵琶湖疏水から公共の場への引水は主に防火を目的としたものであった。また大正四（一九一五）年に「水力使用願」を提出した有芳園など、個人庭園への給水もすべて防火を名目としていたのである。

山縣有朋と伊集院兼常

このようにして山縣が滞在する準備も整いつつあった明治二十八（一八九五）年十月頃から、政財界の有力者たちが無隣庵をしきりに訪れるようになる。そして翌二十九年の暮、無隣庵の庭園工事はほぼ完成をみた。明治二十九（一八九六）年十二月二十二日付の『日出新聞』は、「山縣侯来京の期」と題して次のように伝えている。

「山縣侯の南禪寺別荘の庭園工事も目下粗ぼ落成を告げたるより一應檢分を申出でたれば、仝侯爵より本年は到底出京出來難きを以て一月二日東京を發し當地へ来る旨の返書ありたりと云ふ」

さて、無隣庵の造営工事が終盤を迎えようとしていた明治二十九（一八九六）年の夏、山縣の後を追うように木屋町二条から南禅寺畔へと移ってきた人物がいた。鹿児島県出身の実業家で、久原庄三郎、藤田伝三郎、大倉喜八郎《おおくらきはちろう》、渋沢栄一《しぶさわえいいち》などとともに日本土木会社の設立に参画した伊集院兼常（一八三六～一九〇九年）である。

伊集院が木屋町二条に居を構えていたのは一ノ舟入の南側、勧業場の跡地であった。山縣が南禅寺畔へ転出する三カ月前の明治二十五（一八九二）年八月に取得したものだが、同二十九（一八九六）年七月に滋賀県長浜の実業家・下郷伝平へ譲って現在の對龍山荘の地へ移ってきたのである。しかし、この邸宅も明治三十二（一八九九）年十二月には清水吉次郎の手に帰する。その数カ月前の九月、訪れた黒田天外に伊集院は次のように語っている（「南禅寺の松籟」『江湖快心録』）。

「この邸などは八月の二日にこゝへ來て繩張りをして、十二月の二十五日には家も、庭も、建具も皆ちやんと出來上がってしまいました……」

木屋町二条の邸宅を引き払ったのが明治二十九（一八九六）年七月だから、間髪を入れず翌八月の二日から別荘の造営に着手し、僅か四カ月足らずのうちに工事を終えたのである。それは無隣庵の完成が報じられた同年十二月二十三日から二日後のことであった。

山縣と伊集院の別荘造営が佳境に入っていた同年十月頃から、二人が互いの別荘を訪問し合っていたことを『日出新聞』は伝えている。出来上がりつつある様子を互いに見比べ合いながら庭園談義に耽っていたことであろう、二人の姿が目に浮かぶようである。

子供の頃から建築普請や庭づくりが好きであったという伊集院について植治は、

「伊集院さん程の名人は滅多ムにいいません。普請といひ、庭園といひ、先づ近世の遠州公どすな」

(「園藝の名家」『續々江湖快心録』)

と語っている。山縣も伊集院の評価を気にしていたようで、翌三十三(一九〇〇)年に無隣庵を訪れた黒田に、「實に結構だ、よく出来た」との言を伊集院から得たことを誇らしげに話す一幕もあった。

田中光顕への勧誘

ここに山縣と伊集院にまつわる興味深い事実がある。矢ヶ崎善太郎によれば、二人は東京の田中光顕《たなかみつあき》に京都での別邸建設を勧誘していたという(『近代京都の東山地域における別邸・邸宅群の形成と数寄空間に関する研究』)。候補地は「二三軒下流ニハ山陽翁之舊草廬あり遠ハ叡山を望ミ近は黒谷ニ對シ」とあることから、鴨川の西岸、丸太町通を少し上がった頼山《らいさん》陽《よう》の旧居「山紫水明処」の少し北あたりとみてよい(『田中光顕宛書翰』)。

田中は土佐の出身、警視総監などを歴任した人物で、明治二十四(一八九一)年に東京目白の山縣邸・椿山荘《ちんざんそう》に接して「蕉雨園《しょううえん》」と称する邸宅を営んでいる。つまり、山縣とは東京で隣同士の間柄であった。しかし田中の京都別荘は実現せず、明治三十九(一九〇六)年、富士川西岸の高台に「古《こ》谿荘《けいそう》」を造営、同四十二（一九〇九）年に完成をみている。目前に富士山を仰ぎ、遠く伊豆半島を望む雄大さが、京都の風趣よりも田中の性に合っていたのであろう。

その古谿荘で田中は斬新な試みを行っている。棗型手水鉢や沓脱石など、本来は石造のものをコンクリートで造形したのである。時代の先端をいく工業用素材であったコンクリートが庭園や公園へ進出するのは明治二十年代の後半から三十年代へかけてのことであったが、田中の意欲には並々ならぬものが感じられる。その後、大正期に新田《にった》長次郎《ちょうじろう》が営んだ和歌山の琴ノ浦温山荘《おんざんそう》など、昭和初期にかけて擬石や擬木をはじめとするコンクリート製品が庭園や公園で大流行していく。そして植治も、長尾欽弥別邸・隣松園（昭和七年）で擬木製の土橋を、昭和八（一九三三）年に作庭した都ホテルの葵殿庭園《あおいでんていえん》で擬石《ぎせき》を用いることになる。

水への執着

さて、文久二（一八六二）年発行の『花洛名勝図会　東山之部』には南禅寺参道の松林を背景にして、「瓢亭」の東隣に「丹後屋」という湯豆腐屋が描かれている。これが無隣庵の前身で、東北方向から丹後屋の西北隅をかすめ、瓢亭の北側を西方へと流れる小川が白川であろう。それ以前、『都林泉名勝図会』（一七九九年）にも丹後屋の賑わいが描かれていて、庭内には草川らしき流れがある。

山縣は「恩賜稚松の記」（一九〇一年）で次のように記している。

「一帯青松路不レ迷と頼山陽の歌ひたる並木のかたほとりに、たなそこばかりの土地あり。そが中に

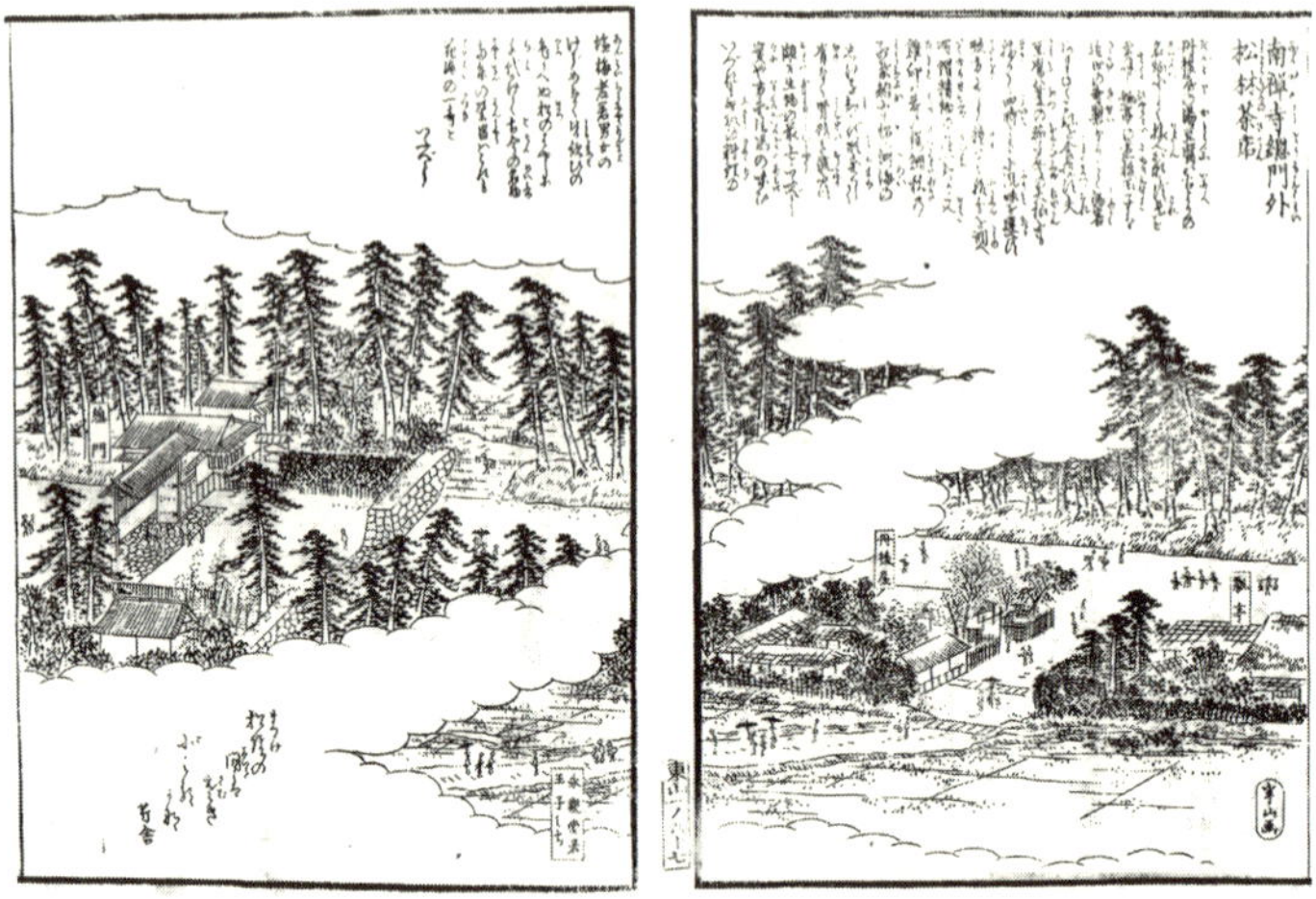

無隣庵の前身「丹後屋」（『花洛名勝図会　東山之部』）

細き流れあり、草川と云ふ。風趣の幽潔なるは、此にまされる處やはある。……自然の風致には富みたれど、ながれの細きがいさゝか物たらぬ心地すれば、琵琶湖の疏水を松杉深きあたりに引入れしに、落る瀑の音のはげしくて、みやまのおくもかくこそあらめと思ふばかりなり。」

頼山陽（一七八〇～一八三二年）に想いを馳せ、草川が流れる自然の趣に満足しながらも、滝音の響きわたる深山の雰囲気を醸し出すには水量が不足なので、疏水から水を引いたというのである。

そもそも山縣の水への執着は尋常でない。彼の築造した庭園では、自然の風趣とともに流れる水の存在が不可欠であった。明治十（一八七七）年の西南戦争後に土地を購入して作庭した東京目白の椿山荘では、隣接する田中光顕邸に端を発する谷戸《やと》からの湧水が滝となり、渓流となり、泉を象っていた（「椿山荘記」）。また、明治三十五（一九〇二）年に営んだ小石川水道町の新々亭《さらさらてい》へは神田上水から水を引き、水源の確保が困難な小田原の古稀庵《こきあん》では専用の水道を敷設して、「箱根山中より引き来たる潤沢なる遺水」としたほどである（『公爵山縣有朋傳』）。

山縣と煎茶

鴨川に臨んで東山を遠望し、高瀬川が庭内を滔々と流れる第二無鄰庵がそうであったように、清流と眺望を兼ね備えた幽邃の地が山縣にとっての理想の環境であったようだ。それは、山縣の自然観が煎茶の影響を受けていたことを示唆している。事実、山縣は名物志向の抹茶に批判的であった。

「茶事は矢張名ある古器物を使ひて催さゞれば、結局茶人の感興を惹かぬものなりと悟り、貧乏人には茶事を催す資格なしと思ひて、其後全く斷念するに至れり、」（『山公遺烈』）

この思いは、無鄰庵の茶室から利休像を撤去し、比叡山を望む勾欄《こうらん》付きの広縁に改造するという過激な行動にも現れている。そもそも、流れの畔に茶室を設えるという発想そのものが極めて煎茶的である。したがって、「恩賜稚松の記」の冒頭に頼山陽の名が出てくるのも決して唐突ではないといえよう。

大正十（一九二一）年十一月十九日から二十二日までの四日間、南禅寺界隈から清水寺周辺までの東山一帯を舞台に繰り広げられた「東山大茶会」で、無鄰庵は藤田耕雪《ふじたこうせつ》を催主とする煎茶席として開放された。軽やかな小川の畔にあって、比叡山から東山の山並みを望む広縁付の茶室は、煎茶席として格好の設えであったにちがいない。

高遊外《こうゆうがい》・売茶翁《ばいさおう》（一六七五～一七六三年）によって広められてきた煎茶は、幕末には頼山陽をはじめ文人墨客たちのあいだで盛んに嗜まれるようになる。質素で反権力的な性格ゆえに勤皇の志士たちが好んだこともあって、明治期には抹茶を圧倒する勢いであった。煎茶は、山縣だけでなく、近代庭園の自然主義的傾向に拍車をかけたものと推察される。

山縣の造園観

では、山縣が無隣庵の作庭にかけた思いとは。明治三十三（一九〇〇）年十二月二日、無隣庵を訪れた黒田天外に山縣はその作庭意図を次のように語っている。

「京都に於る庭園は幽邃といふことを重にして、豪壮だとかいふ趣致が少しもない。いや誰の作だの、小堀遠州じゃのといふた處で、多くは規模の小さい、茶人風の庭であって面白くないから、己は己流儀の庭園を作ることに決した。」

（「山縣侯の無隣庵」『續江湖快心録』）

大変な意気込みである。しかし、次の言葉は山縣の見識の高さを遺憾なく示している。

「最初稾駝師輩が、石を置くにしても……閣下は基本も御覧にならんからいかんといふから。……いかにも陰石も陽石もそんな法は知らん、然しこう見渡した處で、此庭園の主山といふは喃、此前に青く聳へてゐる東山である。而してこの庭園は此山の根が出ばつた處にあるので、瀑布の水も此主山から出て來たものとする。さすれば石の配置、樹木の栽方、皆これから割出して來なければならんじやないか喃。」

作庭の原点は東山にあり、その自然景観と庭園とを連続した空間にするというのが山縣の基本姿勢であった。また水に執着した山縣は、その扱いにも独自の考えをもっていた。

「從來の人は重に池をこしらへたが、自分は夫より川の方が趣致があるやうに思ふ。よく山村などへ行くと、此前のような清川が潺々と繞つて流れてゐるが、あの方が面白いからこゝでは川にした……」

山縣は池の静かな水面よりも躍動的な水の流れを好み、そのイメージの源泉は山村を流れる小川であったことがわかる。それは長門吉田に営んだ無隣庵への郷愁だったのかもしれないが、このような山里の自然や田園の情景描写が、やがて近代庭園のスタイルとして定着していくことになるのである。

また山縣は、植物についての指示も明解であった。

「京都の庭には苔の寂を重んじて芝などといふものは殆んど使はんが、この庭園一面に苔をつける

「山縣侯の無隣庵雪景」（『續江湖快心録』）

ということは大變でもあるし、また苔によっては面白くないから、私は斷じて芝を栽ることにした」

樹木は「重に杉樹と、楓樹と、そして葉櫻三本とでもたす心算である」といい、「此地の槖駝師などは、瀑布の岩石の間に齒朶を栽るといへば不思議に思ふ。樅の樹もこゝに三十本程栽たが……」と、京都の植木屋との感覚のちがいを指摘しているのも興味深い。

また「川畔には、岩に附着たように低く躑躅を作るつもりで、槖駝師に刈込みを命じてゐるのだ」というように、自らのイメージを実現するための管理手法まで視野に入れているのはさすがである。

このように、はじめて仕事を任せる植治には細かい指示を飛ばす山縣であったが、「東京から連て来た橐駝師《たくだし》（植木屋のこと）」には植栽や滝石組など、どうすればもっと良くなるかなどと意見を聞いている。その東京の植木屋こそ、山縣のもとで目白の椿山荘や小田原・古稀庵の作庭に腕を振るった岩本勝五郎《いわもとかつごろう》にほかならない。

空間構成とデザインの妙

東西に細長い三角形の敷地の西端部に東向きの主屋を配し、正面に東山の山並みを望む雄大な空間構成の無隣庵。これは南禅寺界隈の庭園群に共通する基本的なプランでもある。

東から西への緩やかな下り勾配の地形。東端の三段の滝から勢いよく流れ落ちた琵琶湖疏水の水は渓流から浅い池状の広がりとなる。黒田が「其底はいと浅くして尚ほ川の趣致を失わず」と表現しているように、池というよりは幅広い流れといってよい。ふたたび細くなった流れは薄暗い林の中から座敷前に姿を現わし、草川の流れと合流する。

瀬落ちから響いてくる軽やかな水音に誘われて庭園に降り立ち、流れを「沢飛び」で渡ると水の動きが足元に直接伝わってくる。それは山縣の躍動的な水への想いを見事に表現した、植治の演出の一つといえよう。

山縣の関心は、水だけに向けられていたわけではない。苦労して据えた大石が埋立地であるために傾いてきたのを悔しがったり、苔が盛り上がってきて景石が小さく見えてしまうことに困惑したり、庭石への気配りもじつに繊細である。自然石の中に、生活感の漂う臼石を挟み込むという感覚も新鮮だ。

ことに醍醐の山から庭石を集めた際、「中には刃痕が殘ってあるものがある」のを気にとめているのは興味深い。「刃痕」、すなわち石を割るために穿たれた矢穴や、割った痕跡である矢跡をデザイン要素の一つとみる美意識は江戸初期に生まれたものであった。それを山縣が知っていたとは思えないが、無隣庵の浅い池に設えられている瀬落ちの傍らには、確かに矢穴の刻まれた景石が据えられている。

矢穴や矢跡を積極的に見せようとする作意は無隣庵だけでなく、仁和寺《にんなじ》や三宝院など、植治が関わった庭園でよく見かける。しかも、あまり矢で割ることのないチャートという岩石に矢穴が刻まれているのだから、明らかに意図的といえよう。その美意識は三条大橋や五条大橋の橋脚、橋桁を用いた平安神宮中神苑・臥龍橋のデザインに通ずるものがある。

無隣庵の波及効果

山縣の見識と植治の感性が融合した無隣庵の庭園、それこそ近代庭園の濫觴と呼ぶにふさわしい。当時の評価を振り返ってみよう。

『京華林泉帖』の編纂者である湯本文彦は山縣の無隣庵をはじめ、箱庭を脱して野趣に富んだ庭園が出現したことを高く評価するとともに、琵琶湖疏水の開通と水力発電によって豊富な水を得たことは今後の庭園の進歩を促すことになろうと述べている。

黒田天外も「久原氏の庭園」（『續江湖快心録』）の冒頭で、「余近來京洛にて新たに築造されし縉紳富豪の諸庭園を觀て、其一新現象あるを喜ぶ」と新庭園への賛意を表明している。とくに「我は我意に隨つて我庭園を造らん」と豪語した山縣については、

「侯は京洛の造庭に於て確に一生面を開き、一紀元を劃せし人也。侯の一唱は斯して舊來の陳套を打破するに最も力ありき。而して次て起れる諸庭園、いづれも清新自在の致を帯さるなし」

と、その功績と影響力を強調している。

無隣庵で、植治は山縣の造園観と新時代のセンスを読み取ったことであろう。それらを自らの感性のなかに刻みつつ、近代庭園のスタイルとして昇華していくのである。

第二章　公共空間の庭園化

1　平安神宮神苑の築造

清国から帰国した山縣有朋が無隣庵の拡張工事に取りかかった明治二十八（一八九五）年、田畑の広がっていた岡崎の地で四月一日から第四回内国勧業博覧会が開催され、十月二十二日から二十四日まで平安遷都千百年記念祭が挙行された。その博覧会場の工業館中庭を京都園藝業組合が、また記念殿として創建された平安神宮の神苑を植治が作庭することになったのである。

中井弘の御蔭

記念祭と並行して内国勧業博覧会の誘致を成功させた立役者は、明治二十六（一八九三）年十一月から翌二十七年十月まで第五代京都府知事の任にあった中井弘である。彼は植治に平安神宮の神苑を作庭する機会を与えた人物でもあった。

のちに植治は、黒田天外に次のように語っている（「園藝の名家」『續々江湖快心録』）。

「平安神宮の神園を作るにつき、山縣さんへ行て居る植木屋を呼べとのことで私が命ぜられましたが、三千坪からの處を千圓や千五百圓でいけそうな筈がない、丁度倍額ほど入たが出してくれといふても出してくれませず、其頃は未だ隨分苦痛でムいましたが忍んで之をやり上げますと、今度は博物館の庭園を作れとのことで一万坪からあつて野原のやうな處を一月や一月半でやってのけましたが、此頃から少し私の名が知れまして……」

平安神宮神苑の作庭における予算面での苦労を感慨深く振り返るとともに、引き続いて依頼された帝室京都博物館の作庭を短期間で完成させたことに自信をにじませている。

平安神宮が建設される前の岡崎
（『平安遷都千百年記念祭協賛誌』）

山縣の関係で平安神宮へ呼ばれたというだけで中井の名は出てこないが、次の言葉によって、中井に恩義を感じていたことがわかる。

「私が今日にまでなりましたのは、全く山縣さん、中井弘さん、伊集院兼常さん、此の三人の御蔭で……」

中井から平安神宮神苑の作庭を命じられたことで、植治は多くの施主と出会うことになる。最大の施主である住友家とのつながりも、十五代住友吉左衛門・春翠が平安遷都千百年記念祭協賛会の評議員であったことがきっかけと推察される。また、同協賛会の発起人であり評議員でもあった春翠の実兄・西園寺公望の清風荘、あるいは亀岡の田中源太郎《たなかげんたろう》本邸、木屋町二条の田中市兵衛邸などを手がけるのも、神苑の作庭で発揮された植治の技量が認められたからであろう。

神苑の作庭事情

植治がぼやいていたように、平安神宮神苑の作庭は予算面で厳しいものがあった。『平安遷都千百年記念祭協賛誌』（一八九六年）は「神苑」の項で、造園の予算面で苦心した事情と、防火対策に万全を尽くしたことについて記している。

まず苦しい台所事情について見てみよう。

「神宮の建築大極殿ノ模造既ニ成リ……園藝ノ事タル之カ完美ヲ計レハ一盆池ニシテ數千金ヲ費ヤシ一拳石ニシテ數百金ヲ投セサルヘカラス、此ノ如キハ經費ノ許ス所ニ非サルヲ以テ委員ヲ設ケ百方苦慮シテ現形ノモノヲ築造セリ、而シテ園中植栽セシ樹木ハ専ラ寄附物ヨリ成リ排置セシ岩石ハ桃山官林ノ拂下ヲ得種々ノ經營ヲ以テ經費ヲ減少スルヲ得タリ」

樹木はもっぱら寄付に頼り、庭石は桃山官林から払い下げを受けることによって経費の削減を図った事実を赤裸々に露呈している。つまり、植治は支給材料だけで神苑の作庭を行ったことになる。

次に防火対策だが、そこには並々ならぬ配慮がみられる。

「神宮ノ背後ハ直ニ民有地ニ接スルヲ以テ將來人家稠密ニ際セハ火災延燒ノ憂ナキ能ハス、是ヲ以テ更ラニ數反歩ノ民有地ヲ購入シ以テ樹林トナセリ、又社殿ハ宮内省御下賜金及全國有志者ノ寄附金ヲ以テ成立シタルモノナレハ……疏水ノ水ヲ利用シ三吋半ノ鐵管ヲ敷設シ各處ニ噴水口を備へ注射管ヲ附シ臨時ニ噴水注射シ得ルノ用意ヲナシ平時ハ神宮ノ手洗盥又ハ神苑ノ池ニ灌キタリ」

周辺民家からの延焼防止策として隣接する民有地を買収し、樹林による防火帯を設けたというのである。これについては、「宝永の大火」(一七〇八年)後、禁裏への延焼防止のために民家を移転させて「明地」(防火帯)を設けた先例がある。また、疏水からの引水の最大の目的が社殿の防火にあり、神苑の池の水はその余水だったというのも納得できる。あるいは苑池そのものが防火用の溜池と考えられていたのかもしれない。

築造当初の神苑

では植治はいつ頃から作庭に取りかかったのであろうか。平安神宮神苑の築造過程に関しては小野健吉の研究に詳しい(「平安神宮神苑築造記録から読む植治と近代京都造園事情」『京都を中心にした近代日本庭園の研究』)。

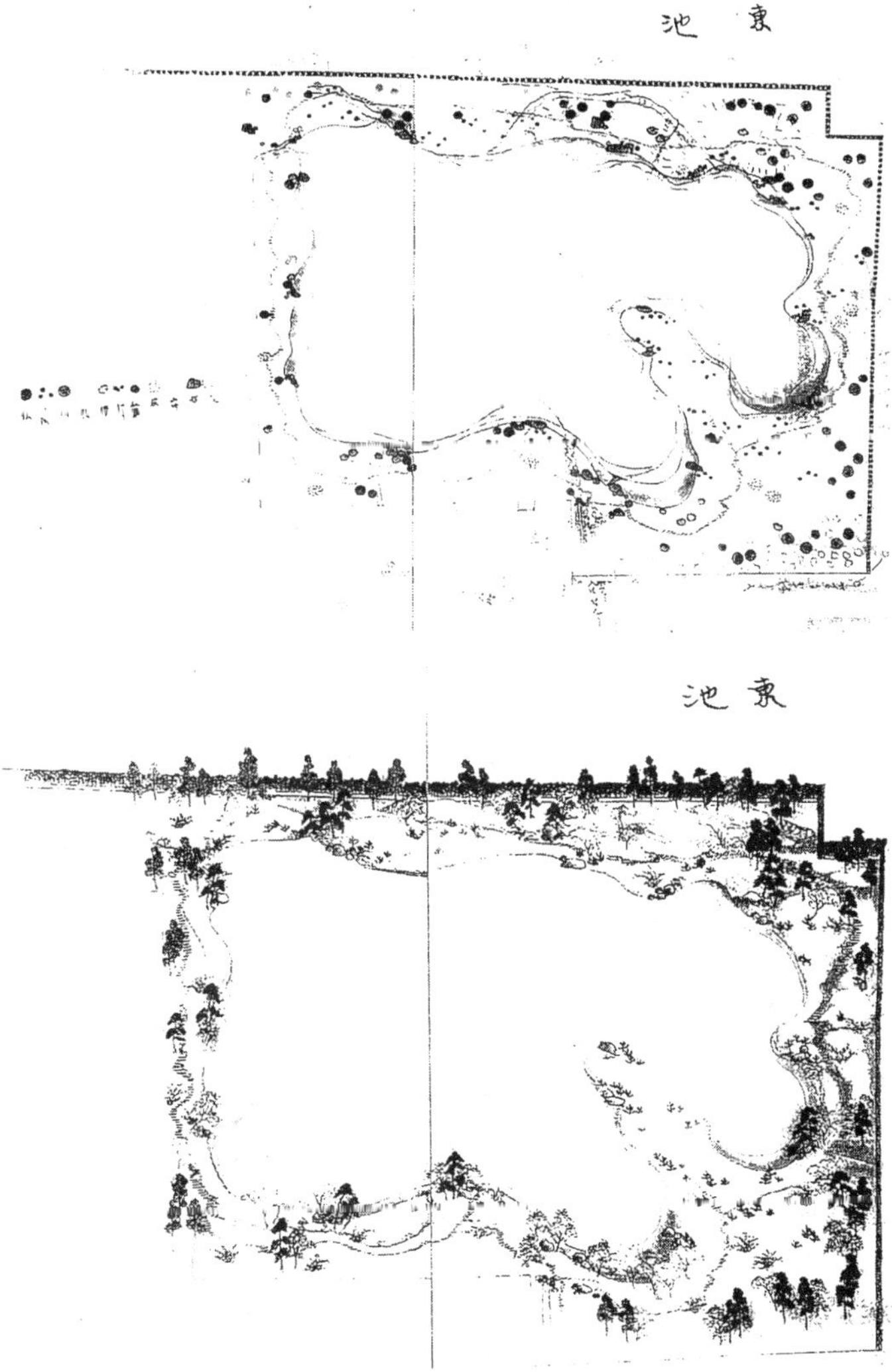

東池（中神苑）平面図および鳥瞰図（小野〔2000〕より）

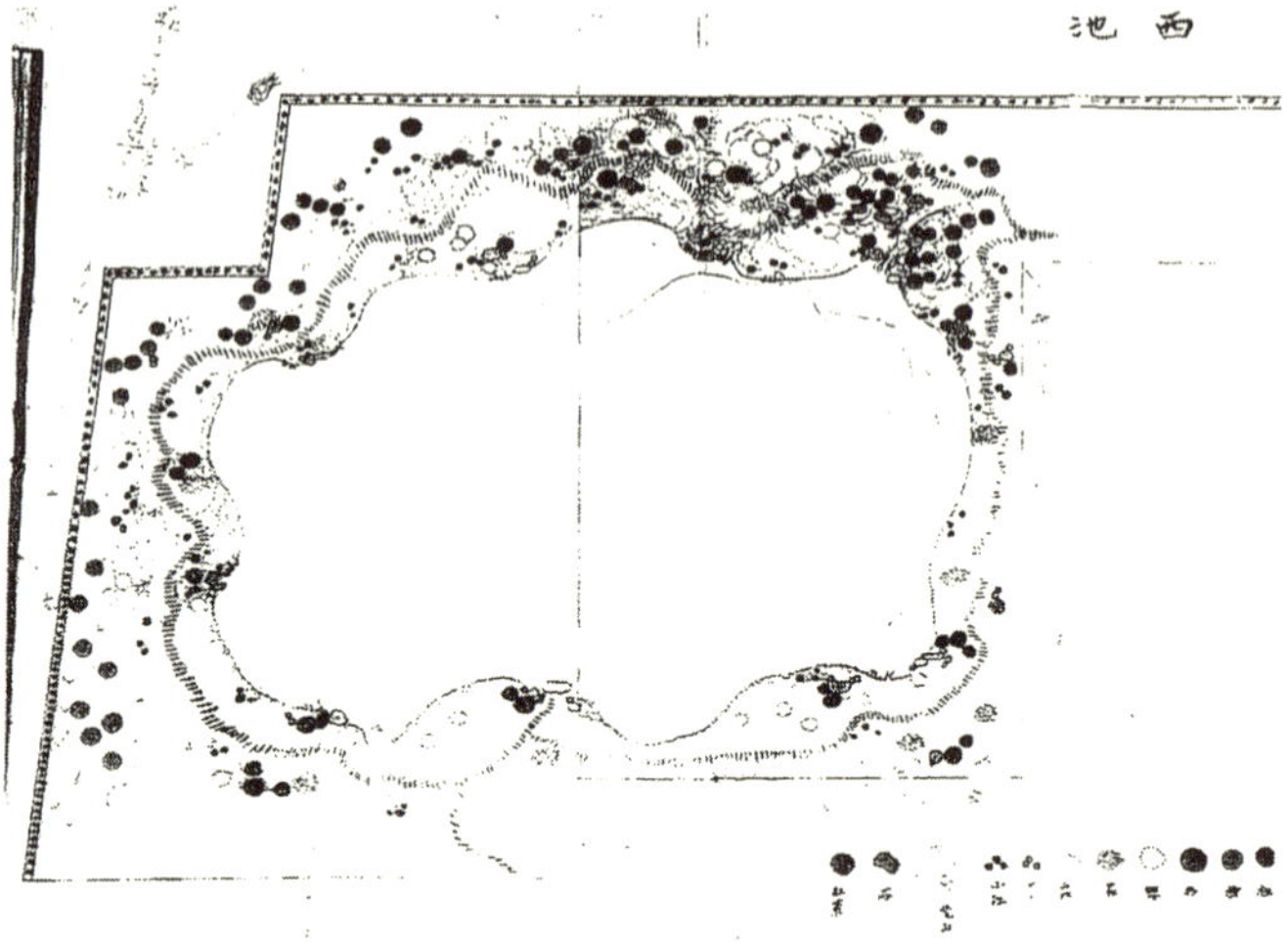

西池（西神苑）平面図および鳥瞰図（小野〔2000〕より）

明治二十七（一八九四）年十一月二十一日付「園藝着手の件」（『土木部・園藝書類』平安神宮蔵）は次のように記している。

「園藝費千七百三円五十六銭別紙見積書ヲ以テ着手セントス。但、工事ハ小川治兵衛ヘ特命スルモノトス。」

「小川治兵衛へ特命」を指示したのが、知事兼市長在任中の中井であったことは間違いないだろう。「千七百三円五十六銭」という予算額は、植治が黒田に語った「三千坪からの處を千圓や千五百圓でいけそうな筈がない、丁度倍額ほど入たが出してくれといふても出してくれませず」との言葉通りの数字である。つまり、植治が提出した「別紙見積書」は金額調整後のものということになる。

この見積書とともに、植治は「平安神宮記念殿周囲庭園工事圖面」として「西池」（現在の西神苑白虎池）と「東池」（現在の中神苑蒼龍池）の平面図および鳥瞰図を提出している。それを現況と比較すると、西神苑に出島がなく、中神苑の中島は出島として描かれていて臥龍橋《がりゅうきょう》も存在しない。

しかし完成直後の「總地圖」（『平安遷都千百年記念祭協賛誌』一八九六年）をみると、中神苑はそのままだが、西神苑には小さな出島ができている。おそらくこれは施工途中の変更によるものであろう。なお「總地圖」には、のちに東神苑が造られるところに「京都市美術舘」との記入がある。そこは第四回内国勧業博覧会の美術館跡地で、京都市美術館が建設される予定であった。東神苑は、この地

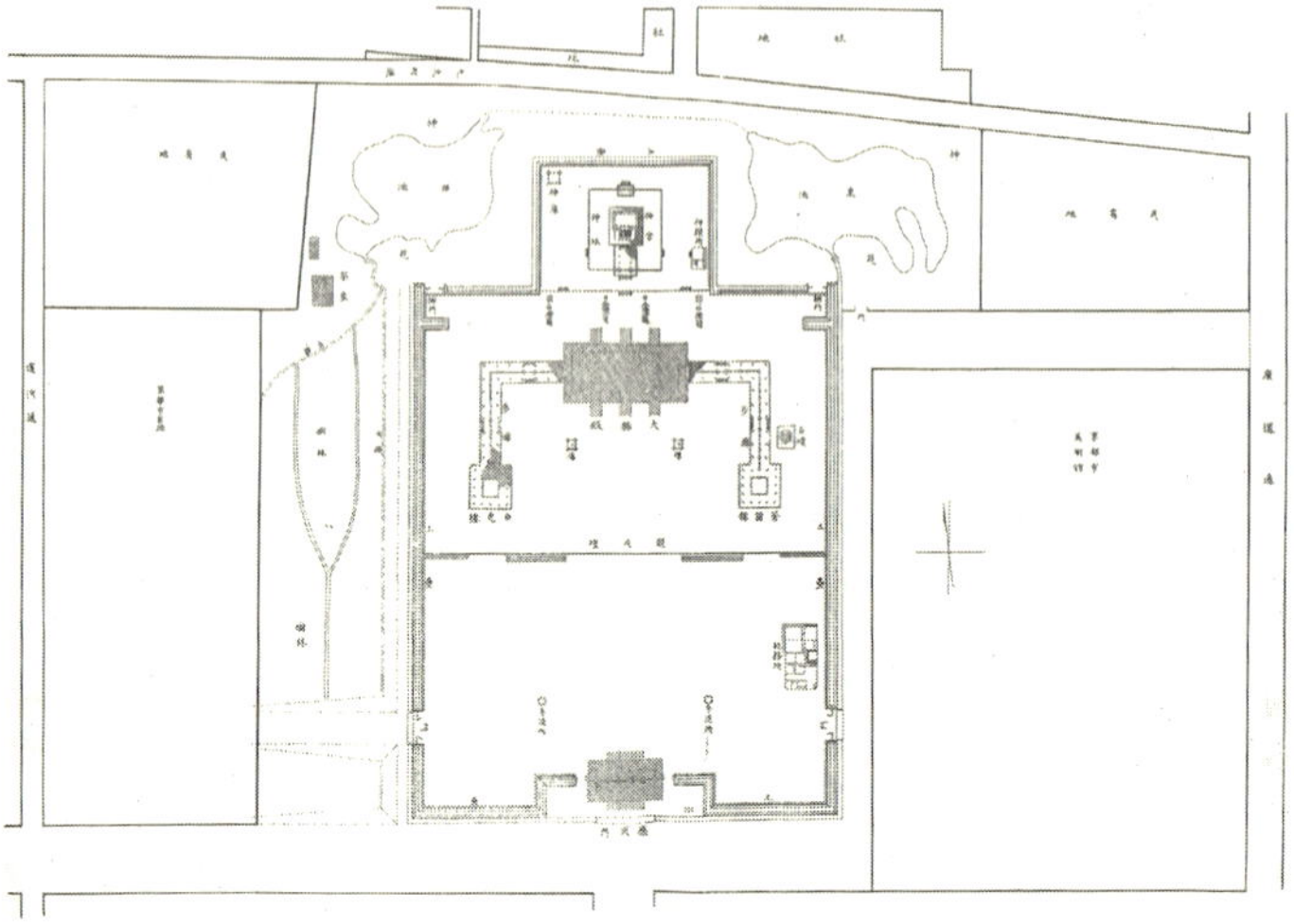

「總地圖」(『平安遷都千百年記念祭協賛誌』)

と、疏水慶流橋《けいりゅうばし》から平安神宮の応天門へ至る「應天門通」両側の旧境内地とを換地することによって築造されるのである。

ところで「園藝着手の件」が作成された明治二十七年十一月二十一日といえば、並河靖之邸の竣工披露から六日後、中井知事の退任から約ひと月後にあたる。正確な着手日はわからないが、以後、平安遷都千百年記念祭が挙行される翌二十八年十月まで、植治は平安神宮神苑の築造に精魂傾けることになる。

支給材料による作庭

先に述べたように、西神苑と中神苑の作庭では庭石が「桃山官林ノ拂下」、樹木は「寄附物」で賄われた。

まず払い下げを受けた庭石からみていこう。『土木部・園藝書類』によれば、「桃山官林ニ往昔庭園ニ使用候石材有之趣」を「大中取雑セ七十個小石千個」、「代金三十二円十銭」で払い下げてほしい旨、明治二十七（一八九四）年十二月五日付で「平安遷都記念祭協賛会　会長　近衛篤麿」から「大阪大林区署長　林務官　嶋田剛太郎殿」宛に願い出ている。石材は「地上ニ散在」しているものに限り、採取に際して土中から掘り出したり樹木を伐採したりしないとの約束であった。「往昔の庭園」とは伏見城に関連する遺構であろうか。

その後も協賛会からは「轉石御拂下願」が再三提出され、明治二十八（一八九五）年四月十五日付の許可までに二百個が追加された。その合計は最終的に千二百七十個にのぼる。

次に「専ラ寄附物ヨリ成リ」とされる樹木であるが、その種類と本数は、『平安遷都千百年記念祭協賛誌』に付されている「物品寄附内譯」によってわかる。松、楓《かえで》（含む野村、一行寺《いちぎょうじ》、出鹽《でしお》）、櫻《さくら》（含む八重、枝垂《しだれ》）、梅（紅、白）、柳、桐、橘、樫《かし》、杉、檜、五葉松、ムクケ、林檎、緒カ玉《おかたま》、山茶花《さざんか》、樟《くす》、榊《さかき》、薩摩杉《さつますぎ》、公孫樹《いちょう》、椿、欅《けやき》、キョウチクトウ、槇《まき》、南天というように、じつに多種多様であった。目にとまるのは、百本から千本という単位で記載されている松、杉、檜などの苗木である。これらは防火帯としての樹林を形成するためのものであったと考えられよう。

一方、石材の寄付は比較的限られていて、「伊豫石二個」、「自然石二個」、「守山石一個」、「岩石」、「白川砂二十二坪」、「石燈籠一対と一基」、「岩石燈籠」といったところである。これは払い下げを受けた桃山官林の石で間に合っていたからであろう。なお「伊豫石《いよいし》」は三波川変成帯に産する結晶片岩で、室町中期以来、名石とされてきた庭石である。また、植治が琵琶湖西岸から盛んに搬入した「守山石」は一石のみにとどまっている。

2　継続する神苑整備

「西池」および「東池」を中心とする平安神宮神苑が完成した後、植治は第四回内国勧業博覧会場跡地の整備にともなう樹木の移植や庭石等の移設などの工事を請け負っている（明治二十九年十二月十日付、平安神宮社務所宛「舊博覧會場敷地内樹石移□見積書」）。それと並行して、平安神宮神苑では順次改修の手が加えられていく。それは大正五（一九一六）年に完成をみるまでの、二十余年にわたる植治のライフワークのはじまりであった。

「崩積」の新設溝

最初に改修が行われたのは明治三十（一八九七）年のことである。「庭園新設溝崩積設計之件」と題する「明治三十年一月十四日評決」の文書は、「東庭園」（中神苑）と「西庭園」（西神苑）を結ぶ溝を掘って崩《くず》れ石積を施す工事を別紙見積書の予算を以て着手するという内容で、「金七拾四円参拾五銭　請負人　小川治兵衛」と記されている。

また同年三月十四日には「樹木購入之件」として、崩れ石積の間に植える庭木が不足しているので購入するという評決がなされている。予算は拾円九拾銭、請負人は同じく小川治兵衛。その時に植治が平安神宮社務所へ提出した見積書によると、植栽されたのは「サツキ二年木五拾株」、「梔百株」、「紫蕨五拾株」であった。

このように植治は神苑内の様々な造園工事をこなしていくのであるが、明治三十年四月二十三日付の請求書の中に「金壱円也　セメント五本　庭園石工用」とあり、その頃すでにセメントを用いた石工事の行われていたことがわかる。

臥龍橋の出現

明治四十（一九〇七）年、植治のデザイン力を遺憾なく発揮する機会が訪れた。臥龍橋の創設を中心とする現在の中神苑の改修である。

「平安神宮々司子爵日野西光善」から「京都市長西郷菊次郎」宛に出された明治四十年六月十一日付「石柱幷庭石等下渡願」は以下のようなものであった。

「當神宮神苑ハ年々手入ヲ致シ居候ニ付風致モ次第ニ相増シ樹木鬱蒼シ……然ルニ神池ニハ飛石捨石等モ少ク風致上遺憾ニ存シ數年前ヨリ石材蒐集ノ計畫ヲ仕居候モ何分價モ高ク容易ニ購入仕兼候然ルニ承ル処ニ因レハ京都御所御苑内博覧会場モ本年ハ引拂可相成哉付テハ右庭園ニアル五條橋古石柱ノ如キハ他ニ御移シ可相成義ト存候ニ付……往古ノ遺業ヲ示シ度候間神苑東手ノ池中へ出島・飛橋トセハ一層風致ヲ増スモノト存候……此際他ニ移轉スヘキモノハ可成御下賜ニ相成候得ハ神苑ノ趣味ヲ増ス事ト深ク相信シ候間……」

数年前から神苑の風致を増すための計画を立てていたが、石材の価格が高くて購入がままならない状況である。京都御苑内の博覧会会場を今年引き払い、その庭園内にある五条大橋の橋脚を他所へ移すということなので、「往古ノ遺業」を示すためにもそれらを下賜していただきたい。そうすれば、

「神苑東手ノ池」（中神苑）に「出島・飛橋」をつくるなどの整備をし、「神苑ノ趣味」を増すことができるという内容である。

これに対して、同年六月二十六日付で保管を託する旨の返書があった。添付された目録によると橋桁三、橋柱（橋脚）十一の計十四点すべて「白川石」である。天正十八（一五九〇）年に秀吉が建設した五条大橋の橋脚には「津國御影　天正拾七年　五月吉日」の刻銘があり、石質は同じ花崗岩でも「御影石」であった。したがって、それらの橋脚と橋桁は架橋当初のものではなく、正保二（一六四五）年の架け替え、あるいは寛文二（一六六二）年の地震や度々の洪水などの改修時に用いられた新石材であろう（『京都坊目誌』）。

この時に保管委託された石材で創設された「飛橋」、すなわち臥龍橋の姿は『京華林泉帖』（一九〇九年）の写真で確認できる。そのシャープで斬新なデザインには植治の面目躍如たるものがあり、また背後に東山の山並みが霞んで見えるのが印象的である。なお出島が東岸から切り離されて現在のように島となったのも、この時の改修によるとみてよい。

ちなみに「京都御所御苑内博覧会場」とは、明治十四（一八八一）年一月末、お雇い外国人教師ワグネル（Gottfried Wagener）の建築計画によって京都御苑の東南角に完成した京都博覧会の常設会場のことである。明治十（一八七七）年の架け替え工事で不要となった五条大橋の古い橋脚や橋桁が、この常設博覧会場の庭園に用いられていたということになる。

「平安神宮東側庭園築造設計書」添付の鳥瞰図（小野〔2000〕より）

東神苑の築造

引き続いて、第四回内国勧業博覧会場の美術館跡地に東神苑が築造されることになった。「應天門通」両側の旧境内地と換地して入手したところである。

築庭に際して植治は「平安神宮東側庭園築造設計書」（明治四十三年十一月十一日付）を提出している。見積金額は「参千参百参拾円」であった。この設計書は平安遷都千百年記念祭協賛会残務委員の内貴甚三郎等から平安神宮々司日野西光善宛に出された『神苑築造寄付ノ儀申込書』（明治四十三年十二月二十二日付）に、「平安神宮境内神苑築造場所見取図」および鳥瞰図とともに添付されたものである。

鳥瞰図は墨画のシンプルなもので、中島も橋《はし》殿《どの》・泰平閣《たいへいかく》も描かれていない。栖鳳池の東側は起伏に富んだ地形とし、背後に描かれた東山の山並みと相まって、じつに大らかな空間構成である。

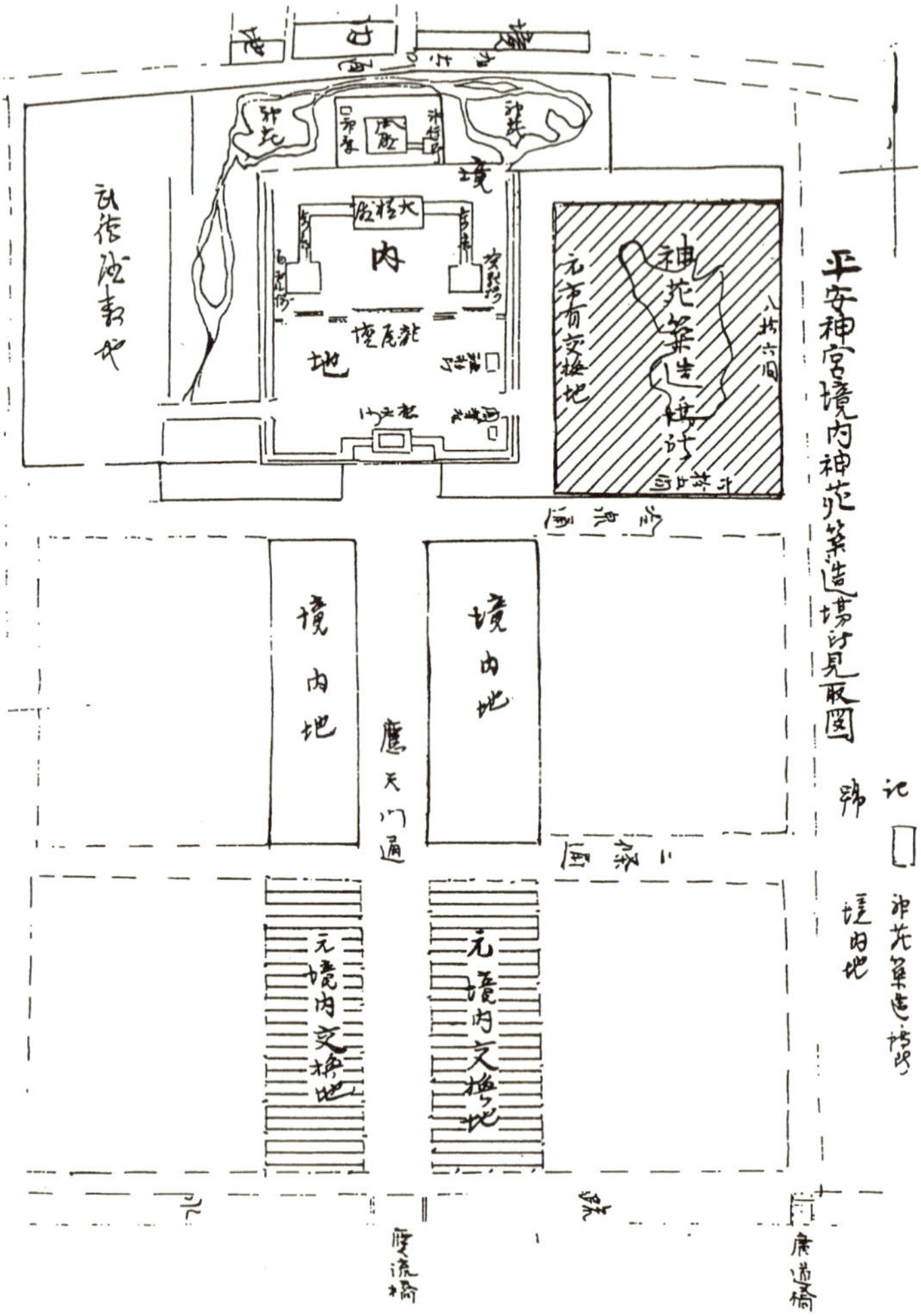

換地による東神苑の築造
「平安神宮東側庭園築造設計書」添付図面
（小野〔2000〕より）

また北側と南側に高い樹林を配する一方、東山を望む東側正面の樹木を低く抑えていて、東山との連続性を意図した植治らしさがみられる。

なお橋殿が描かれていないのは、この段階ではまだ計画されていなかったか、あるいは寄付を募っている最中だったと考えられる。「平安神宮神苑内　貴賓館及附属建物並ニ楼閣廊下等新築場所見取圖」を添えた『神苑地内ニ貴賓館其他建築寄附之儀申込書』が、平安遷都千百年記念祭協賛会残務委員の内貴甚三郎および同辻信次郎から平安神宮々司・子爵日野西光善宛に提出されるのは、およそ十カ月後の明治四十四（一九一一）年九月十六日のことだからである。添付されている見取図は極めてラフなもので、「貴賓館」と「楼閣」（泰平閣）、「廊下」（橋殿）が現在の位置に書き込まれている。

守山石の搬入

いよいよ東神苑の築造が本決まりになった段階で、植治は「平安神宮神園設計書」（明治四十四年六月十二日付）を平安神宮社務所宛に提出している。総額「六千百七拾円八拾銭」。当初見積の倍近くに跳ね上がっており、しかも庭石が「弐千八百拾円」と、増加額のほとんどを占めていた。庭石見積書の詳細は以下の通り。

御庭石見積書

一金八百拾円　大石六百貫以上千貫　三拾個

但シ壱個弐拾七円平均

金壱千弐百円　中石　弐百個

但シ壱個平均　六円
凡　三百貫目以上
金　五百円　中石　五百個
但シ壱個壱円　凡七十貫目以上
金　参百円　小　弐千個
但シ壱個平均拾五銭
右
計金弐千八百拾円也
但シ　三百石艘五拾艘
右之通ニ御座候也
明治四拾四年六月十二日　小川治兵衛
平安神宮社務所
御中
大津舩　壱艘　五六、二〇〇
疏水舩　壱艘　一九、四〇〇

このように「六百貫以上千貫」（約二トンから四トン）の「大石」が三十個、「三百貫目以上」（約一トンから二トン）および「七十貫目以上」（約三百キロから一トン）の「中石」がそれぞれ二百個と五百個、それに「小石」が二千個の大小合わせて二千七百三十個、「三百石艘」換算で「五拾艘」分というおびただしい数の庭石が東神苑へ運び込まれたのである。

湖上は「大津船《おおつぶね》」で、疏水では小分けして「疏水船《そすいぶね》」に積み替えられ、インクラインを下って慶流橋あたりで荷揚げされたとみられる。これらの庭石が「守山石」なのかどうか、文書からは定かではない。しかし、東神苑の庭石をくまなく調査した結果、そのほとんどすべてが守山石であることが明らかとなった。

「石橋杭」と「桁石」の運搬　その後、東神苑の築造工事が進む中、大正三（一九一四）年一月二十三日付で、平安神宮々司・青木陳實から京都府知事・大森鐘一《おおもりしょういち》に宛てて以下のような文書が提出された。

「明治四十四年十一月七日付ヲ以テ京都府ヘ三条大橋々脚残石無償下附出願ニ對シ、大正元年十一月十五日付ヲ以テ別紙目録通リ無償保管依嘱ノ處、仝三年一月二十日付ヲ以テ無償贈與ニ付、領収證書提出方……左ノ通リ提出シ……」

東神苑内に散見する橋脚等が京都府から贈与されたことを示す文書で、当初は「保管依嘱」としていたのを「無償贈與」にするという内容である。添付された「三条大橋橋脚残石領収證書」（大正三年一月二十三日付）によると、「石柱」が「計　参拾八個」、それぞれに「長」、「圓周」（一部「径」）、「個數」が記され、長さは一尺二寸から九尺まで様々であった。そのうち七尺三寸の一個にのみ「津國御影天正十七年五月吉日ト彫刻アリ」と記載されている。

明治四十五（一九一二）年三月に着手された三条大橋の架け替え工事が完了するのは、大正と改元された同年十月のことであった（『京都坊目誌』）。したがって、架け替え工事中に「無償下附」の願い書が提出され、竣工後間もなく許可がおりたことになる。「残石」扱いの「石柱」はまだ橋の袂あたりに放置されていたらしく、大正元（一九一二）年十一月二十一日付で植治は、平安神宮社務所へ「三条通三条橋附近ニアル石橋杭其他桁石　参拾八個」を東神苑まで運搬する費用の見積書を提出している。

それによると、三条大橋から平安神宮まで橋脚と橋桁あわせて三十八個の運搬料は六十七円であった。一個あたりの運賃は、平均すると約一円七十六銭となる。その重さは不明だが、明治四十四（一九一一）年に植治が見積書を提出した守山石の値段と比較すると、約三百キロから一トンの中石が運賃込みで一個一円だから、結構な値段である。また大正四（一九一五）年に桝屋町十牛庵の改修工事で植治が請求した植木職一人の日当は九十五銭だから、一個につき約二人手間に相当する。

なお五条大橋と三条大橋は洪水などによる破損と修復が繰り返され、不要となった橋脚と橋桁は各所で再利用された。たとえば京都御苑内の旧九条邸園池に架橋された高倉橋の橋脚（明治十五年架橋）、京都府庁舎（明治三十七年完成）、円山公園（大正三年完成）のほか、木屋町二条の旧伊集院兼常邸や塚本与三次邸など、植治の手がけた庭園でよく見かける。

3 公共造園で名を馳せる

かくして、明治二十七（一八九四）年末に着工された平安神宮の神苑は大正五（一九一六）年をもって完成する。二十余年という、植治にとってじつに長きにわたる大仕事であった。

積極的な参入

平安神宮で最初の工事を終えた直後の明治二十九（一八九六）年、植治は無隣庵の完成と相前後して、帝室京都博物館（同三十年開館）の作庭を短期間で成し遂げる。その頃から公共の大規模造園を迅速に行う技量が認められ、植治の評価は急速に高まっていった。以後、植治は公共造園へ積極的に関わり、質の高い庭園空間を公共の場に作り出していくのである。

その過程で植治は、数寄屋大工だけではなく、近代を代表する多くの建築家や建築業者とも仕事を共にする機会を得ることになった。

四代目清水満之助

まず平安神宮だが、明治二十九（一八九六）年発行の『平安遷都千百年記念祭協賛誌　白虎編』「模倣大極殿」の項に、

「宮内省内匠寮技師木子清敬氏ニ工事ノ設計ヲ托シ工學士伊東忠太京都府技手水口次郎ノ両氏ヲ聘

シテ之ヲ佐ケシメ其報告ヲ待テ直ニ工事ニ着手セリ……」

とある。この建築工事を請け負ったのが四代目清水満之助であった。「清水満之助店」（大正四年に清水組、現・清水建設）の四代目清水満之助は、明治二十（一八八七）年、三代目満之助の急逝によって四代目を襲名。その時まだ八歳であったため、原林之助が支配人に抜擢される（『清水建設二百年』）。したがって、明治二十六（一八九三）年九月に請負総額「拾萬六千六百圓」で落札した平安神宮の建築工事は、「清水満之助支配人　請負人　原林之助」名義となっている。明治二十八（一八九五）年三月七日、「記念殿諸建物建築工事」は竣成。それからしばらくして清水は無隣庵の洋館を手がけることになる。平成元（一九八九）年三月四日に行った調査の際、屋根裏から発見した棟札によると、上棟は「明治三十（一八九七）年十一月七日」、「技術　工学士新家孝正」および「棟梁　清水満之助」の名が併記されていた。

その後、山陰線の敷設に尽力した田中源太郎が明治三十七（一九〇四）年から五年がかりで改築した亀岡本邸の洋館を手がけるなど、京都への進出を果たしたばかりの「清水満之助店」は、奇しくも、植治とともに歩を進めたのである。

新築なった京都府庁舎

つぎに公共の場で植治の足跡がみられるのは、明治三十七（一九〇四）年十二月二十五日に新築なった京都府庁舎である。移庁式の行われた翌三十八（一九〇五）年一月九日の『京都日出新聞』は、植治が作庭した府庁前庭のスケッチを添えて以下のように伝えている。

新築なった京都府庁舎の前庭（『京都日出新聞』明治38年1月9日）

「庭園は粟田口の園藝師小川治兵衛氏の設計にて寧ろ寄附的に爲り玄関前は洋式其の他は和洋折衷の設計にして第一玄関前馬車廻はし前の□の如き實に得難き老樹槎枒たる珍品なり。」

この地は「禁裏守護職屋敷」であったとされるところで、「老樹」は往時からのものであろう。建築は「二十世紀の構造建築技術を後世に貽るに足るべきよう久留文部技師の苦心せしもの」であった。しかし、その準備工事には相当苦労したようで、「障害と爲るべき樹木を移植し……庭内の溜池を浚渫地均し……錐鑽法により地盤土質の試験を爲し……」と記されている。

また、同紙に掲載されている大森鐘一知事の談話は、

「殊に村井吉兵衛氏の寄付にかゝる　萬圓にて府廳の備品を購入する事を得て非常の好都合なり、備品

には村井吉兵衛氏寄付として永く記念と為し置く事とせり」

というもので、府庁に残されている当時の家具類には、その旨の銘が刻まれている。

武田五一との縁

ところで、植治が最も深くかかわった建築家は武田五一《たけだごいち》（一八七二〜一九三八年）である。その初めてのコラボレーションの場が京都市商品陳列所であった。

明治四十二（一九〇九）年、東神苑との換地によって第四回内国勧業博覧会場の美術館は現在の京都市美術館の敷地へ移築され、第一勧業館として生まれ変わった。それに隣接して武田の設計で京都市商品陳列所が建設されることになり、その東庭を京都園藝業組合の造庭部が植治を主任として作庭することになったのである。同年五月十五日に開館式が催された同陳列所の所長は丹羽圭介。植治が没した直後、昭和九（一九三四）年一月発行の『瓶史』新春特別号で庭師「植治」について語った人物である。

完成した庭園について当時の新聞記事は、純日本式林泉《りんせん》と称賛する一方で、洋風建築との調和に疑問を呈する声を載せている（『組合百年史』）。なお、この庭園は現在も京都市美術館（昭和八年建築）の東庭として残されている。園池の北半部分が大きく改変されてはいるものの、群植されたアカマツ越しに東山の山並みを望むという雄大な空間構成から植治の明確な作庭意図を読み取ることができる。

京都市商品陳列所の庭園が完成した明治四十三（一九一〇）年、植治は富山県庁貴賓室の庭園を設計する。これは前年七月に富山県県会議事堂の建築を設計した武田五一の紹介によるものかもしれない。しかし、植治と富山との関係はそれ以前にさかのぼることが近年の高岡市公文書調査で明らかにされた。明治三十六（一九〇三）年、「高岡古城公園」の設計を依頼された植治は廣瀬万次郎を派遣し、その任にあたらせたというのである（『北日本新聞』二〇〇九年九月十二日）。

その後も植治は、大正二（一九一三）年から翌三年にかけての円山公園改良工事、同五年に武田が洋館を設計した稲畑勝太郎《いなはたかつたろう》・和楽庵、同七（一九一八）年から翌八年に築造された岡崎の下村忠兵衛《しもむらちゅうべえ》邸、同八年の山口県知事公舎（大正五年竣工の山口県庁及び議事堂を武田が設計）などの作庭に携わるなかで武田との縁を深めていくのである。

建築家とのコラボレーション

大正七（一九一八）年から本格的に東京進出を果たした植治は、翌八年にかけて古河虎之助邸の作庭を手がける。建築と、その前面の洋風庭園はジョサイア・コンドル（Josiah Conder）の設計によるものであった。

武田やコンドルのほか、植治は伊東忠太《いとうちゅうた》（平安神宮）、藤井厚二《ふじいこうじ》（小川睦之助邸）、大江新太郎《おおえしんたろう》（岩崎小弥太の東京・鳥居坂邸）、中条精一郎《なかじょうせいいちろう》（岩崎小弥太の熱海別邸）など、新進気鋭の建築家の仕事を目の当たりにする。

彼らとの出会いによって、植治は新時代の空気を吸ったにちがいない。数寄屋大工の上坂浅次郎《こうさかあさじろう》（桝屋町十牛庵、清流亭、清風荘）、北村捨次郎《きたむらすてじろう》（下河原町十牛庵《しもがわらちょうじゅうぎゅうあん》、碧雲荘）、島田藤吉《しまだとうきち》（對龍山荘）、八木《やぎ》甚兵衛《じんべえ》（慶沢園、清風荘、住友鹿ケ谷別邸、和楽庵）、あるいは裏千家出入りの木村清兵衛《きむらせいべえ》（高山寺遺香庵《こうざんじいこうあん》、隣松園《りんしょうえん》）らとは一味違う建築の世界を、植治はどのように受けとめたのであろうか。

さて、植治にとって最大の公共工事は、何といっても明治四十五（一九一二）年七月三十日の天皇崩御に伴う諸事業であった。御陵の地が伏見桃山に定められ、大正元年九月十三日の大葬のあと、大正天皇の即位の大礼が大正三（一九一四）年に京都で挙行されることになったからである。

大正大礼の準備

崩御後ただちに始められた京都御所、仙洞御所および御苑の改造工事、また桂離宮、修学院離宮、二条離宮の整備工事をはじめ、大正二（一九一三）年の伏見桃山御陵築造、同三年には大礼のための悠紀・主基両殿柴垣と周辺の作庭、翌四年の伏見桃山東御陵築造というように、大礼関連のほとんどすべての工事に植治は関わっている。植治の名声が揺るぎないものになっていた証といえるが、そこには長男・白楊の活躍があったことも忘れてはならないだろう。

一方、多くの賓客を受け入れる京都市も対応が大変であった。大礼の準備費として四十五万円を計上、そのうち迎賓館建設費に三万円があてられたのである。大正三（一九一四）年着工、四月に皇太后が亡くなったため大礼は一年延期となったが、京都市迎賓館の建設は予定通り進められていった。植治の手がけた庭園は写っていないが、同年十一月三日の『京都日出新聞』は竣工した迎賓館の写真を掲載し、その披露の様子を次のように伝えている。

「市役所構内新築の迎賓館は本日午前十時より午後四時まで重なる人々を招待して縦覧せしむ館は桃山式にして内部は十二畳半の客室二十畳の附属室二を左右に設け、別に控室、給仕室鞘の間あり客室には本床を設け、一室には網代の藤莚を敷き椅子を配置して靴の儘出入の設備となし、他は畳敷となしたり、設計顧問東京佐々木岩次郎氏建築主任木村市技手工事請負人三上吉兵衛庭園の小川治兵衛にて総費額二万千七百餘圓」

このように植治は、平安神宮神苑からはじまる公共空間の作庭を積極的に行うなかで多くの建築家たちと関わりつつ、近代庭園の先覚者としての確固たる地位を築いていったといっても過言ではない。それは公共の場に、南禅寺界隈の別荘庭園に勝るとも劣らないほど質の高い日本庭園をつくり上げていったことからも読み取れよう。

第三章　作風の確立

1　對龍山荘

南禅寺界隈での作庭活動

明治二十七（一八九四）年から大正五（一九一六）年まで続いた平安神宮神苑の改修工事。その間、大正大礼関連工事を一手に引き受けるなど、公共工事へ積極的に参入していった植治である。その基となったのが、無隣庵から始まる南禅寺界隈での着実な作庭活動であったことは言うまでもない。

明治二十年代後半の無隣庵造営に端を発する別荘地開発は、南禅寺の参道附近を中心として展開していった。三十年代になると、植治はかつての伊集院兼常邸である對龍山荘を改修するとともに、横山隆興別邸、稲畑勝太郎・和楽庵など、金地院《こんちいん》周辺の南禅寺塔頭跡地に営まれた財界人たちの別荘を次々と手がける。この地で植治の作風は確立され、やがて近代庭園のスタイルとして定着していくのである。

谷鐵臣の撰した十二景

植治の作風が確立された南禅寺参道沿いの對龍山荘。伊集院兼常が木屋町二条からこの地へ移り住み、對龍山荘の前身となる邸宅を営んだのは明治二十九（一八九六）年から同三十二（一八九九）年にかけてのことであった。

その後、清水吉次郎を経て同三十四（一九〇一）年に滋賀県出身の呉服商・市田弥一郎（一八四三〜一九〇六年）が入手。市田は植治と「島藤《しまとう》」に依頼して建築・庭園ともに大改修を行い、現在の對龍山荘ができあがる。

對龍山荘の立地環境と庭園の素晴らしさを『京華林泉帖』（一九〇九年）は次のように記している。

「東は遙に瑞龍山羊角嶺を望み南は金地院老樹の間に東照宮の祠宇隠見し北は並松の間に如意比叡を見るへし、風流清雅にして其構造に最も心を盡したるを見る谷鐵臣其號を撰み對龍山荘といふ其の瑞龍山に對するを以てなり又其十二勝を撰み……」

谷鐵臣《たにてっしん（てつおみ）》（一八二二〜一九〇五年）が對龍山荘と命名して撰した十二景とは、

一「階前湖淥」、二「墻裏巖瀧」、三「浅瀬石鶏」、四「中嶼蛍火」、五「西渚藕花」、六「東亭秋月」、七「黒谷斜陽」、八「比良残雪」、九「粟田啼鵑」、十「金地鳴磬」、十一「叡岳紅霞」、十二「龍山白雨」　　　　　　　　　　　　　　　　　　　　（『對龍山荘十二景詩帖　如意山人題』）

であった。

一から六は庭園内の景、七から十二までが周辺の風景や事象である。清らかな湖水、厳しい滝の風情、浅瀬にやってくる石鶏、池の中島に飛ぶ蛍、西の汀《なぎさ》に咲く蓮の花、東の亭にかかる秋の月というように、園内の様々な水の景と四季の趣が印象的だ。また雨にけむる瑞龍山、黒谷に映える夕陽、比叡山にかかる紅霞、遙か遠くにほの見える比良山の残雪といった園外の風景が詠われ、さらに粟田あたりから聞こえてくるホトトギスの鳴き声や隣の金地院で僧が打ち鳴らす磬の音など、多彩で情緒深い。

谷鐵臣が十二景を撰したのは明治三十四（一九〇一）年秋のことだから、それは市田による改修以前、伊集院時代の面影を残す情景ということになる。

庭園通の伊集院

明治三十二（一八九九）年、南禅寺畔の伊集院邸を訪れた黒田天外に語ったところによると、伊集院は薩摩の出身で、幼少の頃から庭造りや普請が好きだったという。若くして藩の建築を一手に担当していたが、維新後は宮内省の工匠寮、海軍省、工部省の営繕《えいぜん》局《きょくちょう》長を歴任した後、藤田伝三郎、大倉孫兵衛、渋沢栄一、久原庄三郎らと日本土木会社を設立して社長に就任、有栖川宮邸、北白川宮邸、上野博物館、焼失前の議事堂など、数多くの建築を手がけている（「南禅寺の松籟」『江湖快心録』）。

「對龍山荘　舊庭園之圖 *Y. Ogawa* 六葉ノ内」
（小川白楊撮影）

建築と庭園好きは私的な生活にもおよんでいて、伊集院は一カ所に六年と住んでいたことがなく、居宅を十三回も変え、そのつど新たな築造を行ってきたと話している。南禅寺の地へ転居する以前に住んでいた木屋町二条邸の造作の見事さからも、その才能の豊かさを推し測ることができよう。また山縣の無隣庵を、「あれは全く伯自身で造られたので、お素人としては感服の外ございません」と評するほどの庭園通であった。

伊集院時代の庭園

植治が改修する以前の庭園の様子は、對龍山荘に残されている古写真と黒田の訪問記によって知ることができる。

古写真は台紙つきで、「對龍山荘　舊庭園之圖　六葉ノ内」と裏書されたもの五枚（一枚欠損か）と、同じく台紙つきで同一の裏書があり、表に谷鐵臣の十二景になぞらえて「西塘白蓮」「龍山白雨」「浅瀬石鶏」「巖瀧噴珠」「茅亭涼風」「中嶼蛍火」と題された六枚がある。前者はいずれも「*Y. Ogawa*」

のサインがあることから、改修に先立って植治の長男・保太郎（白楊）が撮影したものとみてよい。
さて、聚遠亭《じゅおんてい》に通された黒田がまず目にしたのは躍動的な流れであり、南禅寺の松越しに東山と連続する野趣に富んだ風景であった。

「前面に雑木細草生茂る小丘を控え、右は青松楓樹交互加ふるの下一飛湍懸り、餘流は紆餘として前面を流れ池に注ぐ……や、隔たれる南禪寺畔幾十の亂松と、一帯の東山は、翠を飛し碧を馳せ、恰かも小丘より直に接續するもの、如く、悉く来つて園中の物となる」

古写真「龍山白雨」に写っているのは、まさにこの光景である。
しばらくして庭に降り立った黒田は、流れに沿って飛石伝いに大池の畔へと向かう。

「前庭に出れば、飛湍より流る、水は紆餘として前を流れ、細くして淺く、水中の白砂皆數ふべし……。飛石を傳いて北手に辿れば、遣水は一度井筒に湧き、再び樋を通じて池に注ぎ、淙然として聲あり。池はや、大にして中央に小島あり。雅致ある木梁之に通ず。池の彼方に蓮あり……」

緩やかに屈曲する浅い流れの護岸には蛇籠《じゃかご》が伏せられ、流れの中に清水の湧き出る井筒（流れ蹲踞）が設えられていた。その清楚な風情は、白楊の写真そのままである。

この對龍山荘の改修は、自らが多くを学んだという伊集院の手になる庭園だけに、植治にとって正念場であったにちがいない。

植治による改修

聚遠亭周辺は若干手を加える程度であったが、大池周辺は對龍台の新築にともなって大幅な改修が行われた。木橋を沢飛びに替え、護岸の石組を整え、木樋で直接池へ注いでいた流れは池際で直角に曲げて對龍台縁下の滝壺へ落とされたのである。

懸崖の楼閣のように池へ張り出した對龍台から眺めると、遙か遠くの比叡山から連なる東山の山並みがたおやかな稜線を描いている。池の対岸には大滝が滔々と流れ落ち、瀑音が俗世を忘れさせてくれる。その瀑音は、あたかも大滝からのものと錯覚してしまうが、じつは縁下の滝壺から発せられているのである。視覚と聴覚のトリック、その作意はただものではない。

大滝の傍らに水車小屋がみえる。その背後には田畑があり、採れた米を水車小屋で精米し、正月の鏡餅として對龍台の付書院に飾られたという。田園への郷愁、その風景化は当時の流行でもあった。

植治の作意

植治の本領は、聚遠亭南の起伏に富んだ地形を利用して新たにつくられた流れを巡る空間でも発揮されている。

数年後、再び對龍山荘を訪れた黒田を植治はまずこの流れから案内している。明治四十五（一九一二）年一月発行の「新名園記（二）」『日本――美術と工藝』によると、黒田の訪問は同年一月七日、吹雪を冒してのことであった。

聚遠亭で黒田を迎えたのは二代目市田弥一郎（初代弥一郎は對龍山荘が完成した直後の明治三十九年に亡

くなっている）と作庭者の小川治兵衛。雪の降りしきるなか、庭に降り立った三人は直ちに植治がつくった流れへと向かう。黒田は、

「眼を擧れば……微に金地院内なる東照宮の屋頭を露はす、恰も雲外に仙樓を望むが如し」

と感嘆し、「これ作家の意を用ゆる處」とつぶやく。東山の自然景観のなかに点在する歴史的建造物を取り込む手法は、まさに植治の得意とするところであった。

左折して「溪中の点石（沢飛び）」を踏んで流れの最上流部を渡る。杉林の中に十三重の石塔があり、その向こうに「風流なる小亭」が見える。小亭の前は芝生の広場。黒田は言う、

「數百人を容るべく、以て園遊會を為すべし、是れ現代に於ては必ず無かるべからざるもの……一園丁あり……、之また點景人物として面白し」

その情景は修学院離宮でみられるような、田園を舞台とした人文風景を想い起こさせるではないか。そして、この芝生広場からもまた、植治は遙か北方の黒谷の尖塔を視界に入れている。

小亭から梅林、桃林、花畑をへて藤棚のかかる菖蒲園《しょうぶえん》へ向かう。小道を少し下ったところに水車小屋がゴトリゴトリ。素朴な田園風景の演出に感動したのであろう、「野趣旺然」と黒田は思わず洩

らす。

やがて池畔へ出る。そこで黒田の目に映った對龍台の眺めは鮮烈であった。

「池畔に出れば、前面は楼屋懸崖により、……恰も仙楼雲閣の如く」

水面越しに東山を望む池畔の待合で小憩していた黒田に、植治は
「一株の樹でも、一個の石でも、それが皆もの言わねばいきませんからな」

と語りかける。その言葉に、黒田はまたもや感嘆の声を発するのであった。

對龍台下の沢飛びを渡り、楓の下に繁茂する木賊《とくさ》の間を縫って滝壺へそそぐ流れの趣に感心しながら對龍台へ上がった黒田は、含雪《がんせつ》（山縣有朋）の扁額《へんがく》と二階からの風景を賞して對龍山荘を辞したのである。

植治と島藤の技

比叡山から南禅寺の山並みを一望する對龍台からの雄大な景観。聚遠亭の深い庇《ひさし》と竹縁によって構成される凝縮された景。自然景観と融合する建築と庭園の絶妙な調和。庭に降り立ち、せせらぎの水音に誘われて歩を進めれば懐かしい山里の風景が展開し、水車小屋が郷愁を誘う。足もとに水の動きを感じながら蛇籠の伏せられた流れを「沢飛び」で渡ると、

そこは樹木の生茂った幽邃の世界。植治の自然表現と琵琶湖疏水の水による躍動的な流れのデザインは、まるで五感に響く協奏曲のようだ。

植治の絶妙な作意もさることながら、棟梁・島藤こと島田藤吉（一八四八〜一九三二年）の粋を凝らした総栂《そうとが》普請《ぶしん》の建築は見事である。島田は東京の町方建築を中心として活躍した人物で、一代の建築上手と謳われた名匠であった（『島藤百年史』）。市田弥一郎が東京横山町に初めて一戸を構えた頃から出入していた大工で、市田の危機を救った因縁によって對龍山荘の造営にも関わることになったという（「市田の柳蔭翁」『續江湖快心録』）。

對龍山荘の評価

『御大禮記念寫真帖』（一九一六年）の「各皇族殿下御宿舎寫眞」は、数葉の写真とともに對龍山荘を次のように絶賛している。

「京都随一の名園として普く人の知る處なり。室内装飾は概ね東伏見宮家の御手にて行はせられたり。」

「御大禮」とは、大正四（一九一五）年十一月に京都御所で挙行された大正天皇の即位の大礼にほかならない。

大礼の参列者総数は約千八百名、彼らの宿泊所として準備された家屋は総計千二百二十戸にのぼる。御宿泊の栄に浴するため、有力者たちはこぞって自らの邸宅・別荘を改修し、あるいは新築を行ったのである。宿舎の選定では、建築の構造や広さ設備などとともに、「門又ハ入口及玄関等の実景」と「庭園」も評価の対象とされ、ことに皇族の宿舎については厳しい選定作業がなされた。

大正三（一九一四）年二月、皇族御旅館の候補として塚本与三次邸、後川文蔵邸、市田弥一郎邸、久原房之助《くはらふさのすけ》邸、藤田徳次郎邸、男爵三井八郎右衛門の二条邸、枳殻邸《きこくてい》、田中市蔵別邸（予備）が選ばれた。しかし、翌四年の最終決定では塚本邸と久原邸がはずされ、三井元之助の西洞院邸、三井高保邸、および山中定次郎《やまなかさだじろう》邸が加えられている。このような経緯のもと、對龍山荘は東伏見宮殿下の宿舎となったのである。

なお、即位の大礼に出席する要人の宿泊施設として選ばれた南禅寺界隈の邸宅・別荘は、皇族の「御旅館」に指定された對龍山荘（東伏見宮）と山中定次郎邸（北白川宮）のほか、中井三郎兵衛《なかいさぶろうべえ》邸、塚本与三次邸、染谷寛治邸、稲畑勝太郎邸、小川治兵衛別邸、横山隆興別邸、山中吉郎兵衛《やまなかきちろうべえ》邸、山縣有朋邸、外村定次郎《とのむらさだじろう》邸、山内万寿治《やまのうちますじ》邸、藤田小太郎別邸、久原房之助邸、吉田一穀《よしだいっこく》邸、広瀬次郎《ひろせじろう》邸、中村常七《なかむらじょうひち》邸、原弥兵衛《はらやへえ》邸などであった。その大多数が植治の作庭によるもので、植治の施主層のレベルの高さを如実に示している（『大正大禮京都府記事』）。

昭和三（一九二八）年に挙行された昭和大礼に際しても、對龍山荘は内大臣伯爵・牧野伸顕《まきののぶあき》の宿舎に選ばれた（『昭和大禮京都府記録』）。その後も訪問者はあとを絶たず、昭和十（一九三五）年五月二十四日付の『京都日出新聞』は、バークレー夫人（Jonathan Bulkley）を団長とする米国庭園倶楽部の一行が御所と二条離宮を拝観したあと對龍山荘を訪れたことを報じ、また一行が庭園を散策する様子や、芝生の広場に百名余りが集う記念写真も残されている（『米國庭園倶楽部代表 訪日記念寫眞帖』）。

このように造営直後から高い評価をうけてきた對龍山荘であるが、建築と庭園に心血を注いだ東西の両巨匠は、昭和七（一九三二）年に島藤が、昭和八（一九三三）年に植治が、相次いでこの世を去る。

2　稲畑勝太郎・和楽庵の造営

八木甚兵衛と武田五一

對龍山荘の改修が終了する明治三十八（一九〇五）年、ほど近い塔頭跡地（寿光院、正因庵、大寧院）で稲畑勝太郎（一八六二〜一九四〇年）による和楽庵の造営が始まった。

それから四年後の状況を『京華林泉帖』（一九〇九年）は次のように記している。


「南禪寺疏水水道の下天授庵の南にあり山崕を包ねて……山下に池を掘り奇石を疊み飛泉を作り池中に注き……其水量の多き此邊の別邸に冠たり聞く近日更に改築の擧あらんとすと」


疏水分線からの豊富な水と、変化に富む地形を利用しての植治による作庭。この時すでに書院、龍吟庵《りょうぎんあん》、残月亭《ざんげつてい》および煎茶席の神泉亭《しんせんてい》はできていたが、さらに造営が進められる予定であった。

最近新たに発見された御幣に「明治四拾四年八月十八日　棟梁　座敷廻り　八木甚半《ママ》衛　棟梁　勝手廻り　吉原長三郎」と記されていることから、間もなくして住友家出入りの二代目八木甚兵衛らに

武田五一設計の和楽庵洋館（『建築工藝叢誌』）

よる主屋の改築がなされたことがわかる。二代目甚兵衛にとっては、清風荘と大阪・茶臼山慶沢園の建築工事が始まろうとする時期であった。

大正五（一九一六）年、武田五一の設計によって洋館が完成する。武田は洋館建設のいきさつと苦心を以下のように記している（「京都南禪寺内和樂庵内の洋館」『建築工藝叢誌』第二期　第二十四冊）。

「日本風の洒落なる住宅は、既に建築しあるも、現今の要求として、殊に歐米を對手とする營業主なる稲畑氏には、とても、日本風の生活振りだけにては滿足出來ざる上に、其家族の多くは、曾て佛國に住ひたる人々なるを以て、一層西洋風の生活振りの必要を感じ、こゝに和樂庵に、洋館新築の議は起り來れり……

然れども、元來日本風の庭園内、ことに南禪寺の境内に於いて、刺激強き佛蘭西風の洋館は、周圍との調和如何にも面白からず。さりとて、純日本風として、之れを西洋風に使用するは、尚更面白からず。茲に其解きがたき謎を解かんとして、遂に一種の洋館は計劃されたるなり。（大正五年七月記）」

南禅寺界隈の雰囲気、日本庭園との調和に配慮しているのはさすがといえよう。

草堂の完成

和楽庵が完成の域に達するのは、疏水分線に近接する高台に草堂が完成する大正六（一九一七）年十月とみてよい。小屋裏棟木に打ち付けられた棟札には、「大正六年十月建之　施主　稲畑勝太郎　考案　神坂雪佳　設計　平井竹次郎　大工　市元常一」と記されているという。

『稲畑勝太郎君傳』（一九三八年）によれば、琳派を継承する工芸デザイナー・神坂《かみさか》雪佳《せっか》は慶応二（一八六六）年に粟田口で生まれ、稲畑とは幼馴染であった。雪佳は染呉服卸商・大橋止之助が松ヶ崎に営んだ別荘「無盡庵」の作庭にも関わっている。大橋もまた、稲畑と幼馴染で親しい間柄にあった。数寄屋大工の八木甚兵衛といい、建築家の武田五一といい、美術工芸家の神坂雪佳といい、和楽庵の造営には稲畑の人脈の広さと多様さが滲み出ている。

この草堂からの眺望は圧巻である。眼下に京都の市街、南禅寺の山門、その背後の東山から比叡山へ、さらには愛宕山までの北山の山並みを一望のもとに収める立地は修学院離宮・上茶屋の隣雲亭を思わせるほど。南禅寺界隈の別荘群では、東西方向に軸線をとり、東山を仰ぎ見るというのが基本プランだが、それとは全く異なる雄大な空間構成である。

興味深いのは、草堂へのアプローチ。斜面の中腹にポッカリと洞窟の穴が開いていて、トンネルを抜けると草堂へ出る仕組みとなっている。その内部の様子を『泉石雅観』（一九二二年）は次のように記している。

「庭園中隧道を造り電燈を附し中央に休息所を設備し夏期避暑するに便なり是を通り抜けて山の茶室に到れは京都市内の全影に接す小亭あり」

セメントを吹き付けた洞窟内には鍾乳洞のような雰囲気が漂い、途中には蹲踞も腰掛もデフォルメして設えられている。この、まるで露地をヨーロッパ風にアレンジしたかのような洞窟がつくられたのは、大正九（一九二〇）年の五月頃であるという。なお、当時は邸宅内に洞窟やトンネルを掘るのが全国的に流行していたようで、原富太郎《はらとみたろう》の三溪園《さんけいえん》（横浜）、伊藤次郎左衛門《いとうじろうざえもん》の揚輝荘《ようきそう》（名古屋）、新田長次郎の温山荘（和歌山）などでも同様の施設を見ることができる。

西園寺公望の訪問

草堂の完成に先立つ大正四（一九一五）年、和楽庵は大正天皇の即位大礼に参列した大蔵大臣・武富時敏《たけとみときとし》の宿舎に選ばれた。『御大禮記念寫真帖』（一九一六年）は、その時の状況を以下のように紹介している。

「稲畑勝太郎氏は大阪商業會議所會頭、モスリン紡績株式會社社長の職に在り。同家室内の結構装飾は善美を極め、就中應震の筆になれる孔雀の軸、明時代陶器の花瓶等最も目を驚かす。庭園の雅趣又稀に見る處にして、宛ら仙境に入るが如し。」

背後の斜面を縫い、差しかかる紅葉の枝をかすめ、巖を叩いて瀑音を発しながら大池に滔々と流れ落ちる書院正面の大滝。その豪壮さは疏水分線が通過する山裾の一部を取り込んだ和楽庵ならではの光景といえよう。この滝を「瑞龍《ずいりゅう》」と命名したのは、大正五（一九一六）年十一月に和楽庵を訪れた西園寺公望であった。

翌大正六（一九一七）年五月二十日、公望は和楽庵で催された「聽鵑會《ちょうけんかい》」に主賓として招かれている。「陶庵公の百人藝」と題する当時の新聞記事によれば、

「陪賓の顔觸れは馬淵京都府知事、林大阪府知事、鈴木馬左也氏、内藤湖南博士、武田五一博士、山元春擧、神坂雪佳の兩畫伯で、竹内栖鳳、都路華香兩氏も出席の筈であったが、病氣で不參」

であった（『稲畑勝太郎君傳』）。ちなみに山元春挙《やまもとしゅんきょ》は大正三（一九一四）年から同十二（一九二三）年にかけて、琵琶湖畔の膳所《ぜぜ》に別荘・蘆花浅水荘《ろかせんすいそう》を営んでいる。作庭は文人好みの庭を得意とした本位《もとい》政《まさ》五郎《ごろう》、煎茶の雰囲気が漂う文人風の庭園であった。

この日、「陶庵侯は午後五時頃気輕な扮装で洛北田中村から自動車を驅って來會、王人に迎へられ

て先着の諸客と共に、先ず山上の茶亭に憩ひ茗を啜って一しきり風流談に興じ」たあと、席を大広間へ移したという。草堂で煎茶を嗜んだのである。なお「洛北田中村から」との記載によって、公望は大正二（一九一三）年に完成をみていた清風荘に滞在中であったことがわかる。

山縣有朋も夫人同伴で遊覧するなど、草堂の完成以前から和楽庵は高い評価を得ていた。公望の最初の訪問と前後して、大正五（一九一六）年十一月には、高橋

高橋箒庵と植治

箒庵が作庭者の植治とともに和楽庵を訪れている。

しかし、箒庵の感想は意味深長である。

「京都の植木職人小川治兵衛を伴ひ南禪寺附近の稲端某、市田某の庭園を参觀す。何れも東山を庭前の眺めに引入れて潤澤なる水流を利用したるものなるが、稲端は京都疏水を俯瞰する高丘上に新築經營の工事最中にて、此處より正面に眞如堂一帶の堂塔を見晴すは最も快濶なる景色なりけり。斯くて南禪寺附近は資産家の別荘と爲り、幾多の庭園相隣接するに至りたれば自から京都の一名所と爲りたれども、唯築庭家其人を得ず、あたら景勝の地を俗了する者多きは惜む可き事なり」

（『萬象録』大正五年十一月十九日）

箒庵にとって植治はあくまで「植木職人」であり、稲畑も市田も「某」であった。そのうえ「築庭家其人を得ず、あたら景勝の地を俗了する者多きは惜む可き事なり」とは、箒庵の真意は如何。

第四章　植治の展開を支えた白楊

1　別荘地開発の進展

明治二十年代後半の無隣庵と伊集院邸にはじまり、三十年代後半には對龍山荘や和楽庵が営まれるなど、別荘地開発は南禅寺参道の南辺を中心に進んできた。しかし、四十年代にさしかかる頃から南禅寺界隈の開発は新たな展開をみせはじめる。塚本与三次が二条通東端の白川左岸に居を構えて本格的な土地経営に乗り出したのを発端として、扇ダム放水路より北の地域が新たな開発の中心となっていくのである。

白川両岸の開発

明治四十二（一九〇九）年に第二琵琶湖疏水の工事が始まり、掘削された土砂の埋め立てによって白川沿いの地域が造成される。左岸には塚本邸をはじめ、藤田小太郎別邸、染谷寛治・聚遠亭、山内万寿治邸が、右岸には広瀬次郎邸、吉田一穀邸、中井三郎兵衛邸などが次々と営まれ、また岡崎・慶流橋近くの外村定次郎邸にも植治の手によって疏水の水を引き入れた庭園が築造された。

白楊の登場

五十歳を迎えようとしていたこの頃から、植治の活動範囲は岡崎・南禅寺界隈ばかりでなく、清水二年坂桝屋町の清水吉次郎十牛庵、さらには十五代住友吉左衛門（春翠）の大阪・茶臼山慶沢園、滋賀・長浜の浅見《あさみ》又蔵《またぞう》慶雲館、亀岡の田中源太郎本邸など、幅広い施主層とのつながりから京都以外の地域へも拡がっていった。

そこに、白楊の活躍があったことを忘れてはならない。明治四十三（一九一〇）年、五十一歳の植治は長男の白楊について以下のように語っている（「園藝の名家」『續々江湖快心録』）。

「倅の白楊も病身であつたから寫眞をやらせましたが、お蔭で身体は壮健になり、また寫眞をとるに位置を苦心しましたのが、計らず庭園を作る上について大きに役に立て、考へが早くつきます、それで私の代理に方々へやつて居りますので」

塚本与三次邸の作庭にはじまる南禅寺界隈でのさらなる展開と、京都外への作庭活動の広がり、それは白楊の支えがあってこそ可能であった。時に、白楊二十八歳。

塚本与三次の土地経営

さて、白川の左岸に居を構えて別荘地開発を推進した塚本の父は滋賀県五箇荘村の出身で、京都に出て木綿の卸商を営み巨万の富を得たという。家督を相続した塚本が南禅寺界隈の土地経営に取り組みはじめたのは明治三十九（一九〇六）年頃のことであった。

四十（一九〇七）年十二月に角星合資会社を設立、四十四（一九一一）年には周囲の広大な土地を入手して「大華園」を造営する。塚本の四女田口道子（大正四年生まれ）によると、大華園には温室も設けられていたという。この大華園がのちに売却され、碧雲荘と怡園が築造されるのである。

大正四（一九一五）年十一月発行の『京都ダイレクトリー』は、塚本について次のように解説している。

「南禅寺附近の土地大部分を買収して宅地の開拓をなし、京都市内屈指の別荘地として風光明媚を以て知らる……（塚本）氏は園藝に趣味を有し同地に宏大なる大華園を造設して附近の風光と相俟ち之が美趣を完ふするに力め、又茶道に親しみあり裏千家を宗とす、邸内に福地庵なる茶席を設け其結構幽趣を以て名あり」

園芸趣味もさることながら、塚本は周辺の風致景観にも配慮する見識をもっていたのである。当時、彼は第百銀行監査役、京都自動車監査役、高砂生命保険相談役の任にあり、大正八（一九一九）年には野村徳七《のむらとくひち》を監査役として京都商事株式会社を設立、山科精工、山科土地などを経営する実業家として活躍した。

塚本の自邸建設の経緯をみておこう。塚本の妻キミの証言によれば、白川沿いの敷地は道路より一・五メートルほど低かったが、第二疏水の掘削で出た土を埋め立てて造成した。塚本は南に隣接する中村某の別荘を借りて工事を監督したという。作庭は主として保太郎（白楊）が担当した。

塚本の庭園観

大正二（一九一三）年六月二日、小川白楊の案内で黒田天外が訪れた時、すでに完成していた主屋前の庭園には幾多の奇石が配され、ツツジが満開であった（『京都日出新聞』大正二年六月十六日）。園池に面して雁行する建築群、東山を望む雄大な景観、その空間構成はじつに見事である。

塚本は猟が好きで、鹿や山鳥を撃ちによく深山幽谷に入り、そのとき気に入った自然をイメージしてこの庭園をつくったのだと黒田に語っている。また、京都や東京の庭はみな一幅の絵をみるようで画一的だから、わざと法に合わぬようにしたのだともいう。

歩を進めると、屈曲して池にそそぐ流れには蛇籠が伏せられ、岸辺にカワラナデシコが植えられていた。それを見た黒田は、いかにも自然で新趣があると評している。塚本はハマギキョウや比叡山から採ってきた植物などを庭園に植え、その成長を見守るのを楽しみにしていたのである。

黒田が「面白し」と叫んだのは、茶室の横に群をなすコウヨウザンであった。その林の中に入った黒田は、「恰かも熱帯地の如き」光景に思わず感嘆の声をあげたのである。コウヨウザンは中国原産の常緑高木で、江戸時代に日本でひろまったが、この樹木を植治は好んで用いている。

流れを臼石の沢飛びで渡らせ、あるいはまた、円筒形の井筒から清水を滾々《こんこん》と湧き出させる趣向は、いかにも植治らしい。

清流亭の趣

一方、鬱蒼とした樹林に覆われた東部は、藤堂高虎《とうどうたかとら》が豊国廟に献じたという大仏型石燈籠が立てられ、表千家の残月亭を模した書院が建築中であった。大正四（一九一五）年の即位大礼に際し、塚本邸は東郷平八郎《とうごうへいはちろう》元帥の宿舎に選ばれる。その時「残月の間」は元帥によって「清流亭」と命名された。

清流亭の庭園を特色づけているのが、逸品ぞろいの庭石と石造品である。「残月の間」の沓脱石は花背《はなせ》峠《とうげ》より運んできたといわれる巨大な鞍馬石。縁先手水鉢は滑らかな凹凸のある奇岩で、城崎《きのさき》から四キロあまり入った渓谷から運びだされたと伝えられる。これと同質の庭石は碧雲荘などにもみられるが、まぎれもなく山陰のグリーンタフ地域に産する緑色凝灰岩にほかならない。明治四十三（一九一〇）年に山陰線が開通して以降、この庭石を植治は盛んに京都へ搬入しているからである。

また逸品ぞろいの石造品は、石造美術に造詣の深かった白楊の鑑識眼の高さを示している。なかでも丹後の宇良神社にあったという南北朝時代の八角型石燈籠は、植治が納入した石造品のなかで最高の傑作といってよい。

2　白楊の趣味

写真の才能

「伜の白揚も病身であったから寫眞をやらせましたが……」と植治が語っているように、白楊は早くから写真の道へ入っていた。

明治三十四（一九〇一）年、十九歳の白楊は改修直前の對龍山荘を写真に収めている。『京華林泉帖』（一九〇九年）では内貴清兵衛・山下友治郎とともに撮影を担当、そのうちの一人である内貴らと京都素人写真会をつくり、写真の趣味雑誌『太陽』の懸賞で一等をとるほどの腕前であった。また浅見又蔵の依頼で手がけた長浜の慶雲館を撮影、明治四十五（一九一二）年五月三十日に発行された『行幸二十五年　慶雲館建碑式　記念寫真帖』の奥付には「著作兼発行者　小川保太郎」「撮影者　小川白楊」とある。

古瓦の蒐集

写真もさることながら、白楊の興味は古瓦と石造美術へも注がれていた。

まず古瓦だが、大正十一（一九二二）年十月一日に『古瓦譜』（非売品）を自費出版、題字は当時京都帝国大学教授であった東洋史研究者の内藤虎次郎《ないとうとらじろう》（湖南《こなん》）、同工学部助教授の天沼俊一《あまぬましゅんいち》が序を寄せている。天沼も古瓦に造詣が深く、明治三十九（一九〇六）年に奈良古社寺修理技師に着任して以来蒐集してきた古瓦を整理し、京都府古社寺修理監督技師に任じられた大正七（一九一八）年に『家蔵瓦図録　上下』として出版するほどであった。

『古瓦譜』の「はしがき」によれば、白楊の古瓦の蒐集は三十年ほど前にさかのぼり、平安神宮および内国勧業博覧会場建設時に岡崎の六勝寺《りくしょうじ》跡で出土した古瓦を拾い集めたことに始まるという。蒐集した古瓦は数百点に達していたが、「全好の士南禅寺畔塚本福地庵主」すなわち塚本与三次へ譲るのを契機に百点余りを撰び、写真集をつくって同好の士に頒布することにしたのである。二年後の大正十三（一九二四）年七月一日に発行した『家蔵瓦譜　第一輯』（非売品）は、このとき手放さなかった、あるいはその後に蒐集した古瓦の写真集ということになろう。

石燈籠の調査

古瓦にもまして、白楊の石造美術とくに石燈籠への執念は凄まじい。奈良、京都を中心に各地の石造美術を訪ね歩いて写真に収め、実測と詳細なスケッチを行っていたことが、残された野帳および、それらをまとめた『忙中閑』の第一（石灯籠）および第二（石塔）から知ることができる。

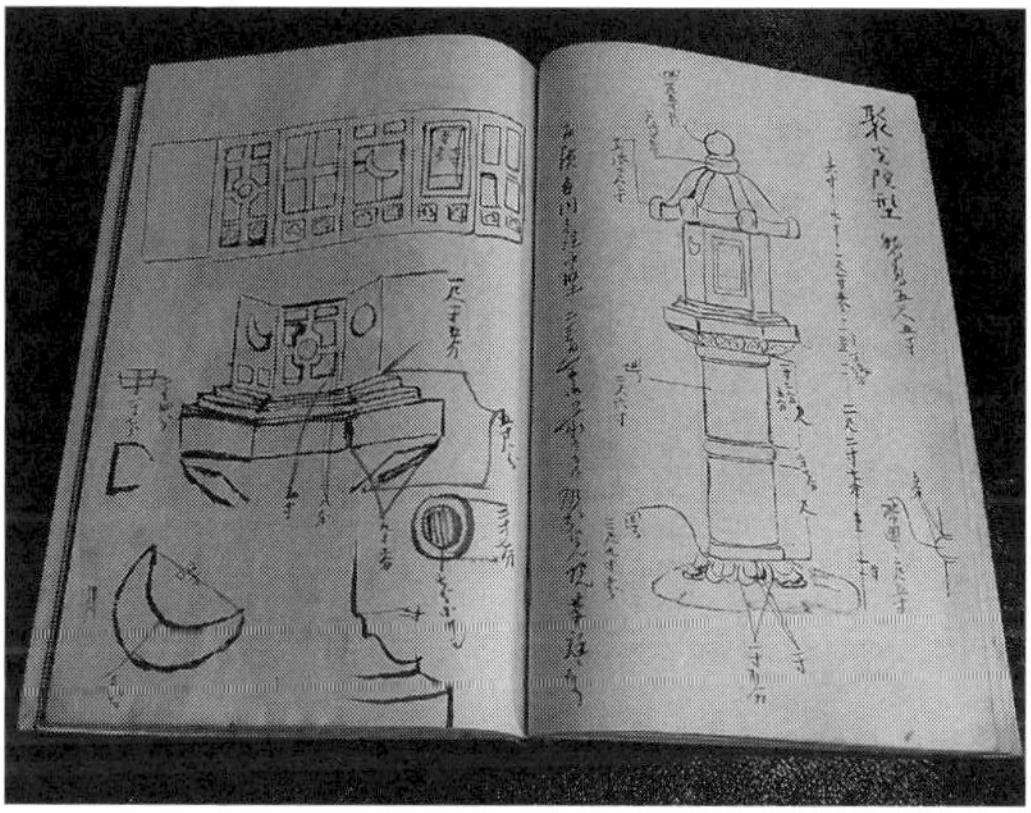

小川白楊の石造美術調査ノート（小川清氏蔵）

調査の成果は、大正十四（一九二五）年三月から亡くなる直前の翌十五年十月まで五回にわたって『考古聚英第壹輯（石燈籠之部）』（関西考古會）に発表された。第一集は大正十四年三月二五日、第二集は同年七月五日、第三集は同年九月一日、第四集は翌十五（一九二六）年三月二十日、第五集は同年十月二十日の発行である。「当麻寺石燈籠」からはじまり、「春日神社　雲仆燈籠」まで五十点。「刊行の御挨拶」によれば、数百基集めたものから秀作を撰んだもので、主として近畿地方に限ったという。それらの中には福地庵《ふくじあん》（塚本与三次邸）の「東大寺形」、下郷氏清流亭の「杵形」、野村氏邸（碧雲荘）の「安居形」と「桃山六佛燈籠」、久原氏別邸の

「方徐燈籠」など、自らが関わった庭園へ納入したものも含まれている。データ表には「石質」の項があり、「白川石」や「奈良石」といった産地名で記しているのは、いかにも「庭師白楊」らしい。

なお、当時の石燈籠研究といえば天沼俊一に触れないわけにはいかない。天沼は昭和三（一九二八）年、「恩賜京都博物館」夏期講演会で「石燈籠」について講じている（『恩賜京都博物館講演集　第七號』）。その後、昭和七（一九三二）年から翌八年にかけて『石燈籠』を出版、そのうち古いものだけに絞って編集し直したのが『慶長以前の石燈籠』（一九三七年）である。天沼は「石造美術」研究を大成した川勝政太郎《かわかつまさたろう》の師であり、近藤豊や藤原義一を育て、また重森三玲《しげもりみれい》とも「天王会」という集まりで面識があった。しかしながら、天沼と白楊の石造美術分野での交流を示す資料は現在のところ見つかっていない（『ある「大正」の精神――建築史家天沼俊一の思想と生活』）。

3　活躍の舞台

初代浅見又蔵の慶雲館

明治四十年代の初頭には植治の「代理」をつとめるようになっていた白楊だが、『行幸二十五年　慶雲館建碑式　記念寫眞帖』を出版した長浜の慶雲館《けいうんかん》もその一つである。

明治二十（一八八七）年一月、孝明天皇二十年祭に際して明治天皇の京都行幸があった。その帰途での行在所として、急遽私財を投じて四カ月足らずの短期間に慶雲館を建設したのが初代浅見又蔵《あさみまたぞう》

（一八三九～一九〇〇年）である。縮緬《ちりめん》製造業で巨万の富を得た彼は、太湖汽船会社や第二十一国立銀行の創立をはじめ多くの事業に参画、博愛社《はくあいしゃ》（後の日本赤十字社）にも巨額の寄付をしたという。明治十五（一八八二）年に敦賀から長浜へ鉄道が開通したのを機に長浜港を修築し、京都・大阪方面へ通ずる水運を図ったのも初代又蔵であった。

明治二十（一八八七）年二月二十一日、明治天皇が長浜港へ到着したのは午後一時。京都から東海道線（明治十三年に開通）で伏見稲荷を経由して大津に至り、大津から船で長浜へと向かったのである。長浜港桟橋より上陸、長廊下を通って御休憩所（慶雲館）に入った天皇は、約一時間休憩したあと廊下伝いに長浜駅へ、長浜駅を出発したのは午後二時五分のことであったと翌日の『日出新聞』（明治二十年二月二十二日）は伝えている。その時の慶雲館の庭園の様子については、「南の庭に大いなる船を据えて、その中には湖水の諸魚を蓄へ、また網を張たる籠のうちには諸鳥を放ち……」と記されるのみである。

明治三十一（一八九八）年に長浜町長となった初代又蔵は、二年後の三十三（一九〇〇）年四月一日、六十二歳で死去する。翌年、彼の業績を刻んだ慶雲館碑が建立されるも、明治四十二（一九〇九）年の姉川地震で倒壊。その三年後、行幸から二十五周年にあたる明治四十五（一九一二）年五月二十六日に二代目浅見又蔵が碑を再建し、記念式典が催された。

白楊が『行幸二十五年　慶雲館建碑式　記念写真帖』を発行したのはこの時で、記念式典の様子や建築などとともに、作庭直後とみられる庭園の写真が掲載されている。この縁によるのであろう、白楊は大正十（一九二一）年から二代目又蔵の京都・聖護院別邸を手がけるが、白楊の死によって未完のまま終わることになる。

田中源太郎本邸と長尾欽弥の隣松園

慶雲館庭園の特徴は、地形の大きな起伏と巨石を用いた豪壮な石組にみられる。明治三十七（一九〇四）年から五年がかりで京都亀岡に作庭した山陰線生みの親、田中源太郎（一八五三〜一九二二年）の生家の庭園と似通っているのが興味深い。それまでの植治の作風とは少々趣を異にするが、これこそ白楊の作風とみてよいだろう。

もう一つ、慶雲館の魅力は眺望にある。行幸の際、本館二階からご覧になった琵琶湖と伊吹七尾諸山の眺めを明治天皇がいたく賞されたと伝えられるように、慶雲館からの眺望は格別であった。しかし周辺の琵琶湖岸は埋め立てが進み、かつて湖畔にあった望湖亭も今はない。

琵琶湖を眺望する庭園の嚆矢は平安時代に遡り、琵琶湖西岸の三井寺附近には橘俊綱《たちばなのとしつな》が当代随一の名園と称賛した石田殿《いしだどの》が営まれた。江戸時代には堅田に居初氏庭園《いそめしていえん》、彦根に玄宮楽々園《げんきゅうらくらくえん》と旧彦根藩松原下屋敷が、近代には膳所に山元春挙の蘆花浅水荘、唐崎に長尾欽弥の隣松園《りんしょうえん》がつくられる。

「わかもと」で知られる実業家・長尾欽弥の隣松園は、昭和七（一九三二）年から植治の甥・岩城亘太郎によって作庭が行われた。すでに消滅してしまったが、茅葺の主屋前は広々とした芝生。比叡山を背にし、眼前には湖面が広がる。彼方に三上山を望む絶好の立地で、湖畔には木村清兵衛の手になる茶屋が設えられていた。

面白いことに、この別荘には鉄筋コンクリート造のボートハウスがあり、昭和十（一九三五）年に訪れた米国庭園倶楽部の一行は京都から自動車で大津へ、大津からはモーター船「わかもと号」でこの長尾別邸へ入っている（『京都日出新聞』昭和十年五月二十七日）。湖岸の別荘ならではのアプローチといえよう。

なお、隣松園の作庭に携わった岩城は白楊と従弟同士である。小学校を出て植治へ丁稚として入り、十七歳から現場に出るようになり、鹿ヶ谷別邸、和楽庵、碧雲荘での仕事も経験したという。長尾の知遇を得たのは昭和六（一九三一）年、建築家の大江新太郎から植治に声がかかり、東京へ派遣されたのがきっかけであった。同年に東京の長尾本邸と鎌倉別邸、翌七年から隣松園の作庭に取りかかるが、植治の庭園には「いささか材料が多くはいりすぎているものが目立つ」と感じていたことから、隣松園ではほとんど石なしのやり方で作庭したと岩城は語っている（「岩城亘太郎聞き書」『庭』別冊四六号）。

桃山御陵および同東御陵の築造

さて慶雲館での建碑式から二カ月後の明治四十五（一九一二）年七月三十日、明治天皇が崩御する。大正と改元された同年九月十三日に大葬、十二月三十日に桃山御陵起工奉告祭が行われ、翌大正二（一九一三）年に伏見桃山御陵が築造された。

大正四（一九一五）年に挙行された大礼に際し、「京都市上京區南禪寺下河原」の「小川治兵衛氏別邸」は「大禮使参與官内匠頭　片岡《ママ》（山）東熊閣下」の宿舎に選ばれた。別邸の庭園および室内、それに植治と白楊の顔写真が並んで掲載されている『御大禮記念寫眞帖』（大正五年八月十六日）には、以下の解説が付されている。

「宿泊者片山内匠頭と宿舎小川治兵衛氏邸竝同氏及令息保太郎氏」
（『御大禮記念寫真帖』）

「小川治兵衛氏（萬延元年四月生）同氏は京都府乙訓郡の出身にて山本家の次男に生れ小川家の養嗣子となりて六代目を繼ぐ、夙に園藝に業を開きて久邇宮殿下（粟田）の御出入をなし、又同氏は明治二十年後平安神宮神苑の工事を命ぜられ、各紳縉間に庭園の盛んなるに及んで山縣公の無鄰庵、西園寺侯の田中村別邸、南禪寺の對龍山莊、田中市兵衛氏の木屋町別莊等の工事を引受け、又た大阪茶臼山住友家の本宅工事も同氏の設計に係る。大正二年に至り宮内省の御用を仰付られ京都御苑及び離宮の御用を拝命し、桃山御陵及び東御陵御造營工事の全部（嗣子白楊氏監督）も亦氏の經營したるものなりと。」

この記事により、大礼に伴う諸工事で手腕を発揮していた白楊が、桃山御陵と同東御陵の造営にも責任を持っていたことがわかる。

4　大正大礼前後の植治

大正大礼は、東郷元帥の宿泊所に選ばれた塚本与三次邸がそうであったように、建設途上の邸宅・別荘や寺院の復興事業を加速させるという側面をもっていた。仁和寺の再建もその一つである。

仁和寺の再建

『御室仁和寺由緒略記』が「明治廿年五月十五日ノ夜宸殿ヲ始メ廿五棟悉皆烏有ニ歸ス惜ヒ哉目今再建を計畫シツヽアル也」と記すように、仁和寺は明治二十（一八八七）年の火災で伽藍の大半を失った。明治の末年に至って再建が具体化し、大正三（一九一四）年に落成する。庭園工事の経過は『仁和寺殿舎再建記』（大正四年十月）に以下のように記されている。

「庭園手入ノ義ハ明治四十五年四月八日幹事会ニ於テ豫テ小川治兵衛ヨリ提出ノ設計図ニヨリ修築スルコトニ決議相成居　而シテ其設計金額ハ合計千三百餘円ニシテ　其内訳ハ石橋架設ニ貳百円　役石飛石等三百円　庭樹色々二百円　植木師幷手傳手間四百円　白砂芝其他雑費百余円ナリキ　然レ共此金額ヲ以テ受負フコトヲ望マス　又本山ニ於テモ樹石等新規他ヨリ購入セズトモ山内に散在セルモノヲ蒐集スレハ相當事足ルベク　殊ニ庭木類ハ附近の植木畑ヨリ直接購入スレハ却テ便利ナ

「仁和寺　林泉」(『花洛林泉帖』)

ラン　依テ樹木ノ買入等ハ直接本山ニ於テナスコト、シ　其施工方ヲ小川治兵衛ニ擔當セシムルコト、セリ　大正元年十月庭苑修理ノ工ヲ起シ　同年十二月ニ於テ其大體ヲ竣工シ暫時中止ノ上　大正三年五月ニ至リ白砂撒布其他所謂仕上ケ工事ヲ完成セシメタリ」

明治四十五(一九一二)年四月八日、あらかじめ植治に提出させていた設計図にしたがって庭園の修築を行うことが幹事会で決議された。施工にあたっては総額千三百円余りの予算を減額するために材料の新規購入を控え、できるだけ境内に散在するものを用いること、また庭木については付近の植木業者から本山が直接買い入れることを条件に、植治に担当させたのである。

予算のかなりを占める「石橋架設」とは、『花洛林泉帖』に写っている池中央の土橋を石橋に架け替えるというものであった。その完成予想図とおぼしき緻密なスケッチが残されており、筆致から植治の絵図を描いていた中原哲泉のものとみられる。

工事は大正元（一九一二）年の十月から十二月までの約三カ月でほぼ竣工するが、約一年半の「中止」期間を経て、大正三（一九一四）年五月、白砂を敷くなどの仕上げをもって完成した。すぐに仕上げ工事が行われなかったのは、宸殿《しんでん》北側の庭園と宸殿南庭とを区切る結界が必要であるとの考えがあり、その決着を待っていたからである。結界としての網代垣は大正二（一九一三）年十一月二十五日に着工、翌三年三月に落成する。

一方、破損の甚だしい飛濤亭《ひとうてい》の修理は藪内常弥宗匠に依頼された。

「特殊ノ材料専門ノ技術ヲ要スル趣ニ付　特ニ廣瀬保次郎ニ施工方ヲ命ジ　其監督ヲ藪内宗匠ニ嘱托シタリ。」

工事費は、待合（現存せず）と砂雪隠《すなせっちん》の新設を含めて総額八百弐拾九円拾壱銭。大正二（一九一三）年十月四日に起工、同年十二月中に竣工する。露地の作庭は植治ではなく、大工の廣瀬と同様に藪内宗匠出入りの「植木師」によって行われた。建築工事と並行して十月下旬より毎日四、五名から八、九名の「職工」が飛石の配置や樹木の移植等をしていたが、「何分短日之際遠方往復シ時間ヲ空費シ為メニ工程捗取ラズ　漸ク十二月中ニ於テ大畧目鼻ノ付タルヲ以テ茶室竣工ト共ニ同月限ト先打切」ったのである。

遼廓亭《りょうかくてい》の修理も大正元（一九一二）年十二月末から計画されていたが、議の熟した大正三（一九一四）年八月になってようやく請願書が提出される。翌四年一月に開かれた保勝会総会での決議をうけて二月一日起工、同月二四日に竣工し、五月三十一日引き渡される運びとなった。庭園工事は軒下全体に「コンクリート打小砂リ洗出ノ軒打ヲナシ」、北庭では「新ニ鉢前ヲ造リ　尚又便所ノ用の鉢前ヲモ造　全部飛石ノ据直ヲ為シ据替　全部杉苔ヲ植付ラレタリ」という内容で、南側の枯流れまでは手がまわらなかったようである。この工事は「保勝会直掌施工トシ保勝会技手トシテ細見藤吾氏ヲ雇聘」して進められたもので、庭園の施工者については不明である。

なお仁和寺では、大正三（一九一四）年の伽藍再建から約十六年後、昭和四（一九二九）年から同六年にかけて、宇多天皇一千年・弘法大師一千百年御忌の記念事業として「平居仁《ママ》兵衛氏を工事總監督」に伽藍の大営繕工事が行われた。

『宇多天皇一千年　弘法大師一千百年御忌紀要』（一九三二年）によると、大正大礼の際に修理された飛濤亭と遼廓亭にも手がつけられたようで、「茶亭修膳」の項に「遼廓亭及び飛濤亭の屋根破損せるに依り、屋根物に命じて全部葺替を為さしめ、且つ疊全部表替を爲せり。この經費金壹千百六拾圓なり」とある。

また「庭園修理」の項には、以下のように記されている。

「造庭に關しては、一切平井仁兵衛氏の設計監督の下に、多くは植治の手に依りて宸殿北池邊に木石を補足したるを始め、黒書院前庭、白書院前庭、門跡御居間前庭、舊役員控室前庭、大玄關裏庭等殆ど全部造り替へ或は補植して、其風致を改め、又新事務所玄關前に新に木石を配して大に舊觀を改めたり。是等に要したる經費總額金九千〇六拾六圓五拾錢なりし。」

昭和大礼の翌年から三年がかりで宸殿北池が改修されるとともに、諸建築に付随するほとんどの庭園が造り替えられたこと、それらの工事の多くが植治によって行われたことがわかる。

全国への展開

大正大礼後の大正七（一九一八）年、植治は東京で西園寺公望邸、村井吉兵衛《むらいきちべえ》邸、古河虎之助《ふるかわとらのすけ》邸の作庭を開始する。これが全国展開の第一歩であった。以後、植治の作庭の舞台は東京から山口まで、全国規模で広がっていく。

東京の岩崎小弥太邸、長尾欽弥邸、小倉正恒別邸、鎌倉の長尾欽弥別邸、静岡の西園寺公望別邸坐漁荘、岩崎小弥太別邸、岐阜の塚本忠治別邸、名古屋の中井己次郎邸、滋賀の西村伊亮邸、長尾欽弥別邸隣松園、大阪の住友鰻谷《うなぎたに》旧邸、兵庫の山下亀三郎別邸、日下部久太郎邸、住友仕吉別邸、安宅弥吉邸、大原孫三郎倉敷本邸、同氏岡山別邸、同氏倉敷別邸（有隣荘）、山口の県知事公舎、鋳谷邸など、このように列挙するだけで名声の高まりとともに培われてきた植治の人脈の広さを窺うに充分であろう。

植治の主だった施主は古河、岩崎、住友（西園寺）、大原、長尾、安宅といった近代ブルジョワジーたちであった。彼らの信任を得て作庭を依頼された植治であるが、古河邸では高橋箒庵が調達した筑波山産の庭石が提供されるなど、時には施主側からの制約もあったようだ。また大原孫三郎の倉敷本邸などでみられるように、全国各地の作庭では、それぞれの立地、風土のちがいからデザイン面での多様化が起こっている。

下村忠兵衛・岡崎本邸の作庭

このように超多忙な中、植治は呉服商下村忠兵衛から京都・岡崎本邸の作庭を依頼される。

下村が小泉合名会社から「岡崎法勝寺町字池の内十六」の地を取得したのは大正七（一九一八）年のことであった。鬼瓦に刻まれた「京都深草　平岡作兵衛謹製」、「大正七年謹製」および「細工人櫻井源次郎」の銘が示すように、同年から造成にかかり、翌八年には建築・庭園ともに完成する。

建築の設計は武田五一、作庭が植治という豪華メンバーは下村の好みであったらしい。植治の多忙さもさることながら、明治三十六（一九〇三）年から京都高等工芸学校教授と京都府技師を兼任していた武田は、大正七（一九一八）年に名古屋高等工業学校校長へ、翌八年には京都帝国大学建築学科創設委員を務め、九年に同大学教授に就任するという慌ただしい時期にあった。なお武田の設計による洋館は昭和五十九（一九八四）年に撤去され、二階建の和館のみが現存する。

下村家には当時の日記をもとに書き起こした「岡崎本邸記録書」が残されていることから、作庭事情とともに植治の隠された一面を知ることができる。

「岡崎本邸記録書」によると、大正七年、まず東側敷地境界の石積みが行われた。請負は岡崎工務店、石材は「沖の島石」で「コブ作り」。次に「これ（石積み）に九条山のキリトリ土をもって山形に盛土し、その表面に池より掘出せし肥土を盛った」と記されている。九条山の土で築山を造成したあと、植栽を考慮して、その表面を池底に溜まった肥沃な土で覆ったことがわかる。

また流れと池の工事では、水漏れ防止のために底を「粘土にて叩き固」めるという昔ながらの工法が採用される一方、滝には一馬力のモーターが設置された。これは北隣の市田邸から流入する疏水の水を滝上部まで揚げるための装置である。

このように庭園の造成と地割が進むなか、同七年の夏から秋にかけて、麻田運送店主と殿田《とのだ》の大堰《おおい》川《がわ》支流の渓谷に赤石《あかいし》（大型数個、玉石数百個）を買いに行き、あるいは「植幸（出入りの植木屋）を伴い白川村で鞍馬石製大燈籠一基千円を買う」など、施主の下村自ら材料の蒐集に奔走している。

植治が作庭に関わるようになったのはこの頃からで、

「大正七年秋頃岩崎技手をして植治老人に作庭を依頼し、老人が月に一度位巡視にくる」


との記載がある。

大正七年の植治は東京での作庭活動を開始したばかりの正念場であり、月に一度が精々であったとみられる。しかし、その仕事ぶりは、

「多き時は二十人前後の職人を指揮し、池掘、築山、岩据付、滝、池畔、表門付近・入口道等の崩れ石積、植樹をなす」

というように、極めて旺盛であった様子が窺える。

ところが施主の下村は「植治老人」に好感を抱いていなかったらしく、「植治はなるべく自店貯蔵の石や、自店経由の樹を売付くるの方針なり……各所より（下村が）蒐集し来たりし材料を使用するを嫌悪する態度あり」とぼやき、遂には、「（植治は）威張りより使いにくきを以て、創設時だけにして、翌年（大正八）より従来出入りの植幸をして手入れせしむ」と意を決する。

名声の高い植治に依頼はしたものの、自分の思い通りにならないなど、相性が合わなかったのであろう。大正八（一九一九）年一月から下村は、座敷南側および東側の大沓脱石二個と座敷東南隅の大石一個を「積雪を払わせて検分し買入」れるなど、再び自分で材料の蒐集を行い、出入りの植木屋「植幸」を指揮して庭園を完成させたのである。

5　碧雲荘の造営

白楊の意気込み

一方、大正大礼後の白楊は、大正六（一九一七）年から造営の始まる野村徳七（得庵、一八七八〜一九四五年）の別荘・碧雲荘にもっぱら精魂を傾けることになる。

その頃、京都の造園業界は深刻な状況に直面していた。盆栽部と造庭部が分離し、大正十一（一九二二）年に至るまで組合としての活動が全くの休止状態に陥るのである。それは急速な造園需要の拡大にともない、造庭部が独走する状況が生まれたことによるものと考えられるが、両者の対立は大正十二（一九二三）年、造庭部代表の八代目小川治兵衛（白楊）他十名が別組合として「京都造園業組合」の設立を京都府へ申請することで表面化した。

しかし京都府はこの申請を却下、白楊と組合長の三上福之助《みかみふくのすけ》が会合し、組織の再編（造庭部の復帰）という形で決着をみる。翌十三年に認可された組織改革の要点は、（一）造庭部を造園部とする、（二）地域を京都市内と葛野郡《かどのぐん》（鳴滝、嵯峨、松尾）とする、（三）庭石部を設ける、（四）造庭部百三十名を十区に分ける、という内容であった。

このような組合活動での積極的な行動にみられるように、大正大礼後の白楊の意気込みには、凄まじい気迫さえ感じられる。

野村得庵

白楊が碧雲荘の作庭にとりかかったのは三十五歳の時、植治が並河靖之邸を完成させ、無隣庵の作庭で近代庭園に目覚めようとしていた年齢にあたる。

そのころ住友春翠の鹿ヶ谷別邸の作庭に携っていた植治は、碧雲荘の現場を白楊にまかせ、時折見にくる程度であったという。春翠も碧雲荘の作庭現場を訪れては、庭石の配置について意見を述べたとも伝えられる。建築は、大正一（一九一二）年に清水吉次郎の桝屋町十牛庵を改修した北村捨次郎であった。

得庵が碧雲荘の地をはじめて検分したのは大正六（一九一七）年一月十五日のこと、そこは南禅寺塔頭の跡地で、塚本与三次の経営する角星合資会社から入手したものであった。得庵は同年初夏の頃から建設にとりかかり、はやくも翌七年一月十四日に入居している。

大正六年といえば、小さな両替商から出発した野村商店が証券業界で名を知らぬものがないほど大きく成長し、株式会社野村商店が設立された年であった。大正三（一九一四）年に勃発した第一次世界大戦を機に業績は著しく向上し、大正八（一九一九）年までに得た莫大な利益で野村財閥の基礎が築かれる。このような経済的繁栄を背景に碧雲荘は造営されたのである。

得庵は碧雲荘のほか、大正八年に兵庫・住吉棲宜荘の築造に着手し、同十三年には新築披露の茶会を催している。また静岡県熱海にも塵外荘を営み、昭和十六（一九四一）年に席披茶会を開くという熱の入れようであった。

茶道に通じ、能楽を極め、書画をよくする趣味人でもあった得庵は極めて闊達な性格で、豪華を好み、茶道のうえでも「上方風の町人茶」にあきたらず、「江戸式の大名茶」を求めたという。大正二（一九一三）年、三十六歳のとき藪内節庵から茶の手ほどきをうけ、やがて宗家十代休々斎竹翠より得庵の号をおくられる（『野村得庵』）。

当時、東京には益田鈍翁、高橋箒庵、三井《みつい》泰山《たいざん》、馬越《まごし》化生《けしょう》、根津《ねず》青山《せいざん》が、大阪にも高谷《たかや》宗範《そうはん》、村《むら》山玄庵《やまげんあん》、嘉納鶴堂《かのうかくどう》などの近代数寄者たちが割拠していた。やがて得庵は彼らと肩をならべるほどになり、住友春翠らとも交遊を深めていく。碧雲荘を拠点に得庵が催した茶会は、「南遊記念茶会」（一九二三年）、「御大典奉祝茶会」（一九二九年）、「令嗣結婚披露茶会」（一九三二年）、「還暦自祝茶会」（一九三八年）、「先考追善茶会」（一九三九年）など大小数百回にものぼる。

高橋箒庵が見た碧雲荘

碧雲荘の庭園は、大正十（一九二一）年十一月に東山山麓一帯で開かれた洛陶会主催の東山大茶会までには概略の形を整えていたとみてよい。そのとき同荘を訪れた高橋箒庵（一八六一〜一九三七年）は、『（辛酉）大正茶道記』に以下のように記している。

「東山の風景を取り入れた庭前の池にはハウスボートが浮んで龍頭鷁首とまでは行かないが、藤原時代の絵巻物を見るやうな豪壮快潤なる庭園である。」

ハウスボートと呼んだこの屋形船の茶席を、のちに箒庵は得庵の求めに応じて「蘆葉《ろよう》」と命名している。東山大茶会では得庵が濃茶席の催主をつとめるとともに、園池に浮かぶ屋形船には今井八方堂を催主とする香煎席が設けられた。七千坪という敷地に見合った広大な園池は、蘆葉舟による舟遊びも想定して計画されていたのである。

大正十二（一九二三）年五月十九日、再び碧雲荘を訪れた箒庵は『（癸亥）大正茶道記』に、

「数年前京都南禅寺畔に手広き地面を求め、其庭園、建築に数寄を凝らしつゝ、ある由兼て承り及んで居たが、近頃其別業を碧雲荘と名づけ工事も略ぼ竣成に近づいたので……」

「又織庵席横の蹲踞に立つ得庵翁」（『野村得庵』趣味篇）

と記し、造営工事が完成に近づいていたことを明らかにしている。

初夏の西門付近は「門前の石垣に沿ふた細長い掘池に紫及黄色の杜若が今を盛りと咲き出で て……」と、華やいだ雰囲気につつまれていた。箒庵は不老門（兜門）から迎えられ、寄付の龍頭軒へ入る。その時はまだ、又織《ゆうしき》、花泛亭《かへんてい》など一連の茶会施設は間に合わず、母屋に付属する在来の茶室が用いられたようである。

「広大な庭の真中に大池がある、其一方には琵琶湖疏水の下流が瀑布と為つて之に注ぎ、前面は南禅寺の山門を中心として東山一帯の風景を取入れ……」

この時すでに、琵琶湖疏水から引かれた水が滝となり、中央の大池へ注ぐという基本的な構成はできあがっていた。また北泉居から南方に南禅寺の山門を望む景観が絶賛されていることから推して、最高のビュー・ポイントである待月軒はまだ完成していなかったとみられる。

豪壮な三段の滝から瀑音をたてて流れ落ちた水は、深く刻まれた渓谷に架かる迎仙橋《げいせんきょう》の下をくぐり、セキショウを縫って大池へそそぎ込む。迎仙橋という巨大な石造の構造物、付近には長大な葛石を短冊形にならべた舟着や池中に浮かぶ円盤形の切石が目にとまる。これら加工石を大胆に用いたデザインには、白楊の面目躍如たるものがある。

箒庵の評価

このとき完成していなかった茶会施設も、大正十二年末頃まではすべて竣工していたようだ。同年十二月二日に開かれた「南遊記念茶会」では、寄付に田舎家、待合には蘆葉舟があてられ、濃茶には又織、薄茶には花泛亭、箱書付陳列には待月軒が供されている。

翌大正十三（一九二四）年一月十九日、箒庵は益田鈍翁らとともに碧雲荘に招かれた。彼らは不老門から入り、右手の生垣越しに新築なった花泛亭と又織をみつつ、田舎家へと向かう。田舎家の傍らには、享禄元（一五二八）年の紀年銘が刻まれた六地蔵磨崖仏がどっしりと据えられている。その横をすりぬけるようにして又織の内露地に進んだ時、内露地いっぱいに掘り込まれた巨大な「降《お》り蹲《つく》踞《ばい》」に箒庵は驚愕する。

「一方の小高き丘腹より流れ出づる水を先づ石盤に受けて之を造酒家用の細長き石樋に移し、其水を更に青竹の樋に落して蹲踞石に代用した其趣向は左る事ながら、当荘の如き規模雄大なる茶席の露地に斯かる衒奇なる細工が調和すべきや、茶人の批評は如何あらうと思はれたが……」

(『(甲子) 大正茶道記』)

飛鳥の酒舟石と石樋を組み合わせた想像を絶する内露地のデザインを、箒庵は奇をてらったものと批判したのである。

箒庵の批判はこれにとどまらず、

「築庭に就ては、或は之を園遊会などに利用せんとする茶事以外の考慮があつて、彼が如く開放的に構造せられた者かも知らぬが、茶庭の原則を無視した痕跡が少くないやうである。」

ときわめて手厳しいものであった。

この又織の内露地には、江戸初期の織部型石燈籠、竿に永正十四(一五一七)年と刻まれた石幢型寄せ燈籠などの逸品がそろっている。また足下に目をやれば、平安、鎌倉期の伽藍石がいくつも飛石に用いられているといった具合である。

箒庵の批判の根底には、内露地全体を「降り蹲踞」にするという大胆な発想への驚きもさることながら、白楊の石造品蒐集に対するやっかみがあったと推測される。じつは箒庵には時代ものの庭石や伽藍石を蒐集する癖があり、大正の初め頃から法華寺を手はじめに、それらを奈良や京都で買い漁っていた。植治からも再三庭石や石造品を購入していた箒庵だけに、飛鳥時代の酒舟石など、又織内露地の見事な石造品に対して内心じくくちたるものがあったにちがいない。

碧雲荘庭園の完成

完成した碧雲荘庭園の全体構成は、大正十三（一九二四）年十一月十四日の『(甲子)大正茶道記』によって知ることができる。

「碧雲荘は東面して右手に近く南禪寺を控へ永観堂鹿ヶ谷より黑谷に至る三十六峰の大部分を一眸中に収め庭前に大池を湛へて其周圍に亭臺庵室を配置した結構、眞に風雅幽清を極めて居る……」

ここで庭園が東向きであるとの認識がはじめて示され、園池の周囲には茶室や亭の配置されていたことがわかる。

箒庵が庭園をめぐった順路は、花泛亭から又織、田舎家の傍らを過ぎて池辺の園路を東へ向かい、滝音を耳に迎仙橋を渡ったあと池の北岸をめぐって北泉居前、そこから沢飛びを渡って待月軒へ至るというものであった。なお大書院をはじめとする豪壮な建築群ができるのは、昭和大礼に向けての再整備においてである。

「蒼然たる東山の暮色を眺むる心地好さ、一刻千金は唯春宵ばかりかはと思われた」と箒庵も感嘆しているように、大池の西端に設えられた待月軒から東山を仰ぐ眺望は圧巻である。アカマツの緑と赤い幹がかさなりつつ東山へと連続していく雄大さ、中腹には永観堂の多宝塔がみえる。池辺に浮かぶ大きな平石、南岸には優美な姿の舟舎、その演出は心憎いばかり。池水は土橋の袂でさりげなくオーバーフローし、幅広い流れとなる。花泛亭前の流れの中にセットされている大理石製の「流れ蹲踞」は、植治が最も得意とした水辺のデザインの「白楊的」表現といえよう。そこにつくばうと、はるか彼方に比叡山を望めるというのだからたまらない。

6　白楊最後の仕事

喜寿庵の作庭

大正十一（一九二二）年に全体の地割が整い、翌十二年末にほぼ完成をみた碧雲荘庭園であるが、その合間を縫うように、白楊は同十（一九二一）年五月から二代目浅見又蔵・聖護院別邸の作庭に取りかかっている。また、大正十三（一九二四）年末から同十四年四月にかけて清浦奎吾《きようらけいご》の別荘・喜寿庵《きじゆあん》を作庭するという旺盛さであった。碧雲荘の作庭中に携わった清浦奎吾の喜寿庵、これが白楊最後の仕事となる。

大正十三（一九二四）年六月に内閣を総辞職して自由人となった第二十三代内閣総理大臣・清浦奎吾は同年秋十月、京都に遊んだ。都ホテルを訪れた清浦は食事のあと背後の山に登る。近くに南禅寺の境内を控え、遠くに比叡山、如意ヶ嶽《によいがだけ》、眼下に疏水を俯瞰する眺望に見入りながら、清浦は、

「京都の人々ほど無風流で、話せぬものはない。あたらこの好展望地を塵芥棄場にして置く」

と嘆声をもらしたという。

それを耳にした同行の都ホテル支配人・西村彦太郎が、来々年に喜寿を迎える記念にと別荘の建設をすすめたところ、清浦は山縣有朋の「山あれど水なきは、趣をなさず、水あれど山なければ、趣をなさず」との言葉を引用し、この地へ水を引き、道路を整備し、来年の花の時までに間に合わせること、それにあまり費用をかけないという条件でこの申し出をうけたのである。

白楊は山腹のアカマツ林を背景に、疏水の水をチャートの自然岩盤を縫うように伝わせ、あるいは勢いよく落とすという演出で清浦の意に応えたのであった。引水の手配は市役所職員の後藤正久が担当したという（『伯爵清浦奎吾傳』）。

大正十四（一九二五）年五月、閑院宮《かんいんのみや》殿下の臨席のもと別荘披きが行われた。その年の秋に久邇宮邦彦王殿下が、翌十五年一月には東伏見宮妃殿下が数日間滞泊している。なお、喜寿庵は昭和十六（一九四一）年に都ホテルが譲り受け、同三十四（一九五九）年に村野藤吾の設計によって佳水園へ生まれかわった。

「見識家の植治」

大正十五（一九二六）年二月二十一日付の『京都日出新聞』は、「名物老人　見識家の「植治」造庭術の第一人者　七代目の小川治兵衛翁」と題して六十七歳の植治を紹介している。

「造庭の中心は今日京都から阪神電車沿線の住吉から蘆屋方面の山の手に移つてゐる。京都は殆んど造庭し盡されたと言つてもよかろう」

その頃の植治は全国的にも有名となり、作庭活動は京都ばかりでなく、西は京阪神から中国、九州、山陰方面、東は小田原、鎌倉、東京、東北にまで及んでいた。

植治の仕事ぶりについて同紙は、「古河、岩崎、住友の富豪……が造庭する時には必ず翁に相談を持ちかけ」たが、「仕事の上に於ても儲けさせてやるというやうな態度を見せられたりすると如何なる□門の家にも富豪の注文にも頑として應ぜぬ、といふ非常な見識家」であったと記し、「現代日本に於ける造庭師としては第一人者と言つてもいゝだらう」と最大限の賛辞を連ねている。

植治はまた、古瓦の蒐集家としても名が知られていたという。

「日本で瓦の蒐集家の先驅者は翁であつた。翁は今日一枚の價格五圓乃至七八十圓もするといふ瓦を一枚五十銭位で明治二十餘年頃に澤山買込んだものだ。先年東京で瓦の展覧會が催され……そのうち百二十枚までは實に翁の出品となつたものである。」

植治は古瓦を蒐集するだけでなく、それを作庭の素材としているところが面白い。並河靖之邸の軒内園路をはじめ、慶雲館や下村忠兵衛邸の沓脱石、有芳園では露地中門の下に畳むなど、古瓦をはめ込んだ意匠には独特の味わいがある。

同紙は白楊についても、次のように紹介している。

「八代目を相續すべき白楊氏は造庭師以外に考古学者として知られてをり、瓦や古鏡の蒐集家としても名を知られ、素人寫眞家としても玄人の域に達してゐる」

石燈籠など石造美術への造詣の深さには触れられていないが、この頃すでに、白楊は病魔に犯されていたようである。『考古聚英　第壹輯　第一集（石燈籠之部）』が世に出たのは大正十四年三月二五日、同年七月五日に第二集、九月一日に第三集が発刊されるものの、翌大正十五（一九二六）年三月二十日発刊の第四集では「著者病氣の為め延刊を謝す」、同十月二十日に発刊された第五集でも「著者未だ病中に付延刊多謝」との断り書きがなされるほど危機的な状態にあった。

第五集が日の目を見てから約二カ月後、昭和と改元されて三日後の昭和元（一九二六）年十二月二十八日、白楊は四十五年の生涯を閉じる。

翌昭和二（一九二七）年二月に発行された日本庭園協会の機関誌『庭園と風景』第九巻第二号に二編の追悼文が掲載された。金子青存《かねこせいそん》の「小川白楊君を憶う」と田中萬宗の「趣味の白楊君」である。両者とも白楊の芸術的才能と考古学的趣味の成果を讃え、その死を惜しんでいる。

しかし、植治を襲った悲しみは白楊の死だけではなかった。同じ年の三月二日、最大の施主・住友春翠が六十三歳でこの世を去っていたからである。

第五章　最大の施主・住友春翠

1　茶臼山慶沢園

住友春翠と植治

住友春翠（一八六五～一九二六年）の死は、植治にとって計り知れないほど大きな衝撃であったにちがいない。春翠は植治の最大の施主だったからである。春翠にとっても、植治は信頼しうる唯一の植木屋であった。

明治四十年代の初め頃から、植治は大阪・茶臼山の慶沢園をはじめ、京都の清風荘、鹿ヶ谷別邸（有芳園）、衣笠別邸のほか、住吉の本邸など、住友家に関係する庭園を一手に引き受けてきた。また春翠の実兄・西園寺公望の東京・駿河台本邸や静岡・興津の坐漁荘などの作庭にも携わっている。その足跡をたどってみることにしよう。

慶沢園の造営

慶沢園の土地買収は明治二十八（一八九五）年から始められていた。茶臼山は岩崎久弥から譲りうけたもので、建設予定地では園遊会がひらかれるなど、徐々に別邸としての機能を果たすようになっていく。同三十六（一九〇三）年に隣接地（現在の天王寺公園）で第五回内国勧業博覧会が開催されてからは、皇族をはじめ西園寺公望、徳川慶喜などがたびたび来訪したという（『住友春翠』）。

造営は敷地の買収がほぼ完了した明治四十一（一九〇八）年から開始され、まず雑木の伐採・整地が行われた。植治が作庭にかかるのは四十二（一九〇九）年からで、中央部に大きな池を掘り、その土を池の北東に盛って築山とし、大きな滝をつくるという計画である。作庭時の感想を植治は次のように語っている（「園藝の名家」『續々江湖快心録』）。

「今度住友さんが茶臼山に別荘をこしらへられるので厶いますが、総地坪が四万坪で其半分の二万坪は庭園になるので厶いますが、昔なら秀吉公の仕事どすな。私の行つたのは昨年からですが、全部任すといふことで先ず三年位はかゝりませう。何分大坂城を築いた地勢ほどあつて、庭石でも四國からどん〳〵五千貫、七千貫といふのが何百と知れん程集まつてまさァ、あれが出來れば関西第一で、岡山公園など兎ても及びますまい。」

四国から大量に運ばれてきた庭石とは、現存する庭石のほとんどが安山岩と花崗岩で、稀に角礫《かくれき》

「茶臼山邸喚魚亭」（『住友春翠』）

凝灰岩《ぎょうかいがん》も混じっていることから、瀬戸内海の小豆島あたりで採集されたものとみてよい。

植治が慶沢園の見事さを表現するのに、「岡山公園」すなわち岡山後楽園を引き合いに出しているところが面白い。その二年後、清風荘の造営に着手した明治四十四（一九一一）年十月に春翠は植治を同伴して金沢の兼六園を訪れ、翌四十五年四月には岡山後楽園に遊んでいる。春翠は理想の庭園像を大名庭園に求めていたのであろうか。あるいは、英国貴族風の生活に憧れていたといわれる春翠だから、そこにイギリス風景式庭園のイメージを重ねていたのかもしれない。

作庭は順調に進み、永山近彰が『恵澤園記』を記した明治四十三（一九一〇）年五月には概略ができあがっていたようである。広々とした池の中央に中島、点々と浮かぶ岩島、南岸には水面へ張り出した西園寺公望命名の喚魚亭《かんぎょてい》がみえる。

建築に着手したのは明治四十四（一九一一）年のこと、庭園の完成後であった。設計は日高胖《ひだかゆたか》、大工は住友家出入りの二代目八木甚兵衛、建築と庭園の取り合いは植治が考えたという。大正七（一九一八）年、慶沢園の造営はすべて完了する。翌八年十二月に先考追悼の茶会が催され、植治が道具方を手伝った。また同十（一九二一）年には益田鈍翁、高橋箒庵、根津青山、馬越化生らが招かれている。

完成時に『慶澤園造營略記』を編んだ春翠は、その末尾に次のように記している。

「茶臼山は……本邸より池を隔てたる北方の丘陵にして、當家の所有に屬するも……全然之を私用に供せず、……樹木に乏しき大阪に於ける唯一の風致林として其保存を圖り……」

この言葉通り、慶沢園は大正十（一九二一）年に大阪市へ寄贈された。横浜に三溪園を造営した原富太郎（三溪）が、「其の明媚なる自然の風景は別に造物主の領域に属し、余の私有に非ざる也」との考えから、「遊覧御随意」の看板をかかげたのは明治三十九（一九〇六）年のことである。共に、近代の実業家たちの心意気を示すものといえよう。

建築の一部は住友家の菩提寺である京都・嵯峨清凉寺に移築され、「澄泉閣」と称されている。また茶室や正応五（一二九二）年在銘の十三重石塔などは、大正九（一九二〇）年に完成していた鹿ヶ谷別邸へ移された。ちなみに、昭和十一（一九三六）年に建設された大阪市立美術館は書院跡にあたる。

二代目八木甚兵衛

慶沢園の建築がほぼなった大正四（一九一五）年、住友家の本邸は鰻谷から茶臼山へ移された。その年の六月、新築落成を目前にして二代目八木甚兵衛《やぎじんべえ》は歿する。彼が同時に手がけていた清風荘は大正二（一九一三）年に完成し、鹿ヶ谷別邸も同三年には一応の完成をみていた。

ふり返ると、住友家と八木家との関係は明治八（一八七五）年に広瀬宰平《ひろせさいへい》が大阪・鰻谷の別邸改築を四天王寺の大工・初代八木甚兵衛に依頼したのが始まりであった。その二年後、広瀬は住友家初代総理事となるが、初代甚兵衛は明治十二（一八七九）年に住友本家に隣接する銅吹所跡の洋館を建設したあと、同十七（一八八四）年、七十三歳で歿する。

跡を継いだ二代目甚兵衛の活躍はじつに目覚ましい。明治二十（一八八七）年から新居浜の広瀬本邸で腕をふるい、同三十四（一九〇一）年に鰻谷の住友本邸東座敷を改築、三十七（一九〇四）年には広瀬の甥で住友家二代目総理事を務めた伊庭貞剛《いばていごう》の石山別邸・活機園《かっきえん》の和館を建てる。そして明治四十四（一九一一）年からは慶沢園、清風荘、鹿ヶ谷別邸というように、植治と二人三脚で矢継ぎ早に住友家の仕事をこなしていった。

広瀬宰平邸の作庭事情

ところで、新居浜広瀬本邸の作庭を請け負ったのは大阪の植木屋清兵衛であった。普請がはじまった明治二十（一八八七）年三月、清兵衛は新居浜へ下向して作庭にとりかかる。京都で園藝業組合が設立される五カ月前のことであった。

植木は「東京松」にすると心に決め、その手配を東京の「松本氏」に依頼していた広瀬は、近日中に船便で到着するので神戸の諏訪山別邸に仮植したうえで翌春に新居浜へ移すよう清兵衛に伝えた。「東京松」とは、頭部が饅頭形の東京名物「禿松《かむろまつ》」とみられるが、当時流行していた「多行松《たぎょうしょう》」のことであろう。この「東京松」は、翌二十一（一八八八）年二月、神戸の「植福」こと植木屋福松によって植栽される。

それに先立つ明治十九（一八八六）年十月、広瀬は東京牛込区の川田小一郎《かわだこいちろう》邸（元土佐藩士、三菱を経て日本銀行総裁となる）を訪れている。その建築の素晴らしさに感嘆するとともに、庭内へ玉川上水を暗渠で引いていることに注目した広瀬は、新居浜でも付近の渓流から引水するよう二代目甚兵衛に指示をした。新居浜の本邸に「東京松」を植えようと決意したのも、この時の東京での見聞がきっかけであったと推測される（『別子銅山の近代化を見守った広瀬邸――旧広瀬邸建造物調査報告書』）。なお川田は京都・木屋町二条の旧角倉別邸、すなわち山縣有朋の第二無隣庵を明治二十六（一八九三）年から同三十八（一九〇五）年まで所有した人物である。

伊庭貞剛の活機園

少し回り道になるが、石山に活機園を営んだ伊庭貞剛（幽翁《ゆうおう》）にもふれておかねばなるまい。伊庭は弘化四（一八四七）年、現在の近江八幡市で生まれた。大阪の上等裁判所判事等を経て、明治十二（一八七九）年に叔父・広瀬宰平の勧めで住友に入社する。三十三歳の時であった。

翌十三年に大阪本店支配人となった伊庭は、同二十（一八八七）年、思うところがあって石山に隠棲の地を購入、松、杉、檜、楓などを植樹する。そして、十数年後の明治三十六（一九〇三）年になって伊庭は活機園の造営に取りかかり、建築がほぼ竣工した翌三十七年に五十八歳で活機園に隠棲してしまう。和館は二代目八木甚兵衛、洋館は住友家の技師・野口孫市《のぐちまごいち》の設計であった。

その庭園といえば、白砂を敷いただけで、他は雑木と芝生と、まだ伸びきらない植栽木のみという有様で、かなり荒涼たるものであったらしい。しかし伊庭は周囲の勧めを聞き流し、いっこうに手を加えようとはしなかった。のちに植治が訪れた時のことを、伊庭は次のように語っている（『幽翁』）。

「十五年ほど経ったとき、斯道の第一人者小川治兵衛氏がわざわざ訪ねてきて、これはといったまま、驚いて目をみはったほどすばらしいものになってしまった」

伊庭には様々なエピソードがある。明治二十五（一八九二）年に春翠を住友家へ迎えたのも伊庭であった。彼は躊躇する春翠にこう言い放ったという。

「住友の財産といつた所で何程のものでもなく、たかが銅を吹いて儲けた位のもの故、潰してもらつて結構です」（『住友春翠』）

事業面の見識でも伊庭は偉才を放っている。新居浜精錬所で発生した煙害に対処するため明治二十六（一八九三）年に別子へ赴任した伊庭は、翌二十七年から煙害で疲弊した山林の復旧をめざして植林事業を始めたのである。さらに二十八年には四阪島への精錬所移転を決断、三十年二月から移転工事を開始する。足尾鉱毒問題で苦慮していた田中正造は、第十五回帝国議会でこれを高く評価したという。

また、伊庭が住友家の総理事を退任した明治三十七（一九〇四）年、『実業之日本』に発表した所感録「老成と小荘」は鮮烈である。曰く、

「事業の進歩発達に最も害をするものは、青年の過失ではなくて、老人の跋扈である」

大正十五（一九二六）年十月二十三日、その年の三月二日に世を去っていた春翠の後を追うように、伊庭は八十歳の生涯を閉じる。

2　清風荘

春翠と西園寺公望

話をもとにもどすと、春翠は慶沢園と同時に京都で清風荘の造営を計画していた。

清風荘はもと清風館とよばれた徳大寺《とくだいじ》家の別荘で、春翠（幼名隆麿《たかまろ》）は元治元（一八六四）年、徳大

寺公純《きんいと》の第六子としてこの清風館で生まれている。明治二十五（一八九二）年に十九歳で住友家に入り、翌二十六年に十五代住友吉左衛門を襲名した春翠は、同四十（一九〇七）年、青年期まで過ごした清風館を徳大寺家から住友家へ譲り受け、実兄の西園寺公望（陶庵、一八四九〜一九四〇年）が上洛する際の控邸に充てることにしたのである（『住友春翠』）。

明治四十四（一九一一）年から新家屋の造営と庭園の改修に着手。建築は二代目八木甚兵衛、慶沢園の建築と同時進行であった。庭園は植治の手で大正二（一九一三）年に完成する。

この間、西園寺公望は明治三十九（一九〇六）年一月に内閣総理大臣となるが、四一一（一九〇八）年七月に総辞職。同四十四（一九一一）年八月に再び組閣するものの、翌大正元（一九一二）年十二月五日に総辞職した。このように清風荘は公望の政治的高揚期に造営され、その引退と大正大礼に合わせるかのように竣工したのである。

京都に別荘を営むのはある種のステータスであったが、大正八（一九一九）年、公望は静岡・興津にも坐漁荘を営む。そして大正十二（一九二三）年から冬は坐漁荘、春と秋は清風荘、夏は御殿場の別荘で暮らすようになったという。なお清風荘は昭和十五（一九四〇）年十一月二十四日に公望が歿した後、同十九（一九四四）年に住友家から京都帝国大学へ寄贈された。

敷地の変遷

明治四十（一九〇七）年、清風館を譲り受けた時の状況を『住友春翠』は以下のように記している。

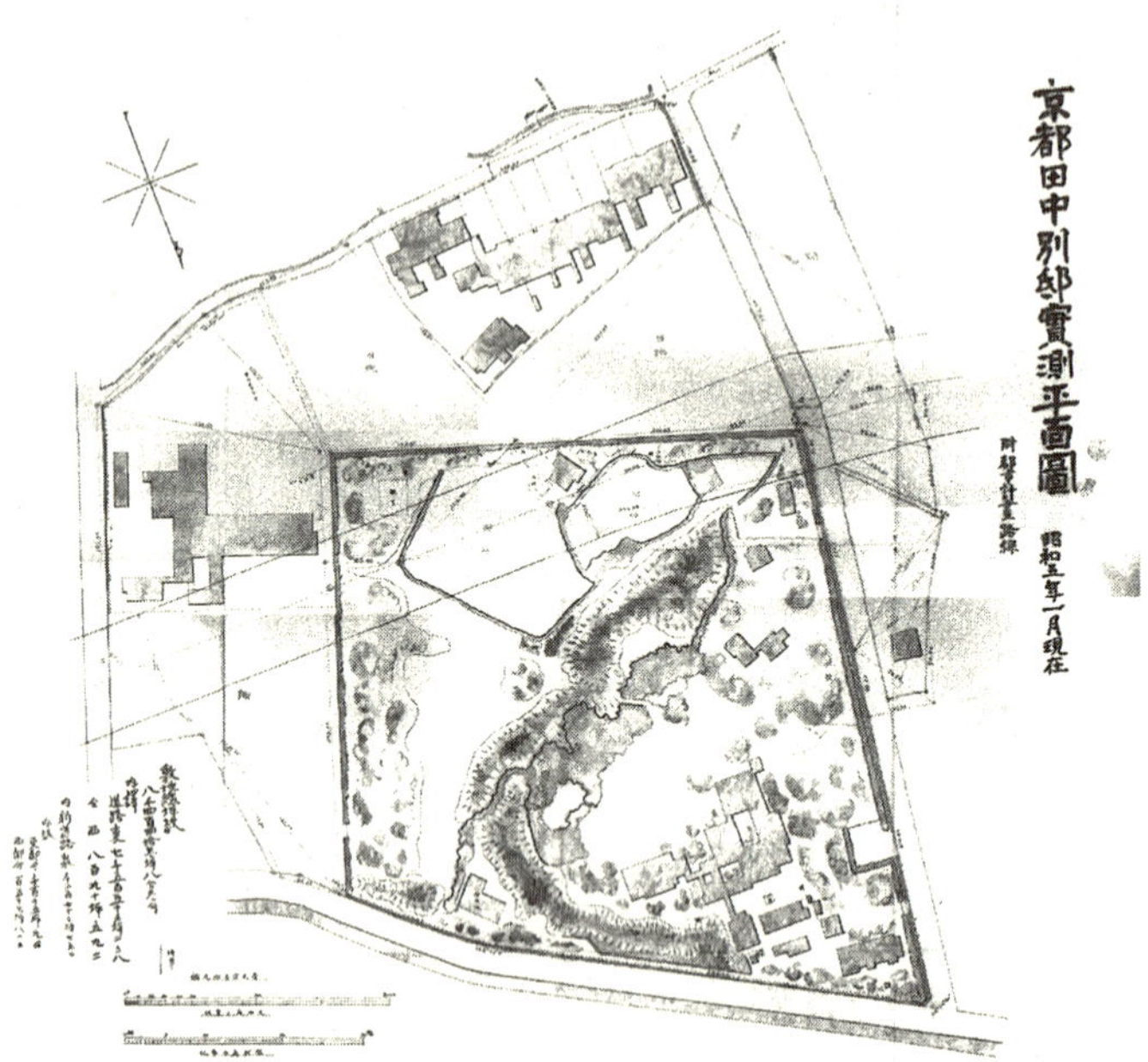

「京都田中別邸實測平面圖」（住友史料館蔵）
（『史料からみた清風荘の建築――建造物調査報告書』）

「八月、徳大寺家の家扶島田直次郎が西下して登記を了へた。清風館の建物を含む土地約八反、畑約二反であつた。なほ附近の田畑或は建物を含む宅地十數反を數家から購つて加へた。」

「清風荘史料」（住友史料館蔵）によると、同年九月に付近の畑地等を買い入れた相手は植治であった。さらに興味深いことに、住友家は購入した土地で借家および小作の契約をしていたが、その仲介や小作金委託も植治が行っていたという（『史料からみた清風荘の建築――建造物調査報告書』)。

さて、従来の清風館部分と新たに購入した田畑および建物の概略は大正十一(一九二二)年測図の「三千分ノ一都市計画図」から読み取ることができる。さらにこの敷地が大きく変化するのは、昭和に入って間もない時であった。昭和四(一九二九)年の都市計画図には清風荘の敷地を貫通する今出川通の計画路線が書き入れられており、昭和十(一九三五)年の同図からは新たにできた東今出川通(出町~百万遍区間)によって敷地の南部分が失われた状況を確認できる。道路建設は昭和五(一九三〇)年三月一日に着工され、翌六年六月三十日に竣工する。市電が開通するのは九月十八日のことであった。

清風荘の旧状を最もよく伝えているのは、「京都田中別邸實測平面圖　附都市計畫路線」(昭和五年一月、住友史料館蔵)である。都市計画路線が克明に書き込まれていることから、二カ月足らずに迫った東今出川通の建設を前に実測、作成されたと考えてよい。清風荘内の地割と建築配置も現状とほぼ一致しており、本図の精度の高さが窺える。東今出川通によって切り取られた南部分は水路のめぐる「田地」で、東南隅には「鶴舎」があった。この鶴舎は清風荘の付属建物などを受け持った京都の大工・磯村彌太郎が大正四(一九一五)年五月九日に「鶴の檻」の見積書を提出、公望の裁可を経て建設されたものである(「清風荘史料」)。

清風館時代の庭園

『住友春翠』は清風荘の造営が公望の意を強く反映したものであるとして、その顚末《てんまつ》を以下のように記している。

「清風館見取図」（『小川治兵衛』）

「公望は自らの好に依り、又舊清風館の面影を殘すことに意を配つて、新館造營と庭園の改造を計り、住友家の手に依つて大正二年に之を竣功した。造庭は小川治兵衛、建築は八木甚兵衛が、春翠の命に依り、公望の意を受けて當つた。公望は舊名を保つて清風莊と名附けた。」

（明治四十年の記事）

また、明治四十四（一九一一）年の記事は次のように伝えている。

「八月半、京都の舊清風館跡に、公望の別墅としてその好のままの新館の建築に著手した。後庭は池尻の水流が方向を變へた外には多く改めなかつた。前庭には黒竹を廣く植ゑた。十二月に入つて上棟式が行はれた。」

清風館時代の見取図をみると、敷地の西部に位置する主屋は東向きで、玄関は西側に開かれている。茶室・保眞斎と待合・閑睡軒が土屋の南にあり、庭園は東から南へと広がっていた。池の水は北側の道路に沿って流れる太田川の分流から取水していて、池尻からもとの水路へ排出する仕組みであったことがわかる。

作庭の経緯

「後庭は池尻の水流が方向を変えた外には多く改めなかった」とされる庭園工事であるが、果たして実際はどうだったのだろうか。

「清風荘史料」によると、造営工事が始まる以前、すなわち清風館時代の庭園は主屋と園池との間は草混じりの芝生で、着工前の明治四十一年から四十四年六月までは毎年のように繁茂した芝(草)の刈込みがなされていた。

「御別邸御庭園ノ芝生繁茂致居候ニ付、草苅婆雇致サセ候哉、又小川氏ノ処へ依頼致サセ候哉、……」(明治四十一年五月十四日)

造営工事は明治四十四(一九一一)年の八月半ば頃、まず主屋の建設から始まったようである。作庭が開始されるのはそれから凡そ十カ月後、翌四十五年七月からであった。

明治四十五(一九一二)年七月七日の記録に、

「御別邸内御縄張敷地内、御所柿・杉・椿等植替出来致候、小川氏ヨリ定メテ上申コト存候へ共、一寸申上候」

とあり、縄張りの後、さっそく樹木の植え替えを行ったことがわかる。また主屋に付随する鉢前の工事から取り掛かっていることから、この頃、主屋の主要部はほぼ出来上がっていたとみてよい。

続いて、七月二十八日の見積書提出を受け、八月五日と六日の二日間で保眞斎と閑睡軒が西方へ曳家、仮据え付け工事が行われた。これによって庭園の地割が確定し、いよいよ本格的な作庭工事が行われることになる。なお茶室を手がけたのは二代目八木甚兵衛ではなく、数寄屋大工の上坂浅次郎であった。植治が「明治四十□年九月廿日」付で「住友吉左衛門」宛に上坂を推薦する書面を提出し、それが認められたのである。

施工の手順

大正と改元された同年（一九一二）九月、中島北側に崩れ石積みが施され、十月には滝口の木や中島の松が他所へ移植された。

段取りが済むと工事は一気に加速する。中島を切り下げ、池を北東へ掘り広げて滝口の石積をするなど、園池北東部の改修と周辺の植栽工事が十月三十日までに完了。同日から主屋前面の芝生植付けに取り掛った。

翌十一月には「池流れ」用の「中石」が搬入され、同月二十二日に土橋が完成していることから、園池を西南へ拡張する工事も終盤へ近づきつつあったことを窺わせる。すでに曳家《ひきや》されていた保眞斎と閑睡軒、および露地の工事が始まるのは十一月二十八日のことであった。

「御茶席大工ハ水盛リ致候ア昨日ヨリ今日ニ掛テ柱下の土台ヲ凡二尺斗掘リコンクリ致居候、小川職人ハ御池ノ水ノ下ノ流ノ川ノ土取リ崩シ積ト御茶席ノ場所ノ地均シ等致候」

大工は水盛をして柱の土台にコンクリートを打ち、池尻からの流れを施工していた植治の職人が地均しをした。十二月二十四日に茶室の床回りができ、翌大正二（一九一三）年一月には壁工事も終わる。二月からは沓脱石や飛石を据えるなどの石工事が行われ、三月二十九日に苔が植え付けられた。この間、大正元（一九一二）年十二月に待合の壁中塗り、翌二年二月九日からはじまった流れに臨む袴付待合も四月十八日には出来上がる。

一方、大正元年十二月十日には道路沿いの石垣等の工事もほとんど終了。園池では同月二十四日に魚溜ができてすぐに水を溜めはじめたらしく、三十日および翌大正二（一九一三）年一月十三日には氷が張ることもあったという。同年二月十四日に太田川からの取水口付近に檜を植え、三月に浮石等を搬入するなど最終の仕上げが行われた。

この間、園池東岸では築山の整備も進んでいて、大正元年十一月から十二月にかけて、「檜山」と呼ばれる東南の築山に土盛して檜、ツツジ、小松、芝を植え付けたあと、翌二年二月には北東の築山に取り掛っている。

玄関前の作庭は、造営が最終段階に入った大正二（一九一三）年四月十二日に行われた。

「植木屋ハ御玄関前ノ黒竹植込ト御庭ノ芝植ニ苔植ト待合ノ□ノキ下ノ畳石トニ取掛リ居候」

玄関前庭のクロチク植栽とともに、庭園各所の仕上げ工事が行われたようである。

完成時の状況

大正二（一九一三）年三月二十六日付『京都日出新聞』は、「西園寺陶庵侯の隠棲」と題して、完成間近い清風荘の様子を次のように伝えている。

「出町橋東詰を東へ五六丁ばかり……美くしい白川の支流（太田川）に添ひ……西側の大通りに面して高さ四尺ばかりの石垣造りの土堤がつゞいて其の上には植たばかりの檜苗で生垣が出來てゐる道路に面して西向に大きな表門も出來る筈だが北向になつてる綺麗な中門だけは立派に出來上がつてゐる植木屋だの人夫だの大工などがまだ澤山居つて夫れ〴〵用事に暇がない……苔蒸した履脱石から庭へ下りて敷石傳ひに行けば左手には數寄を凝らした茶亭、其の向ふにも小さな亭が建つてゐて白川の支流が潺々として其の奥床しい庭の中央を東から西へ流れてゐる」

玄関前には白梅が今を盛りと咲き匂い、案内された部屋はすべて南向きで日当たりが良く、庭の植え込みには紅梅が咲き乱れ、どこからか鶯の声がする。二階の部屋は四方硝子窓で、これを開け放つと比叡山から如意ヶ岳、東山三十六峰、あるいは加茂の森、吉田山などを一望のうちに収めた風景絶景の別邸である、とは記者の感想である。

それから二週間余り後、玄関前にクロチクが植えられた翌日に再び清風荘を訪れた同記者の言葉に耳を傾けてみよう（『京都日出新聞』大正二年四月十三日）。

「風流なる陶菴侯（公望）が自ら設計し自ら督して有らゆる數寄を凝した庭園のをとて申分あらう筈はない……、此の間訪問した時は庭園中も工事中だつたが此度は綺麗に出來上つて白川（太田川）の水が苔蒸した冷たい岩の根を潺々と流れてゐる、泉水の畔や茶亭の脇にある巌は総て鞍馬や笠置などから取寄せたものであるさうな」

また、

「何うも侯爵には庭石の配置を八釜敷く言はれて、此の庭園の石を置くにも幾度置直したか知れませぬ」

と庭師の話も紹介している。

このように完成したかにみえる清風荘だが、まだ最後の仕上げが待っていた。五月二十一日、池に「雑魚」が、そして六月八日には蛍が放たれたのである。

「本日小川ヨリ雑魚弐貫八百目持寄直ニ御上ニ御覧ニテ御池放流之事」（五月二十一日）

「昨日小川ヨリ数百足螢献上之□夜□螢御放チ相成候」（六月八日）

鯉ではなく「雑魚」としたのは、西園寺の意を汲んだ植治の判断であろう。

明治四十五（一九一二）年七月七日の作庭開始から翌大正二（一九一三）年四月十二日まで、一年足らずの間に投入された職人等の延べ人数は、植木職人が千五百九十五人、土方が九百四十一人、石工が三百二十九人、女掃除・草抜きが七十四人であった。

清風荘の完成が春翠にとって感慨深いものであったことは言うまでもない。その年の大文字送り火の日、清風荘で晩餐会が催された。春翠の心境を『住友春翠』は以下のように伝えている。

「（大正二年）八月十六日は大文字山の山焼の日であつた。春翠は、京都に新築の成つた清風荘元の清風館に、京阪神の上級職員を招いて晩餐會を開いた。……幼少年の間を毎年父母や諸兄姉と仰ぎ慣れた山焼を、建物こそ變れ、同じ所に、同じ庭の上に、……仰いだのである」

新座敷の増築

翌大正三（一九一四）年二月、主屋の東側に離れ（新座敷）の増築工事が始まった。清風荘で最も重要ともいえる建築が、なぜ、この時期に建てられたか理由はわからない。竣工時期も不明だが、大正四年初め頃にはできあがっていたのではないかと推測されている。これに関して思い当たるのは、完成時に清風荘を訪れた『京都日出新聞』の記者が、「何れ行く行く、立派な西洋館も東手に建てらるるとのことだ」と記している点である。客を迎えるための何らかの施設が必要だったとしても、居間二階からの眺望を犠牲にしてまで二階建にするには、よほどの事情があったのだろう。

さらに不思議なのは、この新座敷が昭和二（一九二七）年から同四年の間に南側（庭園側）へ数メートル曳家されたと考えられることである。遺構調査によっても、主屋と新座敷の取り付きに改造の痕跡が確認されている。しかし、庭園の鑑賞という面からの必然性は見いだせないし、主屋からの景色は阻害されることになる。曳家によって主屋との間に比較的大きな水屋（洗面）が確保されたが、それが理由であったとも思えない。やはり謎である。

3　鹿ケ谷別邸・有芳園

絶好の環境

清風荘が完成した大正二（一九一三）年、春翠はただちに鹿ケ谷別邸・有芳園の造営に着手する。植治にとっては、清風荘の作庭に引き続いての大仕事であった。

春翠が鹿ケ谷に別邸の建設を計画したのは、生まれ育った京都への郷愁からであったと考えられる。茶臼山は「遠く六甲、生駒の諸峰を仰ぎ、丘下の果に海光の漂うものはあるが、直ちに背景をなすべきもののなく水利に乏しい高燥の地であった」。それに対して、鹿ケ谷は「（春翠が）清風館の頃から親しんだ諸山を後にめぐらし、……東北に如意ケ岳、大文字山、瓜生山が峰をならべ、その北端に比叡山が遠く聳えている。西北には吉田山の丘陵があり、すぐ背後から東山の諸峰が南北に連なっている。そして白川の支流、鹿ケ谷川（桜谷川）が水聲を上げて邸内を南下」する絶好の環境にあった。

造営の発端についても『住友春翠』は次のように記し、立地の選択と敷地の確保に植治が深く関わっていたことを示唆している。

別荘好きの植治

「春翠は、亦京都市鹿ケ谷宮ノ前町と一部は南禪寺北ノ坊町に諸家の地宅地七百三十坪と田畑等一町三反餘を買入れた。そのうちに若干の植治の地があつた。……鹿ケ谷を勸めたのは植治であつたと傳へる。小川治兵衞は早くから此處を用ゐるべき景勝の地と知つて自ら購つてゐた。まもなく、春翠の命を受けた植治は、ここに大庭園を造るのを一世の冥利とし、秀麗な山水の天資を活かして築庭の事に從つた。」

植治は、あらかじめ自分の別荘としていたところを春翠に勧めたのである。あるいは、清風荘の時と同じように、周辺の土地の購入を行ったのも植治であった可能性が大きい。

植治の別荘好きについて甥の岩城亘太郎は次のように語っている。

「植治は自分の別荘を建てるのが好き、それを人に譲るのが好きという人でしたから、いくつかの別荘を作りました。そういうときは、それはもう真剣に庭を作っていました。これは……いいものを使うのではなく、残りものを寄せ集めて作る庭でしたから、私にはいい勉強になりました。」

大正十一（一九二二）年頃に岩城が所帯を持つ時も、「蹴上の自分の別荘」を譲ると言ってくれたという。大正大礼の際、片山東熊の宿舎となった「南禅寺下河原」の「小川治兵衛氏別邸」もその一つであったとみられる。

造営の経緯　鹿ヶ谷別邸の建築設計は住友総本店営繕課技師の日高胖、棟梁はもちろん二代目八木甚兵衛であった。大正三（一九一四）年末に一応の完成をみるが、窮屈の感があったために改造に着手、「更に道路を買収し西方の人家を買い入れて道路を西に移し、池と平庭を広げ、建築も設計を改めて拡張した」という。

翌大正四（一九一五）年、大正天皇の即位大礼が挙行される。約千八百人にのぼる参列者の宿舎選定に京都府は奔走し、千軒以上の個人邸宅および別荘がリストアップされた。とくに皇族の宿舎選定の基準は厳しかったうえ、「成ルヘク御所ニ近ク馬車ノ出入ニ便利ニシテ且室数多キ邸宅」という条件がつけられていた。その栄誉に浴すべく、京都の主だった邸宅や別荘では建築と庭園の整備に拍車がかけられたのである。

このような状況にもかかわらず、春翠は健康に自信がないという理由で大礼への参列を辞退した。大礼の賑わいを尻目に、防火用の名目で疏水の水力使用願を提出して園池の水量を確保する一方で、七月には丸太町通りを東へ延長する道路の新設工事を行うなど、さらなる改良に意欲を燃やしたのである。この年の六月、慶沢園の落成を目前にして、また鹿ヶ谷別邸の建築途上で二代目八木甚兵衛は歿する。

大正九（一九二〇）年の夏、鹿ヶ谷別邸は完成し、西園寺公望、馬淵鋭太郎《まぶちえいたろう》知事、京都帝国大学と第三高等学校の教授らが招かれている。翌大正十（一九二一）年十一月十日からは連日、漱芳庵《そうほうあん》で口切茶会がひらかれたが、上洛していた高橋箒庵が藤田江雪、馬越化生、野崎幻庵《のざきげんあん》、山澄力太郎らとともに有芳園を訪れたのは十一月二十四日、秀吉の北野大茶湯以来と騒がれた洛陶会主催の東山大茶会直後のことであった。

春翠は上京の折、箒庵の一木庵伽藍洞《がらんどう》に招かれたこともあったという。また箒庵は大正十四（一九二五）年、鹿ヶ谷に因んで自作の茶杓に「東山」と銘し、春翠へ贈っている。

露地の風景　有芳園の露地は、大庭園の中にさりげなく組み込まれている。大正十（一九二一）年十一月二十四日の茶会に招かれた高橋箒庵が、『(辛酉) 大正茶道記』に書き記したルートを辿ってみることにしよう。

箒庵らは「有芳」の扁額が掲げられた庭門を潜り、右手に付属する三畳の寄付に入った。「夫れより頓て樹蜜に苔茂り、遣水潺湲たる長露地に立ち出で、東山の秋色を見渡しつつ」池畔に沿って歩を進めると、傍らの高みには十三重石塔が聳《そび》えている。石材は伊賀地方に産する花崗岩で、基礎に「正應五年三月八日」の紀年銘。『恵澤園記』（一九一〇年）に「有十三層石浮圖。崇二丈許。礎鐫正應五年壬辰三月八日。文字隠々可辨。即六百年外物、自伊賀國獲之云」とあることから、慶沢園から移されたものであることがわかる。

やがて中門から漱芳庵の内露地に入った箒庵たちは広間背面の腰掛待合へ、その後漱芳庵へ席入した。中門の戸摺石《とずりいし》に飛鳥時代の礎石を用い、そのまわりに平瓦を小端立てて敷きつめて巴の軒瓦を巧みにあしらった意匠は、古瓦の蒐集家として知られた植治ならではの発想といえよう。

濃茶一巡のあと、漱芳庵から席を移した広間は入母屋茅葺の瀟洒な佇まい。その前庭には、鎌倉時代の宝塔軸部に水穴を穿った手水鉢に、江戸初期の織部型石燈籠を添えた「降り蹲踞」が設えられている。

主庭の空間構成

間近に東山を望む書院前には明るい芝生の空間がひろがり、砂利敷きの園路がたおやかな曲線を描いている。築山一面のアカマツ林は、東山との連続性を意図した植治の作意にほかならない。かつて東山にはアカマツの赤い幹が林立していた。その情景を十六代住友友成《ともなり》は次のように詠んでいる。

「東山の赤松ばやし幹ごとにしばらく赤く入りつ日に映ゆ」

滝の水音に誘われて池辺に立つと、築山の奥からほとばしり出た水が断崖に布を掛けたかのように流れ落ち、水面を叩いている。池の中ほどには沢飛びが点々と築山へ連なり、足元に水の気配を感じながら対岸にたどりつくと、そこは見通しのよいアカマツ林の中。林床のドウダンツツジが紅葉する頃には幻想的な世界が展開する。野筋風の池辺から見返すと、書院の銅葺き屋根の緑青が眩い。池からオーバーフローした水は、アカマツとモミジの林の中を縫うようにして流れる小川となる。その情景はまるで山村の田園風景を見ているかのようだ。

大正十五（一九二六）年三月一日、春翠は逝去する。しかし、二年後の昭和三（一九二八）年に挙行された昭和大礼に際して、鹿ヶ谷別邸は秩父宮殿下の宿舎に選定されることになった。水洗便所が設置されるなど、衛生面にいたるまで細かい配慮がなされるとともに、庭園の整備にも精根が傾けられたのである。

昭和十二（一九三七）年、有芳園は住友家の本邸となる。戦後、昭和二十（一九四五）年から二十六（一九五一）年まで米軍によって接収されたが、その時、園池の南半分がプールに転用され、手摺りと水を浄化する装置が設けられたりもしたという。

第六章　近代数寄者と植治

1　春翠と公望の煎茶趣味

有芳園で催された漱芳庵の口切茶会に高橋箒庵、藤田江雪、馬越化生、野崎幻庵らを招いた住友春翠は、近代数寄者として名を馳せていた。しかし、当初春翠が嗜んでいたのは抹茶ではなく、煎茶であったことを忘れてはならない。

春翠と煎茶

「先に小林卓齋の齎した煎茶を隆麿（春翠）に點ぜしめた」　（『住友春翠』）

明治十三（一八八〇）年、清風館での出来事である。時に春翠十七歳。小林卓齋は春翠の義理の伯父で、篆刻をよくした文人であった。

明治二十六（一八九三）年に十五代住友吉左衛門を襲名した春翠は、同三十四（一九〇一）年の五月三日と四日の両日、「本邸（鰻谷）南庭に盆栽を陳列し、煎茶席を設けて同好の友を招いた」。春翠による煎茶会の初見である。

明治三十五（一九〇二）年には、書画骨董に遊び、茶味に遊ぶ十八會が発足する。

「十二月十八日、鰻谷本邸に十八會といふのが催された。此年二月に始まつた大阪附近の雅人の小集である。書畫骨董を展觀品隲し茶事に遊ぶ會で、主人は輪番に受持つてその居宅に開催し、その日も十八名の人數に因んで十八日と定めてゐた。」

（『住友春翠』）

会員は双軒松本重太郎、香雪村山龍平、友松田村太兵衛、得福亭田中市兵衛、蘆庵藤田伝三郎、鶴堂嘉納治兵衛、桂堂高谷恒太郎、滴翠西村輔三、聴雪豊田善右衛門、拾翠阪上新治郎、迎春磯野小右衛門、得齋柴川又右衛門、玉泉嘉納治郎右衛門、有竹上野理一、甲南小網與八郎、殿村平右衛門と春翠のほか、世話役である骨董商・箺篁堂《しゅんこうどう》山中吉郎兵衛の十八名。「毎に煎茶、抹茶両席の設けがあり」とあり、煎茶と抹茶の両方が嗜まれていたことに注目したい。

抹茶と煎茶の対抗

明治四十二（一九〇九）年一月十五日付の『大阪時事新報』に、「抹茶と煎茶の對抗」と題する記事が掲載された。傍注に「總大將は住友と藤田」とし、

「市内で煎茶派の總大將と仰がれてゐるのは住友吉左衛門氏、……數千の雜兵を指揮して居るが……別働隊として花月庵流と云ふ煎茶家の門弟子が控へてゐる……。一方抹茶の方は藤田傳三郎翁が總大將となり村山、上野の兩氏を副將として數萬騎の將卒を引率し次第々々に戰線を擴張してゐる……」

とある。抹茶が優勢となりつつあった状況を示すものだが、その理由は、

「煎茶が俗な骨董屋の爲めに乗せられ無暗に道具選みをして茶會と云ふよりは、古器物の賣買交換會を開くが其の多くは骨董屋の斡旋に出でたもので……之れに反して抹茶の方は道具いぢりを第二にして數寄者の清遊を第一にする」

からだという。

山縣が、「茶事は矢張名のある古器物を使ひて催さゞれば、結局茶人の感興を惹かぬものなりと悟り、貧乏人には茶事を催す資格なしと思ひて、其後全く断念するに至れり」と言い放ったことを思えば、複雑である。

春翠が煎茶から抹茶へ転向したのは明治四十四（一九一一）年、「千家裏流の中川魚梁を聘いて孝（長女）の茶道の師とした前後」と推察される。

藤田伝三郎の網島邸

一方、抹茶派の総大将とされた藤田伝三郎（一八四一〜一九一二年）は明治二十六（一八九三）年以来、大阪網島の淀川畔に邸を構えていたが、「抹茶と煎茶の對抗」が掲載された翌年から新邸の造営に着手している。

明治四十三（一九一〇）年といえば、奇しくも煎茶の総大将・住友春翠が造営中の慶沢園で植治が作庭を行っていた時期にあたる。伝三郎は翌四十五年に死去するものの、大正四（一九一五）年に次男・徳次郎の「東邸」が竣工、翌五年には長男・平太郎の「新本邸」と三男・彦三郎の「長尾山荘」が完成をみた。

藤田家の「新本邸」と「長尾山荘」を作庭したのは、「大阪の庭師のなかでも第一人者」（『大阪市の名園』『庭園と風景』）とされる梅園梅叟《ばいえんばいそう》であった。梅叟の作風は、起伏の大きな地形をつくって深山幽谷の趣を現出するところに特徴がある。その情景はあたかも中国山水画のようであり、煎茶を嗜む文人たちが求めた自然風景のようでもある。

そもそも藤田邸が位置する網島の淀川畔は、文久二（一八六二）年に田能村直入の肝煎りで「青湾《せいわん》茶会《ちゃかい》」（『青湾茶會圖録』）が、明治七（一八七四）年には「青湾茗讌《めいえん》茶会」（『青湾茗讌圖誌』）が催されたことからわかるように、大阪における煎茶のメッカであった。伝三郎は抹茶の総大将でありながらも、煎茶の空気を吸っていたのである。

公望の文人趣味

さて、自らを「本の紙魚」と称したという西園寺公望は、もっぱら漢学に親しみ、また幼い頃から『日本外史』を読むなど頼山陽の影響を強く受けていたとされる

（『西園寺公望傳』）。

清風荘の造営が完了した直後の大正二（一九一三）年四月十三日、『京都日出新聞』は次のような記事を載せている。

「四五日前には新派俳句の先生で侯爵と最も昵近な内藤鳴雪翁がわざ〳〵此邸に訪ね來たり芳しい茶を啜りながら、陶庵侯（公望）は鳴雪翁とゝもに終日句興に餘念がなかつたさうだ」

公望は内藤湖南のほか、富岡鉄斎ら文人たちの交流の要に位置していて、そのつながりは春翠を通じて田能村直入にまで及んでいたという（「関西における文人の交流」泉屋博古館平成11年度秋季展　文人画展Ⅱ《京都・大阪をめぐる文人の交わり》）。

清風荘で公望が内藤とともに啜っていたのは煎茶であろうし、大正八（一九一九）年に植治が作庭した興津の坐漁荘（昭和四十五年に明治村へ移築）でも玄関の網代天井、竹を組んだ風呂場の舟形天井など、竹を素材とした煎茶的造形が随所にみられる。そればかりか、違い棚や欄間の意匠は清風荘のそれと瓜二つなうえ、二階の空間構成および意匠は清風荘の新座敷二階とそっくりである。

西川一草亭のみた公望

公望の文人・前茶趣味について、華道去風流家元の西川一草亭（一八七八〜一九三八年）は「名士の床の間　二、西園寺陶庵公」（『瓶史』昭和六年秋風號）で次のように記している。

「清風莊の廣い庭を受けた、南向きの明るい座敷に山陽の幅が懸つて居る。……床と並んで四尺の小高い琵琶床の上に青銅の花瓶を据へて、ばらと何かを取合せた文人風の花が挿さつて居る。……宰相としての老公は、和漢洋の學を兼ね、世界的の智識に富んだ、新人の様だけれども床の間の老公は、全然支那文人の趣味である。陶庵の號は……陶淵明が好きだからと話して居られた。」

また、

「老公（西園寺）は茶はされない。（清風莊の）庭の隅には父君の遺された茶室が有るが、いつも戸が建て切つて有つた。あゝ云ふこせ〳〵した面倒な事は好かれなかつた様である。」

とは、ペンネーム大字村舎主人こと西川一草亭の言である。

ちなみに一草亭の利休論は過激で、「昔利休は茶の湯の上に和敬清寂の四字を説いて、平和と敬愛と、清閑を茶道の極致とした。併し史實に現はれた利休には清寂も平和も缺けて居る人の様に見へる。殊に敬の一字に至っては利休の何處を突ついても見當らない氣がする」という具合であった（「趣味の西園寺公」『瓶史』昭和九年夏の號）。

一草亭が公望と懇意であったことは「（西園寺さんと）親しくしていたのは、内藤先生、植治、西川一草亭位でしょう。西川さんは植治格に見ていたようです」と、当時の光雲寺住職が述べていることからもわかる（「光雲寺住職談」『小川治兵衛』）。

2　西川一草亭の庭園観

一草亭は無隣庵の庭園についても評論し、自らの庭園観を語っている。まず、一草亭とはどのような人物なのかをトレースしておこう。

華道去風流の家元として

明治十一（一八七八）年一月十二日、華道去風流の家に生まれた西川一草亭は、大正二（一九一三）年、三十五歳で家元を継承する。天地人といった旧来の生花理論を打破し、自然体の生花を目指していたが、茶の湯についても痛烈な利休批判を行い、その矛先は美術品の蒐集に耽る益田鈍翁や高橋箒庵ら近代数寄者へも向けられていた（『西川一草亭』）。

一草亭の家元としての活動は活発で、大正四（一九一五）年に清風荘で花を挿し、翌五年に染谷氏別荘聚遠亭で花会、七年に清水の平井氏別邸で煎茶席を設けて来観者を饗応し、八年に山中定次郎邸、十一年に久原氏別邸で花会を、昭和五（一九三〇）年に下郷氏別邸清流亭で「盆庭展覧会」を催すなど、植治の関わった別荘もよく利用している。

また、大正十五（一九二六）年に白川沿いの浄土寺に再興した流祖去風の花堂・一時庵では、その建築を数寄屋大工の北村捨次郎にゆだね、玄関を入った正面には富岡鉄斎が書した「去風堂」の額を掲げるという趣味人であった。

「無隣庵の庭」(『瓶史』昭和９年夏の號)

無隣庵庭園の評価

一草亭は清風荘の庭園について次のように述べている(「京洛名苑記　清風荘」『瓶史』昭和九年夏の號)。

「山縣さんの無隣庵が、暗くて陰氣なのに反して、此庭はいつ見ても明るい。」

また「陰気」だと評した無隣庵の庭園について、次の二つの特徴を指摘している(「京洛名苑記　無隣庵」『瓶史』昭和九年夏の號)。

一つは、水が縦に流れているために庭が奥深く見えること。もう一つは、「造園は自然の中から抽出した物を綜合して縮圖的に造るのが常套手段になつて居るのに、此庭は自然の一切をそつくり其儘切取つた様な庭である」ことであった。

第二の点については絵画を例に引き、「近代になると、部分を切取つた様な畫が有る。……そう云ふ事から云ふと、無隣庵の様な庭の造り方は、近代的なのかも知れない」と極めて明快である。

さらに一草亭は、

「兎に角石組と云ふ物が餘り無くて、只芝の處々にほんの僅かな捨石がある。其捨石が自然天然に芝生の間に轉がつて居る様なのも好い。」

と無隣庵の庭園を評価する一方で、自らの庭園観を披露している。

「(無隣庵の庭園は) 歩いて見ても座敷から見た景色以外に、別に變つた趣が得られない。……夫が少し物足りない氣がする。庭を愛撫するにはこう云ふ屛風の畫を展げた様な庭でなく、もつといくつも面が有つて、庭を歩いて夫れを究める逍遙の樂が欲しいと思ふ。」

では、作庭者である植治について一草亭は、どのように見ていたのであろうか。

「此庭を作つたのは京都の庭師植治である。明治から大正にかけて京都に出來た名士富豪の庭と云ふ庭は、大抵此植治が作つて居る。植治の庭はどの庭も同じ様な趣向で變化が無いと非難する人があるが、必ずしもそうで無い。手法の多少似た處はあるが、感じの違つた物も作つて居る。併し庭とか家とか云ふ物は植木屋任せで無く、主人の好が有つて、其指圖を受けたり、宗匠が相談に預つたりして、共同で出來た物が多いから、植治の作と云つても、植治一人の考へで無い物もあるだらう。此無隣庵などは元帥の考へが無論入り、まだ他にもう一人隠れた相談相手があつた。夫れは薩摩の藩士で、晩年京都に移り建築や庭作りや茶の湯に耽つて、元帥とも親交の有つた伊集院兼常と云ふ老人である。」

比較的冷静な評価とともに、山縣と伊集院の関係にふれているのはさすがである。

このような一草亭の庭園観は彼自身の旺盛な作庭活動に裏付けられていたと思われる。

庭園・建築への意欲

一草亭は昭和五（一九三〇）年に同門誌『瓶史』を発行。翌六年からは挿花、茶の湯、庭園、建築などを対象とした季刊誌として生まれ変わるが、その頃から昭和十三（一九三八）年三月二十日に歿するまでの間、一草亭の作庭活動には目覚ましいものがある。

昭和三（一九二八）年に庭園設計を依頼され同七年に完成した御影の大林邸をはじめ、六年の御影塩野邸、夙川武居邸、芦屋森邸、十年の芦屋三宅邸、さらに十一年には前田侯爵の来訪をうけ、墓所の庭の設計を依頼されて大徳寺芳春院へ同行。同年に鎌倉長楽山荘内松濤庵、十二年には長楽山荘、京都山科藤野邸、そして高台寺津田邸の作庭というように、まるで何かに憑りつかれたような一草亭であった（「西川一草亭年譜」『西川一草亭』）。

堀口捨巳、武田五一、藤井厚二ら建築家との交友関係も興味深い。一草亭が大きな影響を受けたとされる藤井は、夫人とともに彼の門人であり、昭和六（一九三一）年、一草亭は大山崎の藤井邸聴竹《ちょうちく》居《きょ》に招かれるなどしている。ちなみに、昭和八（一九三三）年に来日したブルーノ・タウト（Bruno Julius Florian Taut）も桂離宮を訪問後、聴竹居を訪れたという（『日本の住宅』を世界発信―藤井厚二著〝THE JAPANESE DWELLING-HOUSE〟―設計思想）。

なお植治は、武田五一とは明治四十二（一九〇九）年の京都市商品陳列所以来、何度か仕事を共にしてきたが、大正九（一九二〇）年に武田が京都帝国大学建築学科へ招いた藤井との関係は、昭和八（一九三三）年から作庭を開始した京都・白川の小川睦之助邸（翌九年竣工）でみられる。

3　植治の露地

さて、山縣有朋との出会い以来、住友春翠、西園寺公望らから煎茶の匂いをかいできた植治であるが、その一方で近代数寄者・高橋箒庵との付き合いも長い。植治は彼らから何を学び、どのような数寄の空間を創出していったのであろうか。

高橋箒庵の批判

植治の露地はじつに開放的で、従来の露地のイメージを一新したといってよい。茶室の傍らで軽快な水音を奏でる小川、その岸辺には蛇籠が伏せられ、カワラナデシコやキキョウが四季折々の風情を感じさせてくれる。また、小川の中に据えられた「流れ蹲踞」から清水が溢れ出る様はじつに瑞々しい。

　高橋箒庵が碧雲荘で又織の内露地を見て批判したのは、「開放的」であり、「茶庭の原則を無視した痕跡」があるとの理由からであった。

　開放的なのは、「園遊会などに利用せんとする茶事以外の考慮があって」と箒庵も理解を示しているように、庭園全体が園遊会や大寄茶会など大勢で多様な楽しみ方ができる空間として構成されていて、露地はその一要素と位置付けられていたからである。

　しかし、植治の露地は開放的なだけにとどまっていない。無隣庵にしても對龍山荘にしても露地は流れの畔に設えられているため、茶事における音のサインが水音によってかき消されてしまう。また滾々と清水の湧き出る「流れ蹲踞」は、手水鉢に水を注ぐ音で茶事の始まりを告げるという蹲踞本来の機能の一つを喪失させたともいえる。

　あるいは、園路をたどるプロセスそのものが露地空間として設定されている岩崎別邸。池辺に傍む田舎家の前を過ぎると、そこはアカマツとモミジが織りなす木洩れ日の世界。大きく蛇行する流れの中には臼石の「沢飛び」がくっきりと浮かび上がっている。かつて黒田天外が訪れた時、蛇籠の伏せられた岸辺にカワラナデシコなどの野草が植えられていたところである。さらに歩を進めると腰掛待合があり、杉木立の向こうに中門が見える。小さな流れを渡って中門を潜ると石畳が茶室・涼流亭《りょうりゅうてい》へと一直線に延び、茶室はといえば、眼前の築山から滔々と流れ落ちる滝の瀑音に包み込まれているのである。

このように「茶庭の原則を無視した」露地こそが、「植治の露地」なのである。では、その発想はどこに由来するのであろうか。

煎茶との融合

植治は「身近な自然を原寸で表現」することによって、日本庭園に新たな境地を切り拓いていった。その自然とは、名所《などころ》として知られた景勝地ではなく、誰もが見覚えのある野山の自然であり、田園の風景にほかならない。それは近代という時代が求めた自然観の表現といえるが、近代数寄者たちの庭園観とも通じるところがあった。

『名園五十種』（一九一〇年）で近藤正一は、御殿山の益田孝（鈍翁）邸をはじめ、高橋義雄（箒庵）の番町邸、根岸の益田克徳《ますだこくとく》（非黙）旧邸を「人工の庭とは思われぬ」と評している。彼らが表現しようとした自然は、茅やススキの生い茂る深山の峠であり、路傍の小笹の間に潜む野菊であり、苔むした岩間に生い茂る一ツ葉やシャガの風情であった。

このような近代数寄者たちの庭園に好意を寄せていた近藤だが、その根底には、山縣の庭園観への共感があったと考えられる。近藤が最も高く評価していたのは、じつは、山縣有朋の椿山荘だったからである。

「眞の天然趣味に富みたる庭を求めたならば都下は勿論恐くは日本に於てもこの山縣公の椿山荘の庭の右に出らるもの無いであらう」

したがって、近代庭園の自然主義的傾向は茶の湯の変革を目論んだ近代数寄者たちにのみ帰するのではなく、むしろ勤皇の志士たちに受容され、幕末から近代にかけて隆盛をみた煎茶に由来するとみるのが妥当であろう。近代になって野点や大寄茶会が流行するのも、煎茶の影響と考えてよい。

植治の露地の特徴は、「大自然のもとで、随所に茶を煮る」という煎茶の自然観を読み解き、巧みに抹茶の露地空間と融合させていった結果であることを暗示している。それは「一帯青松路不迷と頼山陽の歌ひたる並木のかたほとり」に無隣庵を営み、抹茶を見切った山縣の影響だったのかもしれない。

住友春翠が「煎茶派の總大將」と称された明治末の関西では、煎茶と抹茶が拮抗する状況にあった。それは裏を返せば両者が共に嗜まれていたことの証でもある。對龍山荘には、開放的なつくりの四畳半茶室で煎茶が行われていたことを示す古写真が残されている。

また箒庵が碧雲荘で衝撃をうけた巨大な「降り蹲踞」にしても、煎茶の庭に特有な「降り井」からの発想であったと推測される。さらに、岩崎別邸や清流亭の「湧き井筒」も、清らかな水を求めた煎茶的な手法に由来するとみてよいだろう。高橋箒庵の番町邸などでも設えられていた「湧き井筒」は、近代数寄者たちの庭ばかりか、やがて近代庭園において大流行することになるのである。

4　煎茶の空間的・意匠的特質

自由な喫茶空間

ここで煎茶の空間的特質についてみておく必要があるだろう。「文人の好みとその空間」（『茶道聚錦七』一九八四年）で横山正は次のように記している。

「主として煎茶にかかわると考えられる空間のデザインは、抹茶の場合とまったく異なる局面をもつ。というより、抹茶のそれがとりわけ特殊というべきかもしれない。草庵の茶室以後の抹茶の世界においては、作法と空間とが不離のものとして展開してきた。……これにくらべると煎茶の世界は、とくに空間を限定することはない。ただ茶を喫するにふさわしい快適な場所があれば良いので、その空間をとくにどう定めねばならぬということはなかった」

すなわち、小川流煎茶家元の小川後楽が説くように、「興の趣くところ、いつでも心のままに茶を楽しむ」のが煎茶の本質と考えてよい（『煎茶への招待』）。

また煎茶席の歴史的意義については、麓和善の以下のような見解がある（「住宅建築における近世と近代の連続性――煎茶席と近代和風住宅」『2003年度日本建築学会大会　建築歴史・意匠部門　研究協議会資料』）。

「（煎茶席は）煎茶の愛好者である文人墨客等が、中国文化に憧れをもって積極的に招来したもので、江戸末期から明治期にかけて全盛を迎え、煎茶席意匠として確立する。さらに、この中国意匠は多くの「座敷雛形」にも記載されるにいたり、煎茶席のみならず、幕末から明治・大正期にかけての和風住宅にも広く普及することとなる。住宅建築における近世と近代の連続性という点から、煎茶席が果した歴史的意義を、改めて注目する必要があろう。」

そして煎茶席の空間的・意匠的特徴は以下の三点に集約されるという。

① 眺望のよい優れた景観と一体となった開放的な空間構成
② 窓・建具・高欄などへの中国的意匠の導入
③ 竹材・唐木・奇木および唐物・渡来物を多用した明るく華やかな室内意匠

これら三つの特徴のうち、「眺望のよい優れた景観と一体となった開放的な空間構成」は近代庭園の最も重要な空間的特質でもある。

玉川庭　文政十一（一八二八）年に刊行された『築山庭造伝（後編）』には、「玉川庭図《ぎょくせんていのず》」が掲載されている。高遊外・売茶翁によって広められてきた煎茶が高揚期を迎えたことにより、「文人煎茶の庭」が広く認知されるようになっていたことの証といえよう。

「玉川庭図」に描かれているのは、遠くに連山を望む雄大な空間構成を背景に、開放的な建物と蛇行する細い流れの庭園である。その情景からは、清水に恵まれた大自然を理想の環境とした煎茶の自

「玉川庭図」（『築山庭造伝（後編）』）

然観がひしひしと伝わってくる。

『築山庭造伝（後編）』の刊行と同じ年、頼山陽の居宅・水西荘の離れとして山紫水明処が鴨川の畔に営まれた。間近を流れる鴨川越しに比叡山から連なる東山の山並みを望み、網代の戸を引くと風通しの良い爽やかな空間となる。庭には深く掘り込まれた「降り井」があり、石段で二メートルほど降りていくとヒンヤリした空気が漂う。そこで汲んだ水で茶を煮る趣向である。幕末頃から、このように書斎、アトリエ、客間などを兼ねた煎茶の空間が文人たちの間で次々とつくられていったのである。

文人煎茶の庭

煎茶を嗜んだ文人たちの庭園は、明治維新後の近代日本庭園に大きな影響を与えたとみてよい。近藤正一が『名園五十種』（一九一〇年）で「文人式」と呼んだ庭園の一つ、松浦伯爵邸には池にせり出した亭があり、竹、サルスベリが植えられていたという。また「明治庭園記」（一九一五年）で小澤圭次郎は、「文人風の庭」が煎茶に起源すると述べ、それを愛好した木戸孝允がサルスベリ、モクレン、吉野サクラを植栽したことなどを紹介している。

近代日本の画家や文筆家たちも煎茶を嗜んだ。

琵琶湖畔に営まれた山元春挙の蘆花浅水荘は、文人風で知られる京都の庭師・本位政五郎の作庭だが、湖水の彼方に近江富士とよばれる三上山を望む。莎香亭《さこうてい》の下から流れ出て庭内をめぐる小川には葦が生え、井筒が設えられている。

また自らを中国の文人に擬したとされる橋本関雪の白沙村荘では、池辺の問魚亭、林間の碁盤石、そして「玉川卓」を思わせる楕円形の加工石が煎茶の匂いを漂わせている。

さらに谷崎潤一郎が執筆活動を行った下鴨泉川沿いの石村亭は、「湧き井筒」から溢れ出た水が滝となり、僧都を伝って池へと注ぐ構成で、池には茶室がせり出している。

全国の近代庭園を俯瞰しても、眺望のひらけた立地、開放的な空間構成、中国的な建築意匠、池にせり出した亭や「降り井」、竹、芭蕉、太湖石といった庭園素材など、随所に煎茶的要素がみられる。

5　東山大茶会の風景

抹茶と煎茶が共存しつつも抹茶が優勢となっていた頃、東山山麓で大イベントが繰り広げられた。大正十（一九二一）年十一月十九日から二十二日までの四日間、南禅寺界隈から清水寺周辺までの東山一帯を舞台に催された世にいう「東山大茶会」である。主催は松風嘉定を発起人として結成された洛陶会。嘉定以下、林新助、今井定次郎、土橋嘉兵衛ら京都の有力な古美術商たちが中心となって全国に会員を募り、京都陶芸界の名工と謳われた野々村仁清、尾形乾山、青木木米の三人を顕彰したのである。

三名工の顕彰

大正九（一九二〇）年、清水寺境内に仁清と乾山の記念碑が建てられるとともに、一人に因む華中庵と紫翠軒の二茶席が新築された。その庭園を手がけたのが植治である。また門前に木米の記念碑が建立された青蓮院では煎茶室・富春亭が造られ、それぞれ抹茶および煎茶の主席と定められた。

秀吉の北野大茶湯に比せられるほどの大茶会であったが、最初に話を持ち込んだ表千家からは「手前方では職人の釜は掛けません」と断られ、藪内からも同様の口実で刎ねられ、裏千家へ頼み込んでやっと「何とかしよう」とひと肌脱いでもらったという経緯があるだけに、世の評判となった。

開催日初日の大正十年十一月十九日付『京都日出新聞』は「洛陶會　東山大茶會　ゴシップ」と題して、次のように紹介している。

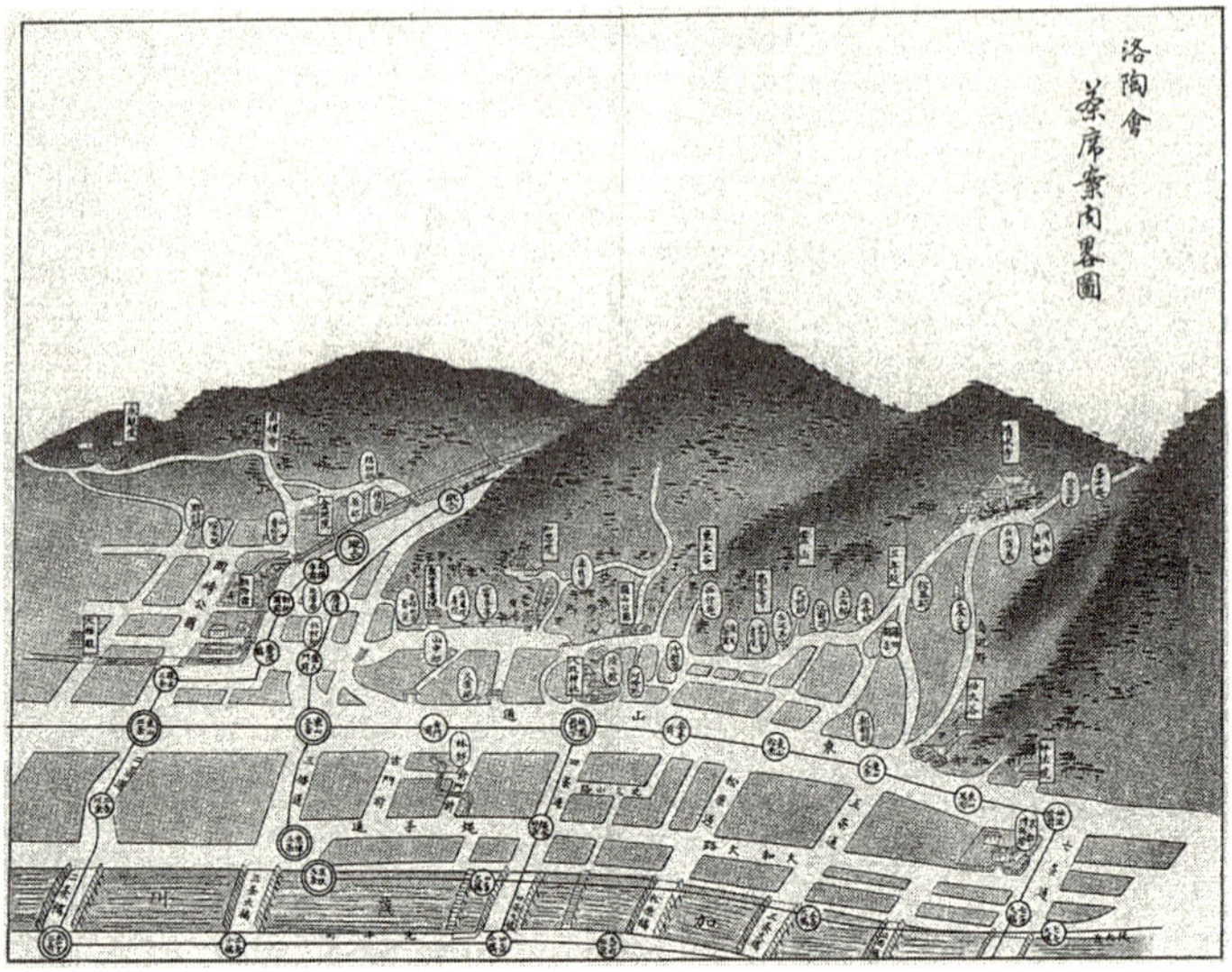

「洛陶会 茶席案内略図」(『松風嘉定聴松庵主人傳』)

「何が偖豊公以來の大茶會この經費十萬圓と言ふのだからして素晴らしい、招待人員二千名に上つて東山の富豪の別邸は殆ど全部開放されて、この三日間到る所で松風の音を立て清風を起して天下を驚かさうと言ふ魂膽、更に持ち込まれる珍什名器に至つては不出門と言はれたる名物揃ひで再び見る事も手に入れる事も出來ぬと言ふ代物、一箇五千圓一萬圓と言ふ茶碗が其處にコロ〳〵此處にころ〳〵するのだから溜らない」

その一方で、二十一日の同紙は

「随分珍談も尠くない、にじりでコツン〳〵と頭をうつ位は平氣の平左、鵜の眞似をする鳥で腰掛の下手水をつくばひと間違へて漱いで居た人もあつたのは可笑しいやら氣の毒やら」と混乱ぶりを伝えている。それに追い打ちをかけるように二十八日付の「洛陶會―後聞―」には、「東山大茶會と言ふもの、茶人三分に無茶人七分と言ふのだからして、その無作法千萬なのは話につたもンぢやない」との揶揄も。

煎茶席

この東山大茶会で注目されるのは、開かれた四十二席のうち煎茶席が十四席と、全体の三分の一以上を占めていたことである。会場となった南禅寺界隈の別荘は無隣庵をはじめ、野村邸、塚本邸、山中看松居、横山邸、稲畑邸、原邸（環翠園）であるが、原邸を除くすべての庭園が植治の手になるものであった。そのうち煎茶席は、藤田耕雪が催主の無隣庵のほか、山中看松居、稲畑邸である。高田採古堂が催主をつとめた稲畑邸の煎茶席は神泉亭であったとみてよい。

初日前日の十一月十八日、無隣庵を訪れた高橋箒庵は『（辛酉）大正茶道記』に、

「東山を庭前に取入て、遣水の潤沢なる所に黄葉紅葉染尽して、四囲の青松に映帯する其の光景は宛然一幅の好図画である」

と記している。流れの畔にあり、比叡山と東山の山並みを眺望すべく改造された無隣庵の茶室は、煎茶席として格好のロケーションであったにちがいない。

洛陶会が主催した東山大茶会は、抹茶が煎茶を凌駕するようになった時期のイベントであった。しかし、それ以前から煎茶は東山を数寄の空間と認識していたようで、幕末から大正期にかけて、八坂、円山、知恩院あるいは永観堂、南禅寺などの東山一帯で十数回の煎茶会が催されていたことが茗醼図録から知ることができる。

東山茶会

幕末の煎茶会としては文久三（一八六三）年四月、田能村直入の肝煎りで催された「青湾茶会」が有名だが、その舞台は大阪・網島の淀川畔であった。一方、京都では東山山麓、とくに円山一帯が煎茶にとって格好の環境とみなされていたのである。

明治四十（一九〇七）年、円山の左阿彌《さあみ》を主会場として「東山茶会」と称する煎茶会が開かれた。その様子を伝える『東山茶會圖録』（明治四十一年十一月三日発行）によると、設けられたのは二十席で、なかには抹茶席もある。また古銅器陳列の第十五席では住友氏とともに藤田氏、京都の市田氏、田中氏、内貴氏、長浜の浅見氏などの所蔵品が展覧されたほか、茗主には土橋永昌堂や林新助などの道具商が名を連ねている。

明治四十年といえば、『大阪時事新報』に「抹茶と煎茶の對抗」と題する記事が載り、大阪では抹茶が優勢となりつつある状況が報じられた二年前にあたる。十数年後に催された東山大茶会とは対照的に、煎茶がまだ優位であったときの力関係を示しており、両者が共存していた時代性を読み取ることができて興味深い。

東山茶会「會場全景」

東山茶会「第十九席」（いずれも『東山茶會圖録』）

6 高橋箒庵と植治

箒庵の植治評

煎茶の時代を敏感に察知し、煎茶と抹茶の空間を融合させることによって独自の露地を創出した植治であるが、大正初め頃から高橋箒庵との関係が深まっていく。しかし、碧雲荘の露地を痛烈に批判したことからもわかるように、植治に対する箒庵の心境は微妙であった。大正大礼が挙行される約五カ月前、箒庵は日記『萬象録』に次のように記している。

「大正四年六月十九日、三條白河筋の小川治兵衛方に赴き庭石を一覧の上、高山長幸氏の爲めに洗手石、伽藍蹲踞石、石燈籠各一個を買入れ、且つ西芳寺にて讓り受けたる石類回東方を依頼せり」

「西芳寺にて讓り受けたる石類」とは、「過日西芳寺を訪れた際、湘南亭の付近に散在していた石燈籠、蹲踞石、捨石三個を金百円で譲り受けた」ものであった。当時、箒庵は庭園の石材料を必死に蒐集していたのである。

同日の『萬象録』に、「古今無類の植木屋」と題した興味深い記載がある。

「夕刻小川治兵衛來宿、治兵衛は京都植木職の巨擘にて、住友家、西園寺家、久原家其他諸名家の依頼によりて庭園を築造せしこと數知れず、山縣公の無隣庵も亦大半此治兵衞の手に成りたるなり。通稱植治と呼び當年五十四五歳の男なるが、資産百萬圓と稱し植木屋中にて古今無類なり。共に語れば言ふ所自然の禪味に合する所あり、何様面白き人物なり。余は二十年來植治と懇意にて、嘗て余が番町の庭園を見て頗る感ずる所あり、爾後大に築造術を改良したりとて常に人に向かつて之れを語り、近々上京する豫定なれば其際は又々白紙庵を來觀すべしとなり。」

住友家をはじめとする名家の庭園を築造し、資産家であるばかりか、話をすれば「自然の禪味に合する所」のある面白い人物だという。この賛辞のあと、植治とは二十年来の付き合いだが、かつて番町邸の庭園を見て作庭法を改良したと言いふらしていると植治に対する優越性をアピールしているところが微妙である。なお箒庵がはじめて出会った二十年前といえば明治二十八（一八九五）年頃のことで、植治が無隣庵、平安神宮神苑の作庭に携わっていた時である。

番町邸の庭園

植治が手本にしたと箒庵が言う番町邸の庭園の様子は、明治四十三（一九一〇）年発行の『名園五十種』から推察できる。そこは谷あり山ありの地形で、岩に砕ける流れ、路傍の熊笹、林間の石仏など、「真に浮世の外の仙境の思いがある」と著者の近藤正一は評している。

その野趣に富んだ風景は、栃木県北部の塩原を流れる箒川の渓谷に沿った自然を模したものであった。「野州鹽原」の風景は益田鈍翁邸や益田無為庵（克徳）邸でもモチーフとされていることから、東京の

「高橋義雄氏番町邸の庭」（『名園五十種』）

近代数寄者たちの原風景であったことがわかる。

確かに、番町邸では植治のよく用いた手法が採用されている。「清水のあふれる手水鉢」すなわち「湧き井筒」もその一つで、同様の装置は山縣の椿山荘にもあった。また鈍翁邸では、植治が得意とした流れのデザインや沢飛びの手法などもみられる。これらの事実は、植治と近代数寄者たちの自然観が、近代自然主義の時代という共通の土壌に芽生えたことの証と考えてよいだろう。

箒庵の庭石蒐集癖

それにしても、箒庵の庭石蒐集癖は尋常ではない。『東都茶会記』によれば、箒庵が奈良の庭石に注目しはじめたのは明治三十一（一八九八）年のことであったという。古社寺保存法ができた翌年である。

当時、井上馨（世外）や藤田伝三郎らが大挙して奈良の石を買い集めたため、一束三文であった庭石が大暴騰したらしい。さらに古寺院の石塔や庭石に番号をつけるなどして持ち出しが禁じられ、かつてのようには自由に入手することができなくなったと箒庵は述懐している。

「人間石を知るも亦苦悩の初めなりと思う事なきに非ず」と記しているように、箒庵は庭石の鑑識について相当な自信家であった。作庭が盛んとなった東京へ全国から運び込まれる庭石のランクづけを行い、好事家は生駒、鞍馬、貴船の石を関西から取り寄せるものだと断じるなど、まるで専門家気取りである。

その箒庵にして、わからない石があった。

「奈良には不思議なる一種の庭石あり。……或は一種の人造石なるやも知れず……本邦庭石中の最も古雅なる者と謂ふべきなり」

箒庵の不思議がったこの石は、古くから「練石《ねりいし》」と称されてきたもので、「人造石」ではないかと見間違うことから出た名である。種を明かせば、二上山に産する角礫凝灰岩。古代には「大坂の白石」と呼ばれていて、奈良から平安期の石造品の多くはこの石で作られている。ところが風化が早く、遺品としては少なかったために、かえって箒庵の眼にとまったものと考えられる。

箒庵が懸命に蒐集した奈良の石のなかでも、とくに大切にしていたのが法華寺伝来の鶴亀二石と

「ウンボク作石燈籠」であった。箒庵はそれらを四谷の新宅中庭に据えていたが、大正五（一九一六）年三月三日に他所へ移し、筑波山産の二石および新しく奈良で手に入れた石燈籠一基と入れ替えている。いつか転居する場合に備えての措置であったというから、その執着ぶりが窺えよう（『萬象録』大正五年三月三日）。

伽藍石への執着

時代のある奈良の石のなかでも、箒庵がとくに貴重だとしていたのが伽藍石である。

大正五（一九一六）年九月十九日、箒庵は植治の店に立ち寄って伽藍石と石塔を購入、翌二十日には奈良の元久米寺《もとくめでら》跡で十三重石塔と伽藍石十五、六個を検分する。すでに村会に諮《はか》り、奈良県庁へも願い書を提出済みで、許可が下りれば買い取るはずのものであった。

奈良、京都で伽藍石を買い集めている理由を箒庵は、今度赤坂につくる庭園の飛石一式を伽藍石とし、その建築を「伽藍洞」と命名するためであると記している。そして植治に奈良・秋篠寺の伽藍石、道具商の土橋嘉兵衛には京都・高台寺の伽藍石の買い取りを依頼したのである。翌二十一日の午後八時発の汽車で帰京する箒庵を見送ったのは植治と道具商の土橋および春海であった（『萬象録』大正五年九月十九・二十・二十一日）。

光悦寺新席

箒庵が東京に戻って一週間ほどたった大正五（一九一六）年九月二十九日、数寄屋大工の木村清兵衛が光悦寺《こうえつじ》新席の予算書を持参した。建築費は千百余円、箒庵は土橋嘉兵衛に相談の上、着手するように指示している（『萬象録』大正五年九月二十九日）。

訪ねてきた木村清兵衛とは、大正四（一九一五）年に歿した二代目清兵衛の後を継いだ三代目清兵衛のことである。二代目清兵衛は東京の下谷中根岸に支店をおき、三代目清兵衛は東京に居することが多くなっていたという（「特集　数寄屋師木村清兵衛」『淡交』）。

清兵衛の来訪から二カ月もたたない十一月十五日の夜、箒庵は東京を発ち、翌十六日の朝、京都に着いた。旅館での朝食後、訪ねてきた土橋嘉兵衛とともに植治の店に立ち寄り、光悦寺新席に使用する庭石を選定。そのまま植治を伴って鷹ヶ峰に赴いた箒庵は先に来ていた木村清兵衛に室内構造を、植治には飛石、柴垣などを指図したのである。

その日の午後には南禅寺畔の山中定次郎邸と塚本与三次邸を訪れ、「何れも東山の風景を引き入れ潤澤なる泉水を利用したる者なれば餘所に見られぬ景致なりけり」と、称賛の言葉を残している。

翌々日の十一月十八日、箒庵は大阪で根津嘉一郎らと春海藤次郎追善茶会に臨席、網島の船卯楼および藤田邸で催された山中箒篁堂追善の煎茶会にも顔を出して帰洛した。植治を伴って南禅寺畔の和楽庵と對龍山荘を訪れ、和楽庵草堂からの眺望を満喫したのは翌十九日のことである。

眺望への興味

光悦会に先立つ大正五（一九一六）年十一月二十日、箒庵は植治を伴って京都の別荘に滞在していた久原房之助を鷹ヶ峰に案内した。久原は「人造庭園と天然山水の極致に発明する所ありたるや、論なく、何時迄《いつまで》見ても際限なし」と感嘆の言葉を発したという。

光悦寺の新席は大正五（一九一六）年十一月二十二、二十三日に開催された光悦会の前日までに「ヤッとの事」で出来上がる。「庭園は何等人為的の構造を須《もち》ひず、唯《ただ》来客の通路に当りて些《ささ》やかなる竹垣囲ゐの中に、蹲踞石と石燈籠を配置したるのみ」であった。

そして、ここでも箒庵が興味を示したのは茶席からの眺望であった。

「此新席前の風景……西南に鷲峰《わしがみね》、鷹峰、天ケ峰の三山を控へ、東南は一帯竹林にして、其間に紙屋川を瞰下《みおろ》し、竹林の尽くる処に横《よこた》はる船岡山の松の木越しに、遠く東山の三十六峰を眼中に納め、東面竹林の間より更に叡山の孱顔《せんがん》を眺むるなど、……一種出色の景勝と云ふ可きなり。」

（『東都茶会記』）

相前後して訪れた南禅寺畔の山中定次郎邸、塚本与三次邸、和楽庵、對龍山荘と同様、箒庵が光悦寺の眺望を称賛したのは故なきことではない。折しも箒庵が建設を進めていた赤坂の新邸伽藍洞は、「懸崖高く赤坂一ツ木通に突出したるテーブルランドにして、三方広濶、……景勝の地を占めたり」という眺望に恵まれた立地にあったからである。そのことで箒庵の頭はいっぱいであったにちがいない。

外山英策の築庭家志望

さて、木村清兵衛が光悦寺新席の予算書を持参した大正五（一九一六）年九月二十九日、三井慈善病院長の木村徳衛が箒庵宅を訪れている。同郷で駒場の農科大学を卒業したばかりの外山英策《とやまえいさく》という若者が築庭家になりたいというので、相談にのってほしいというのである。外山英策とは、後に名著『室町時代庭園史』（一九三四年）を著す庭園史家にほかならない。

数日後の『萬象録』（大正五年十月三日）に、「外山英策氏の築庭家志望」と題する記載がある。訪ねてきた外山に箒庵は、「築園術は天才的なものにして誰でも之れに適す可きに非ず」と言い、いま自分は赤坂の新宅に庭園を造ろうとしているので、試みに、植木屋の松本亀吉とともに半年間実地を体験して、それから決めてはどうかと助言している。

植木屋・松本亀吉

松本亀吉《まつもとかめきち》とは、箒庵が贔屓にしていた植木屋である。初代松本幾次郎《まつもといくじろう》の三男で、明治四十五（一九一二）年に一家を構えたという。「松本幾次郎」の名は明治十九（一八八六）年十月出版の「東京有名植木師一覧」にも載っており、老舗の植木屋であったことがわかる（『東京の庭つくり〝東京造園倶楽部の歩み〟』）。

ちなみに「雑木の庭」のカリスマ的存在である飯田十基《いいだじゅうき》が、成田山新勝寺で滝の石組をしていた二代目幾次郎の仕事ぶりを見て弟子入りを決意したのは明治三十八（一九〇五）年、十五歳の時であった。

それから五年の間、飯田は幾次郎のもとで飛鳥山の渋沢栄一邸、代々木の山内公爵邸のほか、阪谷芳郎男爵邸、山本唯三郎邸、益田克徳邸、尾高次郎邸、白金の藤山雷太邸などの作庭を経験する。飯田は渋沢栄一邸が既存の雑木林やサワラの林を上手く利用した自然風の庭園であったことに感銘を受けた反面、山内公爵邸はアカマツの混じる武蔵野の雑木林を切り拓いての作庭であったことに深く疑問を抱いたという。

明治四十三（一九一〇）年、幾次郎のもとを出た二十歳の飯田は山縣有朋出入りの植木屋・岩本勝五郎に師事し、小石川椿山荘と小田原古稀庵の作庭に携わることになる。飯田もまた、山縣の洗礼を受けていたのである（「飯田十基　雑木の庭の創始者」『ランドスケープ研究』六一（二））。

話をもどすと、松本幾次郎の幅広い施主層もさることながら、箒庵が番町邸の庭園を任せたという益田克徳邸に出入りしていたことに注目したい。そこに箒庵と亀吉を結ぶ糸がみえるからである（『趣味ぶくろ』）。

なお松本亀吉は大正六（一九一七）年から同九年にかけて、新潟の富豪・齋藤家別邸の作庭にも携わっている。一木庵席披きの初日が大正六年十二月一日だから、箒庵のもとでの仕事が一段落してからの出張ということになる。大正九年の「西大畑別荘　建物及庭園築造関係綴」によれば、この庭園へは東京都墨田区の「佐竹の庭」をはじめ、旧大名庭園から出た石造物、石燈籠などが鉄道で運びこまれたという。

「佐竹の庭」とは旧沼津藩主の邸宅を維新後に佐竹藩主が購入したもので、明治二十三（一八九〇）年に一般公開されてからは外国人を含めて来観者が後を絶たなかったといわれる名園である。明治三十三（一九〇〇）年に邸宅は取り壊されて札幌麦酒東京工場となり、大正九（一九二〇）年には工場拡張で庭園の一部が、同十二（一九二三）年の関東大震災で全園が壊滅した。ビール工場当時の様子は『名園五十種』（一九一〇年）からわかるが、亀吉が石燈籠などを運び出して齋藤家別邸へ送ったのは、大正九年の工場拡張時であったとみられる（「旧齋藤家別邸活用等検討委員会　第二回会議　議事録」）。

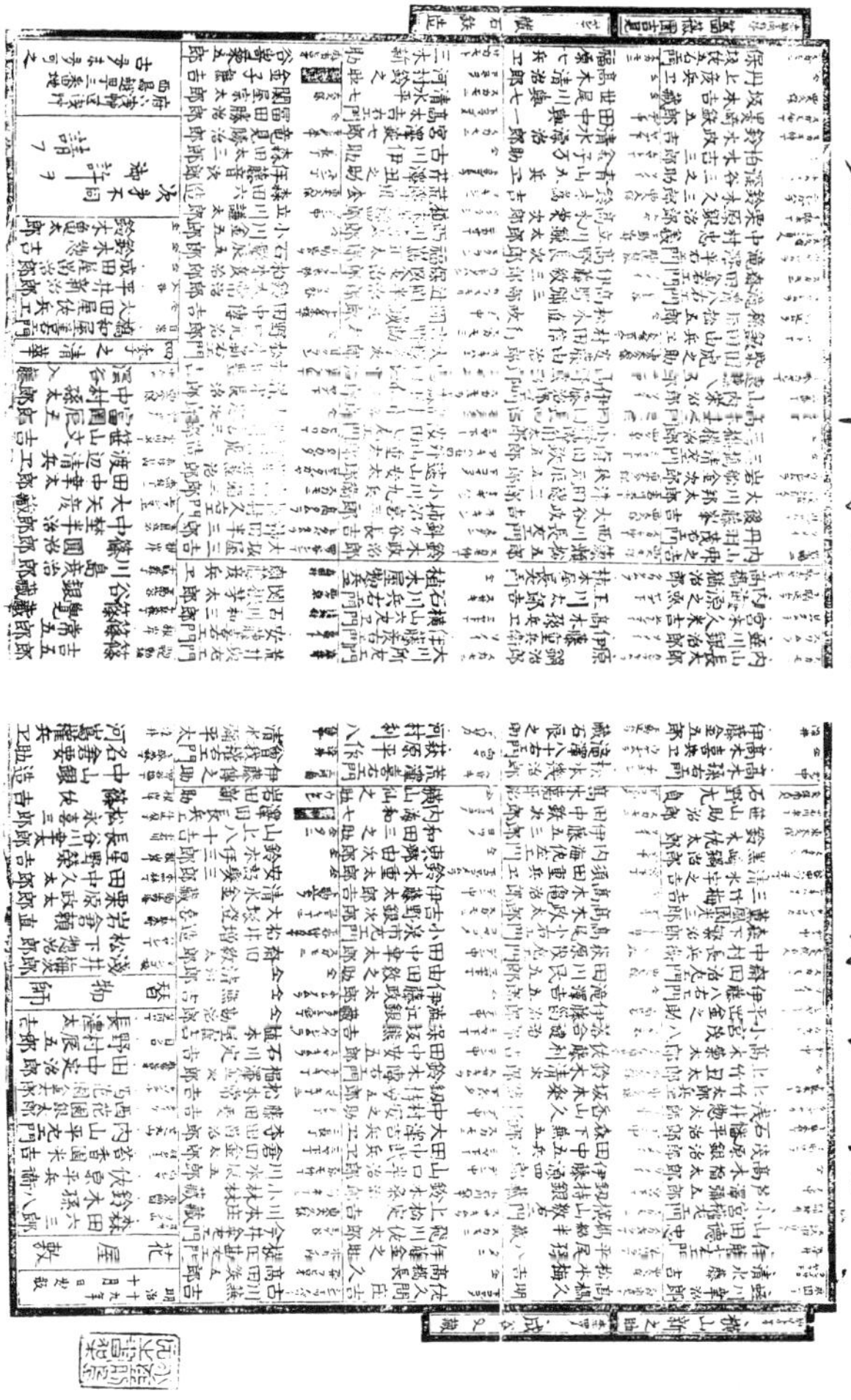

「東京有名植木師一覧」（明治19年）

7　箒庵の庭園観

一木庵・伽藍洞の建設

大正六（一九一七）年五月三日午前、植治の店を訪れた箒庵は伽藍石、飛石、捨石等十数個を買い取るとともに、「白河砂利」二十俵と吉野杉三十本を東京へ送るよう注文している。この頃、一木庵の建設が着々と完成に近づきつつあったことがわかる。

翌五月四日、箒庵は奈良で伽藍石を見巡ったあと電車で生駒へ向かい、生駒山の山道両脇に並べ置かれていた数千個の生駒石の中から飛石五十五個を大一個二円、小二、三十銭、平均一円前後で買い取った。箒庵は京都の鞍馬石、貴船石とともに、大阪の生駒石を名石と評価していたのである。

その翌日の五月五日、箒庵は植治を伴い自動車で大原三千院へ向かった。少し前に上京して工事中の一木庵・伽藍洞を訪れた植治から、三千院庭園の荒廃ぶりを聞いていたからである（『箒のあと』）。「槖駝師の所謂丸物と称ふる刈込み躑躅を植ゑ廻し、一見近年の造作と思はれけるが……」と本坊の前庭は通り過ぎ、二人は一段高い所にある往生極楽院へ。そこで箒庵は、周辺の荒れ果てた木塀を土塀に造り替え、池中の木橋を石橋に取り換えるなどの工事を行うことを決め、植治をその任にあたらせることにしたのである（「大原の半日」『東都茶会記』）。

一木庵の席披き

大正六（一九一七）年七月、箒庵はほぼ完成した赤坂の新宅一木庵に移った。箒庵にとって三度目の居宅である。最初が二十年前に営んだ麹町一番町の番町邸で、広間を紅蓮軒と名付け、大徳寺塔頭寸松庵から茶室を移して寸松庵と称した。次が四谷伝馬町の蝸廬、茶室に古代の白紙を張って白紙庵と名付けた。そして今回、赤坂一ツ木町に新築した居宅は町名に因んで一木庵と呼び、庭園に多数の伽藍石を布置したことから広間を伽藍洞と命名したのである。この伽藍洞建設のために奈良で伽藍石を買い漁った箒庵は、「石買大尽」の異名を博したという（『東都茶会記』『萬象録』）。

まだ工事が終わっていないところもあったが、大正六（一九一七）年十二月一日から席披きが催される運びとなった。全十四回の茶事中に山縣有朋が訪れ、

「水なき庭に斯程までの風致を現はし得べしとは、殆んど意想外にして、其惨憺たる苦心察するに余りあり」

と称賛をうけたことに箒庵は感激を隠していない。「庭には水が大切で、静中、動を示すは唯だ水のみ、水がなければ庭の趣を成すに足らない」という山縣の持論を、かねがね気にしていたからである。

面白いのは、四日目に招かれた野崎幻庵の伽藍石への反応である。中立の時、幻庵は腰掛からの眺望を絶佳と賞する一方で、「匆驚眼界の石皆是伽藍石ならんとは、目障りと云えば即ち目障りなるかも知らねど、之を蒐集する努力に至りては蓋し尋常ならず」と、その蒐集癖に呆れながらも感服している（『（丁巳）大正茶道記』）。

このような批評を知ってか知らずか、箒庵は伽藍石に執着した理由を次のように明かしている。

「伽藍石は、時代に依り寺院に依りて、自ら其形式を異にし、少しく此間の消息に通ずる者は、一見して是れは何々寺の出なるかを分別する事を得るが故に、之れに対して直に其年代及び寺院を連想し、自ら一種の感興を催すべし。」（『東都茶会記』）

箒庵の作庭論

『趣味ぶくろ』（一九三五年）のなかで箒庵は、明治維新後の庭園事情および造庭家について次のような見解を示している。

東京では岩崎弥太郎の深川清澄園、大阪では藤田伝三郎の網島邸、横浜では原富太郎の三溪園等が光彩を放っているが、はなはだ物足りない感じがする。ただ山縣含雪公の造った庭園は小規模だが、京都の無隣庵、東京の椿山荘、小田原の古稀庵のように、よく景勝の地を選び、庭内に泉水を利用し、一流の築庭術を発揮して、明治時代に一記念物をとどめたのには感服する。また同時代の茶庭作者に益田克徳という人物がいて、野州塩原の景勝に倣って我が国の山水自然を写すことに努めた。世間の好尚がこの方向に向かってきたのも、明治時代における一つの特徴と見るべきである……云々。

東京における近代庭園の実践的リーダーとして益田克徳を最も高く評価していた箒庵は、番町邸の作庭を克徳にゆだねたという経緯がある。じつは、箒庵が茶の湯の道へ足を踏み入れるのは明治二十五（一八九二）年頃、克徳の無為庵で催された茶会に招かれたのがきっかけであった。また、兄の鈍翁をこの世界へ招き入れたのも克徳であったとされる（『近代数寄者の茶の湯』）。明治三十六（一九〇三）年に五十一歳で歿した克徳の作庭は数少ないが、根岸の撫松庵は「野趣滴るが如き有様」の傑作であったという。

一方、「近代築庭の宗匠と云はれるものは、殆んど皆無で、先年岩崎男爵家の庭を作ったのは、大阪の磯谷某と云ふ宗匠、三井男爵の庭を作ったのが、京都の藪内の宗匠とか聞いて居るが、何れも格別の手腕とも思はれない」と手厳しい。

我国の実景を写すという考え方なり手法が明治期の造園界に進歩をもたらしたとする箒庵だが、一方で、時には目先を変えて「文人風の庭」や「西洋風の芝庭」も必要な場合があるとしている。ことに南画を手本とした中国的な「文人風の庭」については、「大湖石に芭蕉を配するような唐めいた庭も、亦た時には面白い」と述べているのが注目される。

贔屓の植木屋

益田克徳亡き後、生来の庭好きであった箒庵は自ら作庭に携わることになる。しかし、徹頭徹尾一人でやるというわけにはいかないので、大体の設計を立てたあとは専門の植木屋に命じて造らせるのだという。そこで白羽の矢を立てたのが松本亀吉であった。亀吉を選んだのは、松本幾次郎、亀吉父子が益田克徳邸に出入りしていたからであろう。箒庵は亀吉の成長ぶりを、満足げに語っている。

「自分の所へ来てからも、方々へ遣つて研究をさせたし、旁々以て今日では能く余の考案を呑込んで、大體の指圖をすれば、滞りなく遣つて除ける」

じつは山縣も益田克徳を相談相手として、新々亭に神田上水の水を引いて流れをつくったことがある。しかし椿山荘から古稀庵まで、山縣が関東で一貫して作庭にあたらせていたのは岩本勝五郎であった。山縣は勝五郎を作庭途中の無隣庵によびよせ、意見を述べさせたりしているほどである。

このように、高橋箒庵と山縣有朋という近代庭園へ大きな影響を与えた二人の人物は、それぞれが贔屓の植木屋を擁していた。にもかかわらず、植治は関西で培った人脈を通じて東京へ、そして全国へと活動の舞台を広げていったのである。

第七章　植治の晩年

1　昭和の大礼前後

白楊亡き後の植治

植治の晩年は、白楊の死と同時に訪れた昭和天皇の即位大礼準備とともに始まった。昭和二（一九二七）年、六十八歳の植治は大礼にともなう悠紀・主基両殿柴垣および周辺の庭園整備を拝命する。

またこの年、光雲寺や八坂神社などを作庭、大正十一（一九二二）年から取り掛かっていた倉敷の大原孫三郎邸の改修が完了する。また翌昭和三（一九二八）年には碧雲荘、高台寺下河原町の清水吉次郎十牛庵なども次々と竣工した。

同三年十一月に挙行された即位大礼に際しては、碧雲荘が久邇宮邦彦王殿下の、住友鹿ヶ谷別邸が秩父宮殿下の、大正九（一九二〇）年に手がけた清水の小津清左衛門別邸が李堈公殿下の宿泊所に選ばれた。これら皇族方のほか、下河原町十牛庵には衆議院議員・田中隆三が宿泊するなど、大正大礼のときと同様に植治の関わった邸宅が高く評価されたのである。

大礼後、植治は息つく間もなく東京で岩崎家鳥居坂本邸の作庭を開始、翌昭和四（一九二九）年には京都の島津源蔵《しまづげんぞう》邸、醍醐寺伝法院《でんぽういん》庭園などを手がける。同六（一九三一）年に東寺の小子房《こしぼう》庭園や仁和寺庭園を作庭、さらに東京の長尾欽弥邸および同氏鎌倉別邸へ岩城亘太郎を遣り、また高橋箒庵の肝煎りで栂尾高山寺へ寄贈された遺香庵《いこうあん》の露地を完成させた。翌七年には滋賀の長尾欽弥別邸・隣松園を作庭、南禅寺畔には細川護立の別荘・怡園が完成する。

昭和八（一九三三）年、植治は岩崎小弥太の南禅寺別邸を改修し、大阪・鰻谷の住友旧邸や藤井厚二設計の京都・白川小川睦之助邸などを作庭する。そして植治最後の仕事となったのが、都ホテルの葵殿庭園および可楽庵《からくあん》露地であった。

碧雲荘の大整備

さて、白楊の手で一応の完成をみていた碧雲荘は、彼の死とともに、にわかに慌ただしくなった。昭和三（一九二八）年十一月に挙行される昭和天皇の即位大礼に際して、久邇宮邦彦王殿下の宿舎に選ばれたからである。これを機に得庵は豪壮な大書院、大玄関、能舞台等の建築群を一挙に完成させ、また前年の昭和二（一九二七）年二月四日に炎上した花泛亭も即座に再建された。そして、その造園工事は七十歳を目前にした失意の植治によって行われたのである。

久邇宮邦彦王殿下を迎える新たな正門として東門がひらかれ、両袖には豪壮な「崩れ石積み」が築かれた。昭和四（一九二九）年五月六日の御大典奉祝茶会に招かれて碧雲荘を訪れた箒庵は、東門か

清水吉次郎の桝屋町十牛庵（作庭当初）

ら大玄関に入り、寄付として用意された椅子、テーブルの一室に通されている。そのあと箒庵は、大書院の脇を通り、池辺で東山の新緑や水に映るツツジの風情を楽しみつつ、迎仙橋を渡って腰掛待合の田舎家に入った。又織で濃茶、大書院で薄茶、花泛亭では懐石がもてなされたというから、大書院などの建築群が付加されたことによって、茶の湯の場としての利用形態が多様化したことがわかる。

このように十余年を要して完成した碧雲荘庭園には白楊独自の美意識と、円熟した植治の感性とが重なって投影されている。それは、流れをモチーフとした躍動感あふれる自然描写を軸としながらも、平安神宮東神苑とも共通する雅な大和絵的世界の展開であったといえよう。

清水吉次郎の桝屋町十牛庵

昭和の大礼にむけて高台寺下河原町に十牛庵を営んだ清水

吉次郎（一八七五～一九四九年）は、「油屋吉兵衛」と称する大阪の両替商であった。まず下河原町十牛庵の築造に至るまでの、吉次郎の足跡をみておこう。

吉次郎は明治三十二（一八九九）年に伊集院兼常から對龍山荘を入手、それを三十四年一月に市田弥一郎へ譲ったあと、三十六年八月に「植木商　小川治兵衛」を代理人として、川田龍吉より木屋町二条の旧第二無隣庵を購入する。しかし、この地も明治三十九（一九〇六）年十二月に田中市兵衛へ売却、直ちに造営を開始したのが清水二年坂の桝屋町十牛庵であった。

「清水家十牛庵文書」によると、明治四十一（一九〇八）年に完成する桝屋町十牛庵の作庭は植治、大工は「御数寄匠　上坂浅次郎」（西洞院通椹木町下る）であった。植治は吉次郎が所有する土地の納税管理人になるなど、本業以外でも深い関係にあったことが同文書からわかる。

翌年に大正大礼をひかえた大正三（一九一四）年、桝屋町十牛庵は大改修され、貴族院議員・荒川義太郎が宿泊した。しかし、三年後の大正六（一九一七）年にここを上西亀之助へ譲り、吉次郎はほど近い八坂上町に土地を購入して新たな十牛庵の建設に取りかかることになる。

西川一草亭による改修

その後、桝屋町十牛庵の所有は次々変わるが、津田氏が所有していた昭和十二（一九三七）年、奇しくも西川一草亭の指図で庭園、建築ともに改修されることになる。

「西川一草亭年譜」（『西川一草亭』一九九三年）に「昭和十二年　五十九歳　十一月　高台寺の津田邸の作庭」とあるのがそれで、大工は上坂浅次郎のあとを継いだ北村捨次郎であった。

『瓶史』昭和十二年夏の号、および同秋の号の「去風洞日抄」には次のように記されている。

「（昭和十二年）五月十一日、朝早く高台寺に津田氏の庭を見に行く。元大阪清水某氏の別荘なり、十手庵《ママ》と云ふ。昔こゝに友人と光琳會を催したる事あり。山上は木下長嘯子の歌仙堂の遺蹟なり。名松雙龍松あり。」

一草亭は五月十六日に現地で津田から庭園と建築の相談を受け、十八日には早々と庭園の指図をし、歌仙堂蹟から瓦と硯を掘り出したりもした。六月一日に御室の植木屋・寺石から松を百七十円で買い入れ、同六日に大工の北村に「四阿改屋の造を云ひ付け」ている。十三日に大石を滝の前に据え、二十日には茶室周りに「孟宗竹」と「芭蕉」を植え、七月には中庭を指図するとともに、北村からは洋間、応接間の設計相談を受けるという手際の良さであった。

しかも、この頃の一草亭は津田邸のほかに修学院《しゅうがくいん》と大徳寺芳春院《ほうしゅんいん》の現場を掛け持っていて、一日に複数の現場を走り廻るという慌ただしさであった。一草亭が指図していたのは「植幸」という植木屋だが、その植木屋が岡崎の下村忠兵衛邸に出入りしていた「植幸《うえこう》」と同じ人物であったかどうかは明らかでない。

下河原町十牛庵

さて清水吉次郎が新たに八坂上町で営もうとした十牛庵だが、建設現場から人骨が多数出土したため、それらを高台寺に供養して敷地を竹内栖鳳へ譲ったという。吉次郎は少し北の下河原町の地を新たに高台寺から購入、再度十牛庵の建設にとりかかった。大正十四（一九二五）年のことである。作庭は植治、建築は病気がちな上坂浅次郎に替わって弟子の北村捨次郎が担当した。

下河原町の十牛庵は吉次郎の隠居家的な性格をもっていたため、間口が狭く奥に細長い町家風の佇まいである。庭園は主座敷の東から南にかけて作られていて、東庭の中央には巨大な伽藍石がどっかりと据えられている。

明治四十一（一九〇八）年に吉次郎の養女になった清水久の話によると、この伽藍石は大正八（一九一九）年に橘寺から出たもので、下河原町十牛庵の建設が始まるまで建仁寺内に置かれていたという。メモ好きの吉次郎は、その値段を三千百五十円と書きとどめている。

材料の調達からすべてを段取りしたのは「ヤッサン」、すなわち保太郎（白楊）である。白楊は作庭半ばにして亡くなるが、植治はいつも羽織姿で、現場は白楊が取り仕切っていた。植治の作庭現場での職能分離は徹底していたらしく、ここ下河原町十牛庵では小庭づくりの「エイさん」という職人が腕をふるい、桝屋町十牛庵の時は大きな庭作りが得意な「ヒデさん」であったという。

庭園の東南隅には鞍馬石製の「湧き井筒」があり、南庭の「降り蹲踞」とは流れでつながっている。流れの両岸は小石積、底には貴船石が蒔かれている。小石積の構造を調べるために発掘調査を行ったところ、驚いたことに、背後に漆喰による止水壁が設けられていることがわかった。今で言う「袋打ち」工法である。

植治から「清水殿御執事」へ宛てた昭和三（一九二八）年三月三十日付の請求書によると、材料費は総額「金五千貳百五拾七圓也」。内訳として「表御庭沓石貳個　五五〇圓」、「玄関沓石一個　一二〇圓」、「塩釜手水鉢一個　三五〇圓」、「伽藍石四個　八〇〇圓」、「鞍馬井筒一個　三五〇圓」、「大槙一本　九五〇圓」、「中槇一本　三五〇圓」のほか、「貴舟ゴロ百五十個　三〇圓」、「等持院小伽藍石（トビ石用）三個　五〇圓」が計上されている。高価な鞍馬石もさることながら、「降り蹲踞」前の踏石や飛石が伽藍石なのは、高橋箒庵に触発されたからかもしれない。

下河原町十牛庵は建築、庭園とも昭和三（一九二八）年四月に完成し、同年の昭和大礼では衆議院議員・田中隆三の宿泊所となった。

2　七十歳を越えて

遺香庵

昭和の大礼後、齢七十二の植治は高橋箒庵と最後の仕事をすることになる。箒庵にとって植治は当初、伽藍石や石燈籠などの調達先にすぎなかったかもしれないが、やがて光悦寺や三千院の作庭など、京都での仕事を任せる存在になっていた。

栂尾高山寺開祖明恵上人の七百年忌にあたる昭和六（一九三一）年、箒庵が発起人代表となって茶室・遺香庵を寄進することになった。茶室寄進會が組織され、京阪神、名古屋、東京、金沢の道具商らに世話人を依頼して、土橋嘉兵衛が世話人総代となる。露地の作庭は植治、大工は木村清兵衛であった。

同年六月より清兵衛の手で四畳台目茶室と八畳広間、および待合兼用の鐘楼が建築された。合図用

石臼風に作り出された遺香庵躙口脇の礎石

を兼ねた梵鐘「茶恩鐘《ちゃおんしょう》」には寄進者百三名の姓名が陰刻されていて、そのなかに高橋義雄、土橋嘉兵衛、木村清兵衛、小川治兵衛をはじめ、野村徳七、山中定次郎、根津嘉一郎、村山龍平、原弥兵衛、山中吉郎兵衛、馬越恭平、益田孝、藤田平太郎、藤田徳次郎、下郷伝平、日比野芳太郎、平井仁兵衛、住友吉左衛門、林新助、春海敏、善田喜一郎など近代数寄者と道具商のほか、千宗室および堂本印象らの名がみえる。

十一月十一日に催された遺香庵席披きの茶会当日、賓客たちはまず腰掛待合に入り、順次遺香庵へ。そこで箒庵の濃茶飾付を一覧した後、石水院に移って野村得庵の薄茶席でくつろぎ、開山堂での遺香庵引渡式に参列したのである。

遺香庵の露地は、栂尾の山中という立地もさることながら、それまで植治が作庭してきた露地とは一味違う、いかにも露地らしい雰囲気の露地である。石燈籠には「箒庵好五基之内一基」と刻まれており、建築だけではなく、露地にも箒庵の意向が強く働いていたことを窺わせる。一方で、躙口脇の礎石に石臼の形を作り出した意匠からは、植治ならではの遊び心が伝わってくる。

岩崎別邸

大正十四（一九二五）年に塚本与三次邸は分割され、西半の主屋が岩崎小弥太へ、東の清流亭が下郷伝平へ、それぞれ譲渡されていた。

岩崎家のなかで植治が関係をもったのは小弥太のみであった。言うまでもなく、小弥太は大正五（一九一六）年に三十八歳で三菱合資会社の社長に就任して以来、三菱の総帥として活躍した人物である。彼は巨陶庵《きょとうあん》と名づけたこの京都別邸のほか、箱根や熱海などにも別荘をもっていたが、いずれも大自然の風致を巧みに摂取しようとする意図がみられるという（『岩崎小弥太伝』）。

植治は昭和三（一九二八）年から五年にかけて東京の鳥居坂本邸を手がける。それと相前後して、南禅寺畔の別邸では主屋東北の細長い敷地に座敷が増築され、新たな作庭が行われることになった。塚本時代、そこは白川からの水を園池へ導く水路が走っていたところで、水路沿いにはアンズやブドウなどが植えられ、藤棚やブランコもあって子供の遊び場になっていたと田口道子は回想している。新座敷の屋根裏を調査したところ、次のように墨書された幣束が残されていた。

（第一面）　宇時　大正拾五年　四月廿六日

（第二面）　奉上棟　施主　岩崎家　工事監督　田島彌太郎　棟梁　谷口鶴蔵
肝煎　青木青
基梁　宮崎安次郎

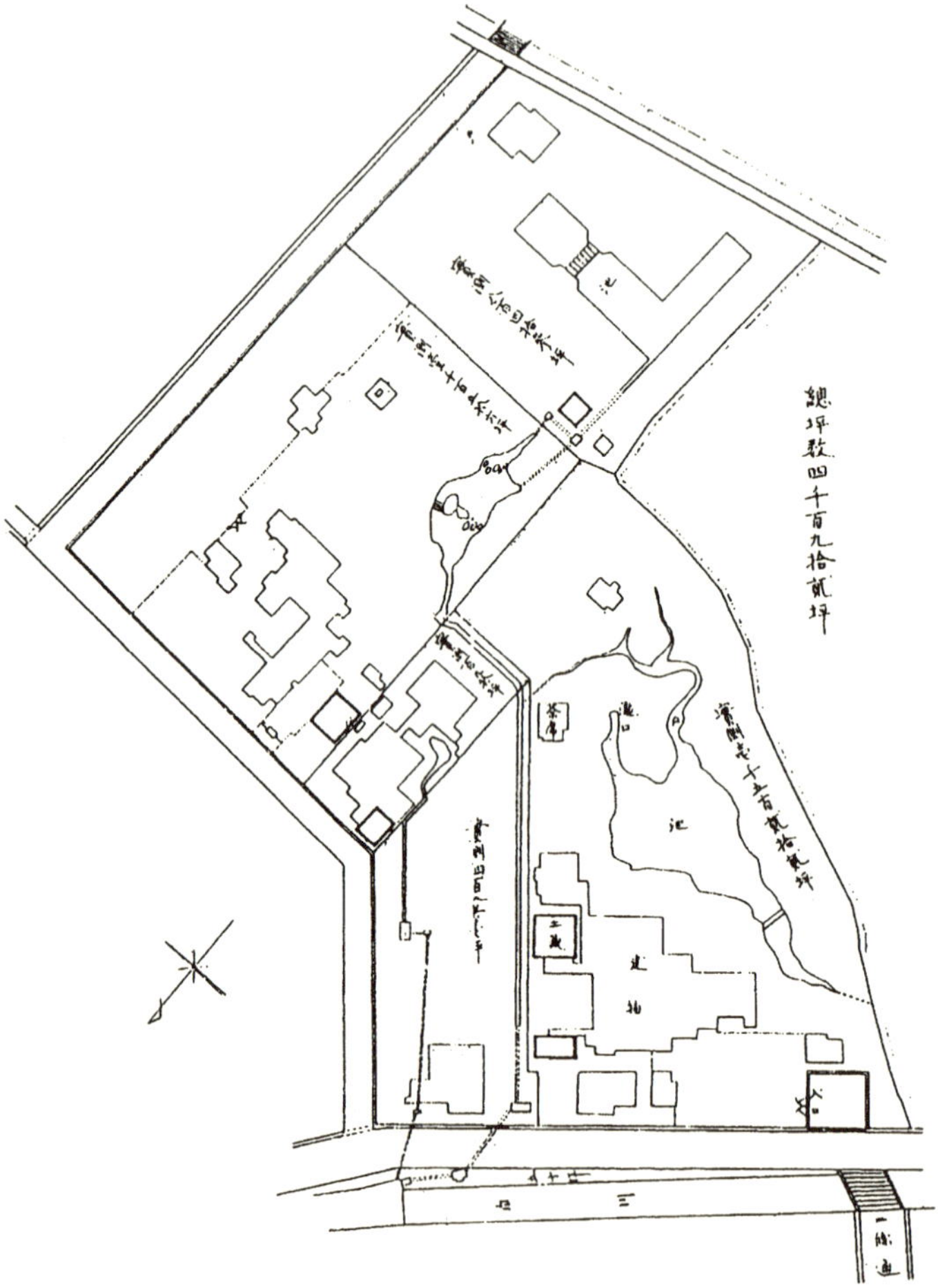

分譲直前の塚本与三次邸敷地図（流響院蔵）

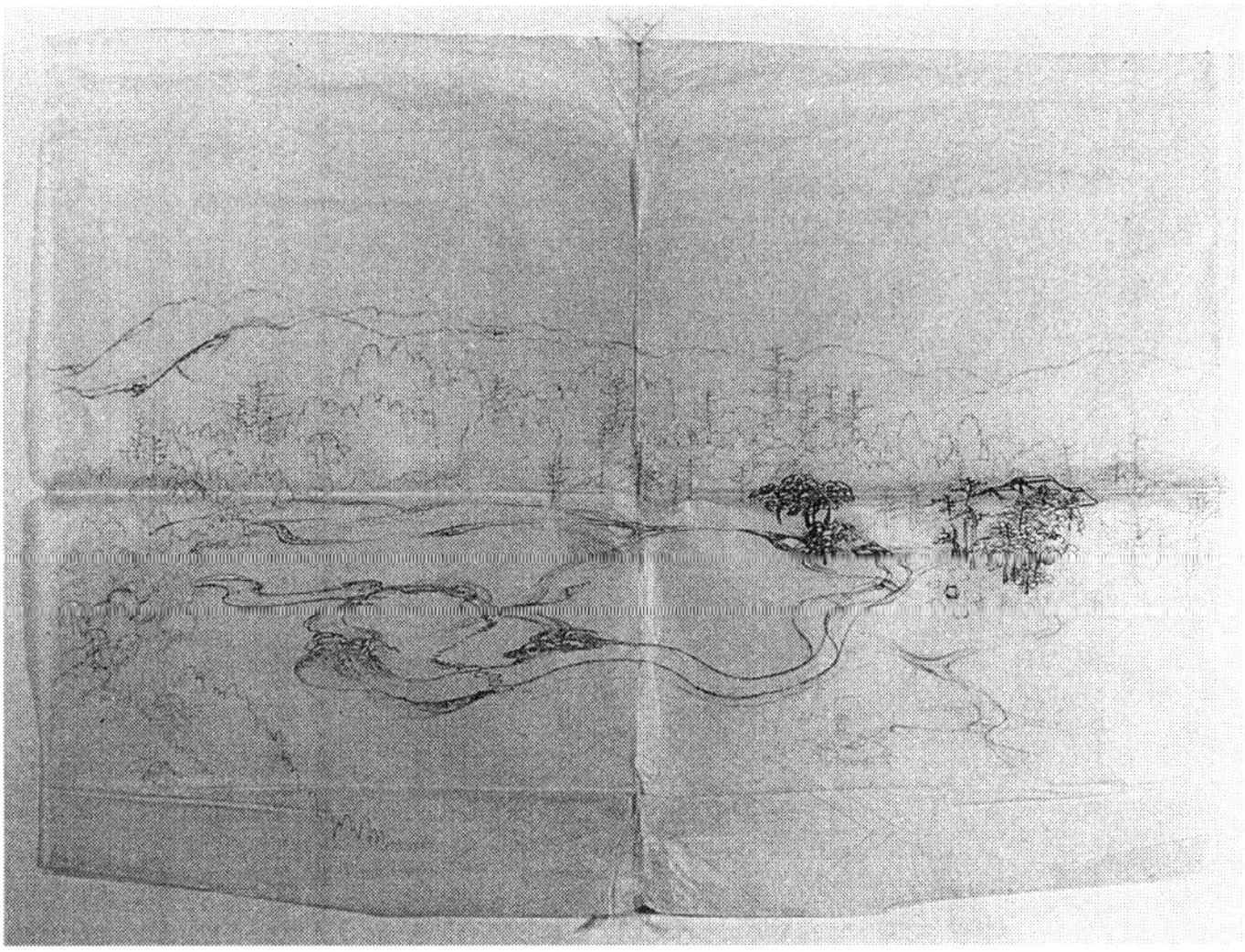

中原哲泉スケッチ（岩崎別邸の新設された流れ）

昭和八（一九三三）年には、新座敷前に緩やかに蛇行する流れがつくられる。園池の水源が白川から疏水へ切り替えられたのはこの時で、岩崎別邸は単独で、清流亭は怡園と共同で、それぞれ扇ダムから専用の鉄管を埋設することになったのである。なお最近の調査で、白川沿いの空地に見事な煉瓦造りの取水施設が発見された。

この工事に関する日記と絵図を、並河靖之の七宝絵師であった中原哲泉が残している。

哲泉は大正の初め頃から、植治の依頼で庭園や石燈籠などのスケッチを描いていた。中原家に所蔵されている膨大な数の絵図のなかには、岩崎別邸の流れのほか、茶室と滝周辺を描いた数点も含まれている。また昭和八年八月三日の日記には、植治から「岩崎邸の滝の図」に対する謝礼を受け取ったことが記されている。

なお、この流れはのちに埋め立てられて芝地となっていたが、近年の復元整備で往時の姿が蘇った。

芸術サロン・清流亭

大正十四（一九二五）年の塚本邸分割後に清流亭を有した下郷伝平は明治五（一八七二）年生まれ、現在の滋賀県長浜市の出身である。近江銀行頭取などを歴任するが、それらを辞したのちは慈善事業や公共事業に精力を注ぎ、当時は財団法人下郷共済会の理事長であった。

植治が分割後の清流亭に大きく手を加えた形跡は見当たらない。しかし、下郷と植治との間には因縁浅からぬものがある。清流亭を入手する六年前の大正九（一九二〇）年五月、下郷は山科の別荘・春秋山荘の作庭を植治に依頼している。久保《くぼ》田《た》金僊《きんせん》が編纂した『清流亭記』（一九四一年）には、大礼をひかえた昭和三（一九二八）年十月、清流亭に宿泊した東伏見宮大妃殿下が春秋山荘を訪れた時の様子が記されている。「臥雲」と名付けられたささやかな茅葺の山荘は毘沙門堂より十町ほど奥の山中にあり、遠く淀の彼方まで見渡せたという。

下郷の交遊は広く、政治家、実業家、学者、俳人、画家、工芸家などが清流亭を訪れている。そのなかに名を連ねる神坂雪佳をはじめ、竹内栖鳳、橋本関雪らの画家たちが庭園に深い関心を示したことはよく知られている。清流亭を舞台とした様々な集まりのなかには、当時新風を巻き起こしていた自由画壇と神坂雪佳を筆頭とする美工院も含まれていた。下郷は彼らの後援者たらんとする気概に満ちた人物だったのである。

都ホテルの地に喜寿庵を営んでいた清浦奎吾も、散歩がてらによく立ち寄ったという。喜寿庵を作庭した白楊との因縁であろうか。

3　植治の最期

無隣庵への回帰――怡園

無隣庵の作庭に始まった南禅寺界隈での植治の作庭活動、その有終の美を飾ったのが細川別邸・怡園である。

怡園の地は明治五（一八七二）年の合廃寺令によって姿を消した少林院の跡地で、かつて京都織物株式会社が工場用地として購入したこともあった。しかし、南禅寺界隈が別荘地へと転換する状況のなか、塚本与三次の経営する角星合資会社の所有となっていた。

大正八（一九一九）年に大阪の道具商・春海敏が取得、昭和三（一九二八）年に井上麟吉の手に帰したあと、細川家第十六代当主の護立が別荘を営み、植治による作庭が完了するのは昭和七（一九三二）年のことであった。護立の子息・護貞は平成二（一九九〇）年三月七日付の『日本経済新聞』で、「南禅寺の別荘ができたのは、昭和八年に京都大学法学部に入学した前年のことであった」と述懐している。

東山の山並みを背景に、細長い敷地東端の滝から流れ落ちた疏水の水は池となり、再び流れとなって座敷前へと巡っていく。その地割と空間構成が無隣庵と極めて近似していることに気付くのにそう時間はかからない。近代庭園に目覚めた無隣庵の作庭から約四十年、流れに沿って沢飛びを打ち、庭

葵殿内部からみた作庭当初の庭園（都ホテル蔵）

を見下ろす小丘を設けるなどの工夫を盛り込みつつ、植治はまるで自らの原点へ回帰していったかのようである。

最後の仕事 ——都ホテル

植治最後の仕事となったのが、都ホテルの葵殿庭園と可楽庵露地の作庭であった。

都ホテルの前身である吉水園は琵琶湖疏水の竣工式典前日の明治二十三（一八九〇）年四月八日に開業、同三十三年に全館を洋式とし、都ホテルとして再出発していた。大正四（一九一五）年七月、主食堂の新築をはじめとする諸施設の整備にとりかかり、同年十一月に挙行された大正大礼の直前に竣工。この主食堂がのちの葵殿である。

昭和八（一九三三）年、葵殿から一段高いところに茶室・可楽庵が新築され、その露地とともに、葵殿の南斜面に植治の手によって滝流れと池庭が築造された。高低差約十五メートルの斜面全体を利用して滝を三段に落とすという雄大なプランは、無隣庵や碧雲荘の三段滝のスケールをはるかに凌いでいる。清浦奎吾の命名による「雲井の滝」、作庭当初、京都三大祭のステンドグラスを欄間に嵌《は》め込んだ葵殿からの眺めは明るく開放的で、山腹を流れ下った疏水の水が滔々と池に注ぐ情景は、まるで一幅の絵を見ているかのようである。

都ホテルの「資産勘定帳」によると、昭和八年十一月に「茶室庭園築造費」として千四百二十九円六十八銭が植治に支払われている。また十二月には「買入先　小川治平《ママ》」、「庭園植木職　八七・五人　二二七円五〇銭」、「庭園仲仕　八人　二二円四〇銭」、「庭園土工　二五人　六〇円」、「材料費　一五三円四六銭」とある。

植治が七十四年の生涯を閉じたのは、同年十二月二日のことであった。

植治の人となり

植治が亡くなった二日後の昭和八（一九三三）年十二月四日、『大阪毎日新聞』は「逝いた造園王　天下の名園に遣る手の跡　きかぬ氣と皮肉と　偲ばれる数々の逸話」と題する追悼記事を掲載している。この記事によって、植治の人柄を振り返ってみよう。

植治は死の直前まで意識が確かで、「最後の言葉」は、

「京都を昔ながらの山紫水明の都にかへさねばならぬ……皆さん御機嫌よう」

であったという。

華々しい作庭歴については、

「翁の造庭の功績は昔の小堀遠州にも勝るものがある」

と絶賛したうえで、無隣庵をはじめ、清風荘、住友鹿ヶ谷別邸、野村碧雲荘、円山公園、細川別邸、岩崎別邸のほか、東京の西園寺邸、住友別邸、岩崎邸、長尾邸、鎌倉の長尾別邸、興津の西園寺坐漁荘、住吉の住友別邸、大原別邸、倉敷の大原邸といった全国にまたがる作庭活動を紹介している。また醍醐寺三宝院、清水寺、南禅寺などのほか、京都御所および修学院、桂、二条城の各離宮の修理と手入れ、そして大正と昭和の大礼への奉仕が「翁一代の栄誉であった」としている。

また植治の人柄については、次のように記している。

「人の心を摑むことに妙を得てゐた……話上手の聞き上手は京阪の名流紳士界においても翁の右に出る人はさう澤山はないさりとて世の常のいはゆるお出入者流のおたいこではなかつた、きかぬ氣の皮肉家の藝術家氣質を多分に持ち合してゐた」

エピソードも多彩で、

「無隣庵の庭を造る際山縣公に小言をいはれたとき『公爵は三軍を叱咤する術は天下第一人者でも植木のことは植治の方が一足お先のように心得ますが……』と返し」

さらに、

「醍醐三寶院の庭の手入の時池畔にある老松の枝が三間近くも伸びてをるのをスパリと切つてしまつたので周圍の者が心配すると『太閤さんが生きて御座つたらこんな松はとつくに抜いて御座つたであらう』と平然といひ放つたといふが果して數年後の今になつてその道の人々から推奨措くあたはざる結果を見せてゐる」

といった具合である。

また、

「藝術家氣性一パイの後嗣白楊保太郎君に先き立たれてからは專ら弟子の養成に力を入れ、『どんな庭でも茶席でも、何時でも注文通りに出來るように材料をもつのが植治の生命だ……』と教へた、事實翁の手元には……たちどころに御用に備へる材料は自宅附近の空地に森の如く山の如く整へられてゐた」

ともいう。

社会事業にも熱心で、「最近京洛社寺の復興、奉賛會の事業に力を入れ、平井仁兵衛翁とならんでよく世話をした、醍醐寺、大徳寺、仁和寺、東寺一休寺その他の翼賛に翁の功績は至る所に残ってゐる」ほどの力の入れようであったらしい。

昭和八（一九三三）年十二月二日午後一時五十七分、

「京になくてはならぬ翁の死を悼むもの、皆口を揃へて『京の名物をまた一つ失つた』と悵嘆するのである」

と惜しまれながら植治はこの世を去った。享年七十四歳。

同月五日に密葬が営まれ、六日午後一時より仏光寺本坊で告別式がとり行われた。仏光寺本廟の墓地には「昭和二年十一月　小川七世治兵衛建之」と刻まれた白楊の墓碑がある。

終章　植治と近代庭園

1　東山の風致保存

東山を意識した空間構成

植治の辞世は「京都を昔ながらの山紫水明の都にかえさねばならぬ」（『大阪毎日新聞』）であった。『京都日出新聞』の死亡記事も「翁は生前常に京都の誇りである風致問題について非常に頭をなやまし保存に全力をつくしてゐた」と記している。植治にとって、京都の、とりわけ東山の風致保存がいかに重大な関心事であったかが窺えよう。

岡崎・南禅寺界隈庭園群のほとんどは東西軸が基本で、東山を望む空間構成となっている。しかし、東山を意識しているのは、なにもこの地域に限ったことではない。

たとえば京都御所では、儀式の場としての紫宸殿は南向きだが、御学問所の御池庭および常御殿から北の私的な空間では建築を東向きとし、東山を背景に御内庭がつくられている。また、京都御苑内の九条殿跡拾翠亭も同様の空間構成である。秀吉が建立した方広寺をはじめ、東本願寺の渉成園、近代では京都国立博物館など、東山を望む東西軸はむしろ京都の都市計画では普遍的な軸線の一つであったといってよい。

平安遷都千百年記念祭の記念殿として建設された平安神宮にしても、内匠寮技師・木子清敬と当時東京帝国大学大学院生であった伊東忠太の当初の計画では、第四回内国勧業博覧会場の東南隅、法勝寺跡にあたる現在の動物園の敷地に「西面」して建設される予定であったという。それは常に東山を意識してきた京都的な感覚といえるが、最終的には大極殿の縮小版という歴史性が重んじられ、博覧会場北端の現在地に「南面」して建設されることになったのである。それでもなお、博覧会関係の絵図などでは必ずといってよいほど、背後に東山が描かれているのは興味深い（「背景としての東山——第四回内国勧業博覧会と平安遷都千百年記念祭を通して」『東山／京都風景論』）。

明治四十三（一九一〇）年に植治が提出した「平安神宮東神苑設計図」に添付されている鳥瞰図には東山の山並みが描かれていて、東側の植栽を低く抑えることで東山の眺望を確保しようとする意図が読み取れた。京都の人々にとって、東山がいかに親しみ深い存在であったかがわかる。

東山との連続性

南禅寺界隈庭園群の作庭に関わってきた植治にとって、東山の存在は特別なものであった。庭園内にアカマツを主とする樹林景観を創出したのは、アカマツ林の優占する東山の林相との連続性を意図していたからにほかならない。住友家十六代・友成が有芳園で詠んだ情景、「東山の赤松ばやし幹ごとにしばらく赤く入りつ日に映ゆ」がそれを如実に物語っている。

無隣庵の植栽について山縣有朋は、「この庭園の樹木は、重に杉樹と、楓樹と、そして葉櫻三本とでもたすという自分の心算であるがどうか」と黒田に問いかけており、東山の林相をとくに意識していた様子はない。ところが植治は、對龍山荘の作庭あたりからアカマツを多用するようになり、以後、塚本与三次邸をはじめ、有芳園、碧雲荘、下村忠兵衛邸、そして晩年の怡園に至るまで、アカマツのスカイライン越しに東山を望むという構図が植治の作風として確立していく。

では、植治の庭園の生命線ともいえる東山の林相は、明治維新後どのような変遷をたどってきたのであろうか。

風致保存の実態

さかのぼれば、明治四（一八七一）年の上知令は社寺の経済基盤を揺るがすものであったがゆえに、上知前の駆け込み伐採を助長したとされる。その後も伐採は後を絶たなかったようで、明治六（一八七三）年に社寺境内地の樹木伐採禁止が布告され、翌七年にも内務省は「社寺現境外上地ノ山林及境内地ノ樹木伐採セサル様注意セシム」旨、各府県に通達を出した。

一方、明治九（一八七六）年の「官林禁伐の制」によって清水、高台寺、長楽寺、華頂山、粟田山、霊山などが「禁伐風致林」に指定されたのをはじめ、相次いで山林の保全策が打ち出されていく。そして明治三十（一八九七）年の森林法制定とともに、東山の国有林全体が風致保安林となった。さらに、大正八（一九一九）年の都市計画法に基づいて同十年に策定された「京都都市計画」では、「遊覧都市」「公園都市」を視野に入れつつ山地を積極的に取り込んだ計画案が模索されたのである（「守られた東山――名勝保護政策をめぐって」『東山／京都風景論』）。

植治が亡くなる三年前の昭和五（一九三〇）年、全国に先駆けて京都都市計画に基づく「風致地区」が指定され、翌六年、七年の追加指定によって東山のほぼ全域が風致地区となった。この前後から、東山の自然景観は大きな転機を迎えることになる。それまで貫かれてきた禁伐の方針が見直されるとともに、名勝旧蹟を含む山麓部の都市公園化、あるいは観光資源としての価値づけがなされるなどの動きも手伝って、京都の風致景観を高めるうえでアカマツ林が重要だとの認識が芽生えてきたからである。

アカマツ林の復権

それでは東山の林相は実際どうであったか。明治四（一八七一）年の社寺上知令にともなう駆け込み伐採によって、東山は禿山同然になったといわれる（『人と景観の歴史』）。その禿山に侵入したアカマツといえば、無隣庵造営中の明治二十八（一八九五）年前後には、まだ十分に生育していなかったと考えられる。しかしながら、明治三十（一八九七）年に本多静六が「赤松亡国論」を唱えた背景には、東山と同様、アカマツを主とする植生景観が全国的に広がっていくという状況があったとみてよいだろう。

昭和初期に至り、田村剛《たむらつよし》らによって禁伐主義を見直す論議が活発に行われ、森林の人工的な制御の必要性が説かれるようになる。その頃の東山の林相は、中腹以上にアカマツ林が広がり、全体の六十パーセントほどを占めていたとされる。それらの多くが上知令以後に侵入したものであったとしても、すでに樹齢は五十年余り。禁伐主義の結果、すでに中腹より下にはシイが侵入し、アカマツの優占する林相からシイを主とする常緑広葉樹林へと遷移が進行しつつあったとみられる。

人々の生活と共にあった江戸時代までの東山は、常に人の手が入ることによって『都林泉名勝図会』（一七九九年）などに描かれているような、里山としての風致景観が保たれてきた。往時の姿を再生するためには「人工的な制御」が必要であるとの観点から、国有林での施業の見直しが迫られることになったのである（「管理された東山――近代の景観意識と森林施業」『東山／京都風景論』）。

自然景観の庭園化

東山のアカマツ林が、京都の風致景観を高める上で不可欠だとの認識が明確に示されるのは、大阪営林局が出した「昭和四年度　第三次検訂　京都事業区施業案説明書」においてであった。

「アカマツヲ除外スルコトハ望マシカラズ、社寺仏閣ノ屋根尖ツタ塔等ガアカマツノ緑乃至ハ赤イ幹ナドト映リ合フ處ニ京都ノ美ガアルモノト思慮セラル」

この施業案の根幹をなしていたのは、社寺仏閣などの歴史的建造物とアカマツで演出される自然との調和にこそ京都の美があるとする見方である。それは、對龍山荘から金地院の堂宇《どうう》や黒谷の尖塔《せんとう》を、碧雲荘から永観堂の多宝塔を、あるいは南禅寺の山門、堂塔などを意図的に庭園景として取り入れようとした植治の感覚と符合する。

植治の庭園における空間構成の本質は、自然的、文化的景観を含めた周辺環境との融合にあるといっても過言ではない。東山との連続性に加え、山麓に点在する歴史的建造物を庭園のデザイン要素として認識していたのもその一つである。宮島の厳島神社や琵琶湖の浮御堂などを例に挙げるまでもなく、歴史的建造物の存在によって周辺の自然景観が庭園化されることを植治はよく知っていたにちがいない。

2　植治の評価

武田五一の陰で

植治の名声は存命中から高まり、当時の新聞記事などからも、造庭の第一人者としての評価が高まっていたかのようにみえる。しかし、それはあくまでも、植木屋あるいは職人としての扱いであったことは否めない。

京都市商品陳列所開館式の約二カ月後、明治四十二（一九〇九）年七月三日から四日間にわたって第三回全国園藝大会が岡崎で開催された。二日目の七月四日、同館の設計者であり京都高等工芸学校教授であった武田五一が「美的方面より見たる庭園」と題して講演を行った。植治ではなく、武田が、である。

そのなかで武田は、造庭は思い付きと材料と美的思想の三要素を得て完成するものであり、建築と不可分な関係にあると述べ、さらに、造庭の設計には地形の大小、樹木の選択、庭中の路のつけ方等に注意すべきであると指摘している。一方、最終日の七月六日の見学会では無隣庵も対象とされていたが、そこに植治が立ち会ったかどうかさえ不明なのはどうしたことであろう。

ちなみに、園藝大会の催しの一つとして美術館で開かれた盆栽生花展覧会には去風流も出展していて、「自然の姿致に留意する如く」と評されている。この時西川一草亭は三十一歳、大正二（一九一三）年に父・一葉の死によって去風流を継ぐ数年前のことであった。また、出展された盆栽生花を一品ごとに撮影した写真帖を出品者へ寄贈する計画があり、その撮影にあたった「青年素人寫眞隊ＳＳ倶樂部」の会員の一人として小川白楊の名が挙げられている（『京都日出新聞』明治四十二年七月四日）。

植木屋という立場

武田五一だけではなく、小澤圭次郎や勧修寺経雄、西川一草亭などの学者や文化人からみれば、植治はあくまでも一植木屋にすぎず、名を記すほどの存在ではなかったのかもしれない。高橋箒庵にしても、松本亀吉と同様、優秀で便利な植木屋以上の認識はなかったかのようにみえる。山縣や住友、西園寺など有力な施主からの信頼を得て作庭を行い、その道での第一人者と認知されていた植治であるが、社会的には、あくまでも植木職人としての扱いだったのであろうか。

当時の植木屋に対する認識を推し測る例を挙げておこう。

『図解　座敷と庭の造り方』（一九一二年）を著した杉本文太郎は、大正五（一九一六）年九月発行の『建築工藝叢誌』（第二期第二十三册）に、「築庭叢話（八）」として「余と植木師の衝突」と題する一文を寄せている。

「材料に因りて景趣を作る、景趣に因りて材料を撰ぶ、之れ余と植木師との衝突の免かれぬ大要の焦點である。」

つまり、植木師は材料の如何に基づいて景趣を作るに過ぎないので、家屋との調和とか全体の景趣に頓着しない。また土質や肥料についての新知識もなく、「松の手當には川芎に限るものとなし、芝には糞尿の他はないものと心得てをる」というのが杉本の植木屋に対する認識であった。さらには、それまで依頼された築庭において思い通りになったものは一つもなく、「無修養・無知識の植木師」ゆえに面目を欠き、不評判を蒙《こうむ》ったことも少なくなかったと公言してはばからない。当時、このような風潮があったことは驚きである。

重森三玲と中根金作による批判

職人を低くみる傾向は現代にも受け継がれているようだ。植治と近代庭園に対して痛烈な批判を展開した現代の造園家、重森三玲と中根金作《なかねきんさく》にも、その片鱗が顔を覗かせている。

芸術至上主義を唱える重森は、明治から大正期の庭園を成金的で芸術性は皆無であり、職人芸に終わっていると断じ、矛先を近代の施主層へも向けている。

「庭園に対する何らの知識もなく、芸術性をもたぬ人々が自ら設計し、又は職人を指導し、ただ金のあるに任せて築造する風が流行した」

その批判は、紛れもなく無隣庵を作庭した山縣有朋と植治を念頭においたものであろう。重森はまた、当時重宝がられた借景式庭園は成金主義の表現であり、自然主義的庭園を最高の作品かのように誤認していた結果であると近代庭園そのものを否定する。さらに、高度な石組技術が皆無となったことから捨石の手法がとられ、石組技術の拙劣さを隠すためにサツキやツツジの類を配植した、と極めて手厳しい（『日本庭園史大系』第二十七巻）。

中根も同様に、明治維新による文化的断絶によって日本の作庭技術は中断したとみる。植治をはじめ近代の植木屋はあくまで〝職人〟であり、〝文化人〟としての素養を身につけていた「（中世の）夢窓国師を頂点とした作庭家たちと治兵衛他の植木職とを比較することは無理であり、同じ技術を要求することはできない」というのである。

無隣庵については、「どこかバタ臭い雰囲気をみせている」としながらも、山縣の指図があったので「繊細さと品位のある格調の高さを持っている」と多少の評価を与えているものの、植治に関しては、

「これ以後の治兵衛の作庭で無隣庵に匹敵する庭は見当たらない」

と全く否定的である（『京都の庭と風土』）。

「作庭家」としても知られる重森と中根に共通しているのは、明治維新後の、石組をはじめとする

作庭技術の低下であり、文化的、芸術的素養に欠ける施主と職人による作庭が近代庭園を堕落へと導いたとの認識にほかならない。それが「植木屋」植治の、ひいては近代庭園の否定へと向かわせたのである。その批判の根底にあるのは、近代の文化的状況の誤認であり、芸術あるいは石組至上主義ともいうべき偏狭な庭園史観であり、「植木屋」に対するいわれなき優越感と羨望であるといわねばならないだろう。

庭園の芸術性

重森が近代庭園の自然主義的傾向を批判したのは、「庭園の芸術性」を標榜し、創作による「永遠のモダン」を目指す「造形作家」としての立場からであったとみることができる。その見解は、自然をそのまま表現すること自体が創作という観点から堕落と映ったことに起因しており、「素材の自然性に従属、依存せず、創作的意図を発揮すべし」との信念に基づいている（『重森三玲作品集』）。

また重森と中根は、共に視覚重視の「芸術的」価値基準に依拠しているため、庭園が生活文化の一つであるという最も基本的な認識が欠如している。もちろん、ある時代には緊張感の漲る石組が求められたこともあった。一方では、当然のことながら、儀式や遊びの空間としての庭園も存在している。いずれにしても、その時々の時代性を反映して庭園が作られてきたことに変わりはなく、そこに優劣をつける筋合いはない。

重森と中根の庭園史観は、近代庭園だけではなく、近世を代表する大名庭園の評価を歪めたものにしてしまった側面もある。その過ちに対して、壮大な饗応《きょうおう》の装置として機能した大名庭園の存在意義を再評価したのが白幡洋三郎である。白幡は近代の産物ともいうべき視覚重視の芸術、技術至上主義的な庭園史観を批判するとともに、植治の庭園が大名庭園を継承したものであるとして、次のように述べている（『大名庭園』）。

「大名庭園は新たな形をとって、新しい時代の造園を担いはじめたともいえる……。それは、……新興の政・財界人たちが……必要とする社交にこたえてくれる意匠と様式を大名庭園がもっていたからだ」

3　近代庭園の本質的価値

戦前の評価

昭和十七（一九四二）年、田村剛は山縣有朋の庭園を自然趣味、自然主義と位置付けたうえで、手法は大胆、豪放、こせこせした職人的な技巧を嫌ったとの評価を与えている（「山縣有朋公と庭園」『庭園』二十四号五巻）。

その特色として指摘しているのは、地形に変化があり、環境をできるだけ利用していること。また人工的なものは嫌いで飛石や石燈籠はあまり好まず、庭木は松や楓、檜、椹、下草は熊笹といった野趣のあるものを群植したこと。とりわけ執着した水は広く浅く流れる小川を好んだこと、などであった。

興味深いのは、山縣の庭園を同時代の他の庭園と比較しながら、その独自性を論じている点である。たとえば椿山荘は広々とした田園を隔てて対峙する大隅侯の庭園、隣の細川侯の庭園、あるいは鍋島侯の庭園などとは一線を画しているという。

また、刈込みの配置された広い芝生の中を曲線の園路がめぐり、飛石、石燈籠、石組を極力排除するなど、都下の華族の庭園の大多数を設計した小平義親の和様折衷式庭園との共通点を認めながらも、外国の影響という点で大きく異なるとする。その一方で、益田男爵（鈍翁）の御殿山太郎庵、あるいは原富太郎（三溪）の横浜三溪園と共通性を有することを指摘している点が注目される。

文化財庭園としての評価

文化財的見地から近代庭園が評価されるのは、戦後になってからである。

昭和二十六（一九五一）年、まず「無鄰庵庭園」と「清風荘庭園」が国の名勝に指定された。しかし、その指定説明には「明治時代における優秀な庭園である」（無鄰庵庭園）、「この時代（明治）の代表的庭園と言ってよい」（清風荘庭園）とあるだけで、作庭者である植治には触れられていない（「史跡名勝天然記念物指定説明　昭和二十六年六月六日　第三回第三分科會」）。

名勝の指定説明に「植治」の名が初めて現れるのは、植治の三十三回忌に山根徳太郎が著した『小川治兵衛』（一九六五年）以後のことであった。昭和五十（一九七五）年に指定された「平安神宮神苑」には「明治の代表的作庭家、小川治兵衛の手になるもので……」とあり、この頃には植治が評価されだしていたようである。

昭和六十三（一九八八）年に指定された「對龍山荘庭園」では、『京華林泉帖』（一九〇九年）や『日本――美術と工芸　第四号』（一九一二年）などの同時代資料から、作庭経過を記するとともに作庭者が植治であることを明示している。さらに南禅寺界隈別荘庭園群の一つとして位置付け、その空間構成や意匠の特徴に言及していることから、植治に関する研究がかなり進んでいたことがわかる。

象徴主義から自然主義へ

一方、建築家の立場からいち早く植治を評価したのが鈴木博之である。その要旨は概略以下の通りである。

小澤圭次郎の「明治庭園記」は植治についての言及を欠き、京都の庭園に説き及ぶ際にも「京都各寺の庭園が、維新後、頓に荒敗に帰し」た点に重点を置いていて、平安遷都千百年記念祭について言及する際にも植治の業績を論ずることはない。また、勧修寺経雄の「京都の明治維新後の變遷」でも植治の関係した円山公園についての記述はあるものの、同様である。総じて『明治園藝史』には江戸の伝統を破却することを批判する態度と洋風文明開化を評価する視点とが併存しており、その狭間に「小川治兵衛的」な人物の活動は陥んでしまって見失われているふしがある。だが、むしろそこにこそ、植治が再評価されねばならぬ点がある……云々（「明治から昭和にいたる数寄屋――植治の世界」『建築雑誌』九七巻一一九五号）。

最も注目すべきは、植治の特色について、

「具体的な作庭技術にあるというよりも、むしろ和風庭園を近代の日本に適合するように再編していったところに求められるのではないであろうか。……小川治兵衛の庭園を通じて明治から昭和初期の庭園を考えるとき、そこには和風庭園から和洋折衷庭園への変化よりも、むしろ象徴主義的庭園から自然主義的庭園への変化が、より重要な要素として看取されるのである。近代における数寄屋の世界を考える際にも、この点は注意されねばならぬであろう。」

と結論づけている点である。

庭園史家の立場から小野健吉も同様に、

「明治中期から昭和初期にかけての京都に築造された自然主義風景式庭園は……近世以前の日本庭園の象徴主義的なデザインを払拭した点において、日本庭園史上の一つの画期をなすものであり……」

(『京都を中心にした近代日本庭園の研究』)

と位置付けている。

このように日本の近代庭園は、象徴主義を払拭して自然主義へと向かう時代を反映しているところに本質的な特徴があり、その潮流のなかで、植治が果たした役割の一つが近代数寄空間の創出であったといえよう。

4 「五感で味わう庭」が醸し出す文化的景観

昭和四十年代から京都における「雑木の庭」のリーダーとして活躍した小島佐一によれば、昭和の初め頃、京都の造園界には三つの流れがあったという。一つは植治の「御殿風」、もう一つは千家出入りの植熊こと加藤熊吉の「茶庭風」、そして三つめが本位政五郎の「文人風」である。植治を「御殿風」としたのは、作風というより植治の施主層に由来すると考えられ、作庭の主舞台となった南禅寺界隈の別荘群からのイメージであったとみてよい（『小島佐一作庭集』）。

「歌枕の庭園化」を脱する

東山を望む雄大な空間構成、琵琶湖疏水の水による躍動的な流れのデザイン、開放的な露地空間、園遊会や大寄茶会のための広々とした芝生広場……。東山一帯の自然景観と歴史的風土に溶け込み、時代の感性に応える植治の空間デザインの卓抜さは比類なきものであった。従来の日本庭園が名所《などころ》の風景、すなわち「歌枕の世界」をモチーフにしてきたのに対して、植治は身近な自然、誰もが見覚えのある田園や山里の風景を原寸で表現しようとしたのである。

軽やかな水音に誘われて沢飛びを渡り、鬱蒼とした杉木立のなかに入っていくと瀧音が聞こえる。まるで山中に迷い込んだような錯覚に陥るほどの情景描写。それは「歌枕の庭園化」を脱した「時代精神の庭園化」といえよう。また、当時は鴨川などで日常的に目にすることのできた蛇籠を流れの岸辺に伏せ、庭園内に田畑を作って収穫するという発想は生活デザインの極致といってもよい。

近代の自然主義的傾向のなかで、植治によって日本庭園が「眺める庭園」から「体感する庭園」へ、さらには「五感で味わう庭園」へと転換されたことの意味は極めて大きい。

南禅寺界隈と岡崎の文化的景観

このような植治の作庭スタイルを育んだ南禅寺界隈には、東山の懐に抱かれ、琵琶湖疏水の水が毛細血管のように張り巡らされた「近代庭園文化圏」ともいうべき独特の文化的景観が形成されることになった。それは水力発電の出現による工業地化から別荘地への転換と、東山一帯の風致保存の動きという文脈のなかで捉えることができる。

これに対して、京都の近代化を象徴する岡崎一帯は、南禅寺界隈とは異なる道を歩むことになる。第四回内国勧業博覧会場跡地が岡崎公園として整備されていく一方で、疏水本線沿いには疏水の水を利用した工場が引き続いて稼働していたからである。

明治十八（一八八五）年創業の奥村電気商会もその一つであった。ところが、岡崎の工場は大正九（一九二〇）年に吉祥院へ移転し、跡地には同商会経営の「京都パラダイス遊園地」がオープンする。突如として出現した異様な光景、それは第四回内国勧業博覧会場の賑わいと見間違うほどであったが、奥村商会の経営悪化によってわずか数年で姿を消す。大正十四（一九二五）年、跡地は藤井善助《ふじいぜんすけ》へ売却され分譲住宅地として新たに生まれ変わるものの、文化的景観という意味では明確な価値付けがなされないままやり過ごされてきた感がある。

風致保存という観点からも、両地域は異なる位置付けがなされてきた。東山山麓一帯が歴史的風土

京都パラダイスの光景（上）と跡地の宅地分譲広告（下）
（『大阪朝日新聞 京都滋賀版』大正15年４月21日）

保存地区あるいは同特別保存地区に指定されているのに対し、白川右岸の岡崎周辺はその範囲外にある。また風致地区の種別においても南禅寺界隈と岡崎周辺とは格差があり、並河靖之邸と小川治兵衛邸の位置する神宮道より西の地域にいたっては風致地区からも外れている。岡崎公園の東側を含め、これらの地域ではかつての邸宅、別荘が次々と姿を消し、街の様相は一変してしまった。

このような状況の中で、平成十九（二〇〇七）年から「新景観政策」が実施され、また平成二十一（二〇〇九）年に認定された「京都市歴史的風致維持向上計画」では、南禅寺界隈とともに岡崎および吉田周辺まで重点区域が拡大されるなどの施策がうち出されている。

植治が死の間際まで気にとめていた「風致保存」とは、南禅寺界隈と岡崎周辺が一体となった、近代庭園群を核とする文化的景観の形成ではなかったか。ぜひとも植治が遺したメッセージに応えたいものである。

参考文献

尼﨑博正「南禅寺界隈疏水園池群の水系」京都芸術短期大学紀要『瓜生』七号、一九八四年。

尼﨑博正「守山石と小川治兵衛」京都芸術短期大学紀要『瓜生』九号、一九八六年。

尼﨑博正「明治期に築造された京都の庭園――『京華林泉帖』の庭園観との係わり」京都芸術短期大学紀要『瓜生』十一号、一九八九年。

尼﨑博正編著『植治の庭――小川治兵衛の世界』淡交社、一九九〇年。

史資料と現地調査に基づいて植治の事績を検証し、その代表作を作庭年代順に写真とともに紹介。植治研究の草分けとなった専門書。

尼﨑博正『石と水の意匠――植治の造園技法』淡交社、一九九二年。

植治の庭の細部意匠を写真によって克明に解説。石と水の意匠の絶妙さをはじめ、作庭手法の全容を知ることができる。

尼﨑博正「七代目小川治兵衛（植治） 近代庭園の先覚者」『ランドスケープ研究』五八（二）、日本造園学会、一九九四年。

尼﨑博正・矢ヶ崎善太郎・仲隆裕「特集 植治の露路」『淡交』第四十八巻第九号、淡交社、一九九四年。

尼﨑博正「雑木の庭の系譜」『庭園学講座Ⅶ 日本庭園と植物』京都芸術短期大学／京都造形芸術大学日本庭園研究センター、二〇〇〇年。

尼﨑博正「白河院の庭園」『庭園学講座Ⅶ　日本庭園と植物』京都芸術短期大学／京都造形芸術大学日本庭園研究センター、二〇〇〇年。

尼﨑博正『庭石と水の由来——日本庭園の石質と水系』昭和堂、二〇〇二年。

尼﨑博正『茶庭のしくみ』淡交社、二〇〇二年。

尼﨑博正・中村一『風景をつくる』昭和堂、二〇〇二年。

尼﨑博正「文化財庭園における保存管理技術」『庭園学講座Ⅹ　文化財庭園の保存管理技術』京都造形芸術大学日本庭園研究センター、二〇〇三年。

尼﨑博正「渉成園の成立過程と水系の変遷」『庭園学講座Ⅹ　文化財庭園の保存管理技術』京都造形芸術大学日本庭園研究センター、二〇〇三年。

尼﨑博正「並河靖之七宝記念館庭園」『庭園学講座Ⅹ　文化財庭園の保存管理技術』京都造形芸術大学日本庭園研究センター、二〇〇三年。

尼﨑博正「近代庭園の空間的特質と煎茶」『庭園学講座Ⅻ　近代庭園と煎茶』京都造形芸術大学日本庭園研究センター、二〇〇五年。

尼﨑博正「清風荘——住友春翠・西園寺公望と植治」『庭園学講座Ⅻ　近代庭園と煎茶』京都造形芸術大学日本庭園研究センター、二〇〇五年。

尼﨑博正・小川後楽・矢ヶ崎善太郎『近代庭園の空間的特質にみられる煎茶的要素に関する研究　平成十五年度～十六年度科学研究費補助金　研究成果報告書』二〇〇五年。

尼﨑博正『市中の山居　尼﨑博正作庭集』淡交社、二〇〇六年。

尼﨑博正「近江の庭園と風景」『庭園学講座XIII　名勝と文化的景観——近江の庭園と風景』京都造形芸術大学日本庭園研究センター、二〇〇六年。

尼﨑博正「慶雲館と植治」『庭園学講座XIII　名勝と文化的景観――近江の庭園と風景』京都造形芸術大学日本庭園研究センター、二〇〇六年。

尼﨑博正編著『對龍山荘――植治と島藤の技』淡交社、二〇〇七年。

尼﨑博正編著『すぐわかる　日本庭園の見かた』東京美術、二〇〇九年。

尼﨑博正「小川治兵衛の世界《上》並河靖之七宝記念館の庭」『庭』No.192、建築資料研究社、二〇一〇年。

尼﨑博正「小川治兵衛の世界《中》山縣有朋の別荘「無鄰庵」庭園」『庭』No.193、建築資料研究社、二〇一〇年。

尼﨑博正「小川治兵衛の世界《下》平安神宮神苑」『庭』No.194、建築資料研究社、二〇一〇年。

尼﨑博正「植治の仕事とその周辺」『庭園学講座XVII　近代数寄者の庭――植治をめぐる人々』京都造形芸術大学日本庭園・歴史遺産研究センター、二〇一〇年。

尼﨑博正・小川後楽・麓和善・矢ヶ崎善太郎・武藤夕佳里『近代庭園の成立要因に関する研究――日本の近代庭園にみる煎茶文化とその地域性』二〇一〇年。

尼﨑博正「東山山麓の庭園文化」『庭園学講座XVIII　庭園都市・京都――東山の庭園文化』京都造形芸術大学日本庭園・歴史遺産研究センター、二〇一一年。

天沼香『ある「大正」の精神――建築史家天沼俊一の思想と生活』吉川弘文館、一九八二年。

天沼俊一『家蔵瓦図録』上下、一九一八年。

天沼俊一「石灯籠」『恩賜京都博物館講演集　第七號』京都博物館、一九三〇年。

天沼俊一『石燈籠』スズカケ出版、一九三二～一九三三年。

天沼俊一『慶長以前の石燈籠』スズカケ出版、一九三七年。

石田潤一郎ほか「明治後期以降の京都市およびその周辺地域における住宅形成事業について――近代日本の市街地形成に関する考察（その1）」『昭和六三年度　日本建築学会近畿支部　研究報告集』日本建築学会、一九八八年。

井本伸広・尼﨑博正「『守山石』について」『琵琶湖の基盤地質形成史に関する研究』滋賀県（仮称）琵琶湖博物館開設準備室委託研究調査報告書、一九九二年。

岩城亘太郎『日本の庭――岩城亘太郎作品集』淡交社、一九七八年。

上田傳三郎『泉石雅観』城丹公論社、一九二二年。

植村善博『京都の治水と昭和大水害』文理閣、二〇一一年。

碓井小三郎『花洛林泉帖』芸艸堂、一九一〇年。

碓井小三郎編纂『京都坊目誌』平安考古学会、一九一六年。

エリザ・R・シドモア／外﨑克久訳『シドモア日本紀行』講談社学術文庫、一九〇二年版訳・二〇〇二年。

大垣純子「織宝苑庭園の水系の変遷と水の意匠の成り立ちに関する考察」京都造形芸術大学修士論文、二〇〇九年。

大阪営林局『東山國有林風致計畫』三有社、一九三六年。

大塚栄三『益田克徳翁伝』東方出版、二〇〇四年。

小形純一「飯田十基　雑木の庭の創始者」『ランドスケープ研究』六一（一）、日本造園学会、一九九七年。

小川後楽『煎茶器の基礎知識』光村推古書院、一九八六年。

小川後楽『煎茶への招待』日本放送出版協会、一九九八年。

小川後楽「煎茶文化」『庭園学講座Ⅻ　近代庭園と煎茶』京都造形芸術大学日本庭園研究センター、二〇〇五年。

小川後楽「山紫水明処（頼山陽旧邸）」『庭園学講座Ⅻ　近代庭園と煎茶』京都造形芸術大学日本庭園研究センター、二〇〇五年。

小川後楽「『煎茶』の思想的・政治的景観――試論」『庭園学講座ⅩⅦ　近代数寄者の庭――植治をめぐる人々』京

都造形芸術大学日本庭園・歴史遺産研究センター、二〇一〇年。

十一代　小川治兵衛（小川雅史）監修『「植治の庭」を歩いてみませんか』白川書院、二〇〇四年。

当代の監修により、代々受け継がれてきた「植治の庭づくりのこころ」や「代々の植治さん物語」等が収録されている。

小川保太郎『行幸二十五年　慶雲館建碑式　記念写真帖』一九一二年。

小川白楊編輯『古瓦譜』一九二二年。

小川白楊『家蔵瓦譜　第一輯』一九二四年。

小川白楊『考古聚英　第壹輯（石燈籠之部）』第一集〜第五集、関西考古會、一九二五年〜一九二六年。

小椋純一『絵図から読み解く人と景観の歴史』雄山閣出版、一九九二年。

小澤圭次郎ほか『明治園藝史』日本園芸研究会、一九一五年。

小野健吉・佐々木邦博「小川治兵衛の作庭に関する研究（その一）」昭和五八年度日本造園学会関西支部大会研究発表要旨、一九八三年。

小野健吉「小川治兵衛の作庭に関する研究（その二）」昭和五九年度日本造園学会関西支部大会研究発表要旨、一九八四年。

小野健吉「神坂雪佳の作庭とその意義について」『造園雑誌』四九巻五号、一九八六年。

小野健吉「對龍山荘における小川治兵衛の作庭手法」『造園雑誌』五〇巻五号、一九八七年。

小野建吉「三溪園に見る原富太郎（三溪）の思想・造園理念・意匠」『造園雑誌』一九九〇年。

小野健吉『京都を中心にした近代日本庭園の研究』奈良国立文化財研究所、二〇〇〇年。

小野健吉『日本庭園――空間の美の歴史』岩波書店、二〇〇九年。

小野健吉「京都画壇と庭園」『庭園学講座XVII　近代数寄者の庭――植治をめぐる人々』京都造形芸術大学日本庭

園・歴史遺産研究センター、二〇一〇年。

笠原一人「背景としての東山――第四回内国勧業博覧会と平安遷都千百年記念祭を通して」『東山／京都風景論』昭和堂、二〇〇六年。

加藤友規「何有荘庭園における歴史的変遷と復元的考察」京都造形芸術大学修士論文、二〇〇九年。

北村信正「旧古河庭園」『東京公園文庫　一九』郷学舎、一九八一年。

京都市水道局『琵琶湖疏水の100年（叙述編）』一九九〇年。

京都市電気局『琵琶湖疏水略誌』一九三九年。

京都市電気局『琵琶湖疏水及水力使用事業』一九四〇年。

京都市編『京都の歴史』第6巻、学芸書林、一九七三年。

京都市編『京都の歴史』第8巻、学芸書林、一九七五年。

京都市役所『京都市大禮奉祝誌』一九三〇年。

京都市役所『無鄰菴』一九四三年。

京都府（湯本文彦編纂）『京華林泉帖』一九〇九年。

京都府造園協同組合『組合百年史』一九八七年。

京都府文化財保護基金『京都の明治文化財』一九六八年。

久保田金僊『清流亭記』下郷共済会、一九四一年。

熊倉功夫『西川一草亭』淡交社、一九九三年。

熊倉功夫『近代数寄者の茶の湯』河原書店、一九九七年。

熊倉功夫「近代数寄者の趣向」『庭園学講座XVII　近代数寄者の庭――植治をめぐる人々』京都造形芸術大学日本庭園・歴史遺産研究センター、二〇一〇年。

黒田譲『名家歴訪録』上篇、一八九九年。

黒田譲『江湖快心録』山田芸艸堂、一九〇一年。

黒田譲『續江湖快心録』京都文具教育商報社・山田聖華書房、一九〇七年。

黒田譲『續々江湖快心録』山田芸艸堂、一九一三年。

小島喜八郎「小島佐一の雑木の庭」『庭園学講座Ⅶ　日本庭園と植物』京都芸術短期大学／京都造形芸術大学日本庭園研究センター、二〇〇〇年。

小島佐一『小島佐一作庭集』誠文堂新光社、一九七六年。

小林英紀「小川治兵衛の作風の研究　南禅寺近辺の別荘群の成立からの考察」京都大学卒業論文、一九八八年。

小林英紀「明治以後の日本庭園と小川治兵衛」京都大学修士論文、一九九〇年。

近藤正一『庭園図説』博文館、一八九一年。

近藤正一『名園五十種』博文館、一九一〇年。

桜井景雄『南禅寺史』法蔵館、一九七七年。

Kunihiro SASAKI「Les innovaticns de Jihei OGAWA, paysagiste japonais 1860-1933」『PAYSAGE ACTUALITÉS — MAI 88』一九八八年。

財団法人三溪園編『三溪園一〇〇周年　原三溪が描いた風景』神奈川新聞社、二〇〇六年。

澤村延子「怡園にみる近代日本庭園の特質と現代的魅力」京都造形芸術大学修士論文、二〇一〇年。

重森三玲『日本庭園史大系』第二十七巻、社会思想社、一九七八年。

白幡洋三郎『大名庭園』講談社、一九九七年。

白幡洋三郎監修『植治　七代目小川治兵衛——手を加えた自然にこそ自然がある』京都通信社、二〇〇八年。

塵海研究会編『北垣国道日記「塵海」』思文閣出版、二〇一〇年。

末岡照啓「建築は施主の人格なり――伊庭貞剛と活機園」『月刊文化財 六月号』No465、二〇〇二年。

杉田そらんほか「七代目小川治兵衛による清風荘庭園の作庭過程と空間的特色」『ランドスケープ研究』七四（五）、日本造園学会、二〇一一年。

鈴木博之「明治から昭和にいたる数寄屋――植治の世界」『建築雑誌』九七巻一一九五号、一九八二年。

鈴木博之「山縣有朋旧邸小田原古稀庵調査報告書」千代田火災海上保険、一九八二年。

鈴木博之「庭師　小川治兵衛とその時代」『UP』四五四号〜、東京大学出版会、二〇一〇年〜二〇一一年一〇月現在連載中。

鈴木誠「旧古河庭園の和洋と近代」『文化財の保護』第三六号、東京都教育委員会、二〇〇四年。

高石ちづる「庭園の心地よさに関する研究――『怡園』での体感を基にして」京都造形芸術大学修士論文、二〇一〇年。

高橋箒庵『東都茶会記』慶文堂書店、一九一四年〜一九二〇年。

高橋義雄『我樂多籠』箒文社、一九一四年。

高橋義雄『大正茶道記』慶文堂書店、一九二二〜一九二八年。

高橋義雄『山公遺烈』慶文堂書店、一九二五年。

高橋義雄『箒のあと』秋豊園出版、一九三三年。

高橋義雄『趣味ぶくろ』秋豊園出版部、一九三五年。

高橋義雄『萬象録』思文閣出版、一九八六年〜一九九一年。

高木誠『わが国の水力発電・電気鉄道のルーツ――あなたはデブロー氏を知っていますか』かもがわ出版、二〇〇〇年。

武居二郎「自由かっ達な庭造り」『近代京都をつくった人々』京都新聞社、一九八七年。

龍居竹之介「岩城亘太郎聞き書」『庭』別冊四六、建築資料研究社、一九八五年。

龍居竹之介「文化財庭園の現状と保存管理上の課題」『庭園学講座X　文化財庭園の保存管理技術』京都造形芸術大学日本庭園研究センター、二〇〇三年。

田中緑紅『明治文化と明石博高翁』明石博高翁顕彰会、一九四二年。

田中貢太郎『西園寺公望傳』改造社、一九三二年。

田中正大「近藤正一と明治の庭園」『造園の歴史と文化』京都大学造園学研究室編、養賢堂、一九八七年。

田辺朔郎『琵琶湖疏水誌』丸善、一九二〇年。

田村一男『塚本キミさん口述覚書』一九七四年。

辻本治三郎『京都案内　都百選　全』尚徳館、一八九四年。

徳富猪一郎編『公爵山縣有朋傳』山縣有朋公記念事業會、一九三三年。

徳永哲「庭園が醸し出す南禅寺界隈の文化的景観」京都造形芸術大学修士論文、二〇一〇年。

仲隆裕「京都市指定文化財（名勝・庭園）の修理について――對龍山荘庭園における事例より」昭和六三年度日本造園学会関西支部大会研究発表要旨、一九八八年。

仲隆裕「白沙村荘庭園」『庭園学講座XII　近代庭園と煎茶』京都造形芸術大学日本庭園研究センター、二〇〇五年。

仲隆裕「近代庭園の文化財指定と保存修復のとりくみ」『庭園学講座XVII　近代数寄者の庭――植治をめぐる人々』京都造形芸術大学日本庭園・歴史遺産研究センター、二〇一〇年。

中嶋節子「昭和初期における京都の景観保全思想と森林施業――京都の都市景観と山林に関する研究」日本建築学会計画系論文集、第四五九号、一九九四年。

中嶋節子「近代京都における市街地近郊山地の『公園』としての位置付けとその整備」日本建築学会計画系論文

集、第四九六号、一九九七年。

中嶋節子「管理された東山——近代の景観意識と森林施業」『東山／京都風景論』昭和堂、二〇〇六年。

中根金作『京都の庭と風土』加島書店、一九九一年。

中村昌生『数寄の工匠』淡交社、一九八六年。

中村昌生『数寄屋邸宅集成・京の別業』毎日新聞社、一九八八年。

奈良文化財研究所編『琴ノ浦　温山荘園　庭園調査報告書』財団法人琴ノ浦温山荘園、二〇〇九年。

旧広瀬邸文化財調査委員会編集『別子銅山の近代化を見守った広瀬邸——旧広瀬邸建造物調査報告書』新居浜市教育委員会、二〇〇二年。

西川一草亭『瓶史』「昭和六年秋風號」「昭和九年新春特別号」「昭和九年夏の號」「昭和一二年夏の号」去風洞。

西川正治郎『幽翁』図書出版社、一九九〇年。

日本庭園協会編著『飯田十基　庭園作品集』創元社、一九八〇年。

ハーバート・G・ポンティング／長岡祥三訳『英国特派員の明治紀行』新人物往来社、一九八八年。

橋爪紳也『日本の遊園地』講談社、二〇〇〇年。

針ヶ谷鐘吉『庭園襍記』西ヶ原刊行会、一九三八年。

飛田範夫「小堀邸庭園（小川治兵衛作）の消滅」昭和五六年度日本造園学会関西支部大会研究発表要旨、一九八一年。

飛田範夫「小川治兵衛の作品年代」昭和五九年度日本造園学会関西支部大会研究発表要旨、一九八四年。

藤田彰典「京都の植木屋仲間」「明治二十年の植木屋分布図」『社会科学23』同志社大学人文科学研究所、一九九七年。

麓和善「住宅建築における近世と近代の連続性——煎茶席と近代和風住宅」『2003年度日本建築学会大会

建築歴史・意匠部門　研究協議会資料』二〇〇三年。

麓和善「煎茶席と近代和風住宅」『庭園学講座Ⅻ　近代庭園と煎茶』京都造形芸術大学日本庭園研究センター、二〇〇五年。

松隈章「―設計思想〝日本の住宅〟を世界発信―藤井厚二著〝THE JAPANESE DWELLING-HOUSE〟（1930年発行・明治書房）」『大阪市立住まいのミュージアム研究紀要』館報第八号　二〇一〇年。

松本恵樹ほか「近代の東京を代表する庭師・二代松本幾次郎の経歴」『平成23年度日本造園学会関東支部大会事例・研究報告集』第29号、二〇一一年。

丸山宏「円山公園の近代」『造園の歴史と文化』京都大学造園学研究室編、養賢堂、一九八七年。

丸山宏『守られた東山――名勝保護政策をめぐって」『東山／京都風景論』昭和堂、二〇〇六年。

三浦豊二『田中源太郎翁傳』一九三四年。

三菱広報マンスリー『みつびし』四六、三菱広報委員会、一九六九年。

御舩杏里「日本庭園の骨格と仕組みの読解」京都造形芸術大学修士論文、二〇〇九年。

武藤夕佳里「並河靖之――その人と京都七宝」『近代陶磁』第7号、近代国際陶磁研究会、二〇〇六年。

武藤夕佳里「明治期の外国人著作に見る並河家の庭園」日本庭園学会誌20、二〇〇九年。

武藤夕佳里「史料にみる円山の遊覧」『庭園学講座XⅧ　庭園都市・京都――東山の庭園文化』京都造形芸術大学日本庭園・歴史遺産研究センター、二〇一一年。

森口訓男「慶雲館庭園発掘調査の成果について」『庭園学講座XⅢ　名勝と文化的景観――近江の庭園と風景』京都造形芸術大学日本庭園研究センター、二〇〇六年。

守屋雅史「煎茶道具と近代煎茶空間」『庭園学講座Ⅻ　近代庭園と煎茶』京都造形芸術大学日本庭園研究センタ

ー、二〇〇五年。

矢ヶ崎善太郎「京都市長公舎の建築」『普請』一八号、一九八九年。

矢ヶ崎善太郎「近代京都における別荘建築の一動向——清水吉次郎別邸『十牛庵』をめぐって」日本建築学会近畿支部研究報告集、一九九〇年。

矢ヶ崎善太郎「明治期における南禅寺近傍の別荘地開発」京都工芸繊維大学工芸学部学術報告、一九九〇年。

矢ヶ崎善太郎「近代京都の東山における別荘地の形成と数寄空間」『野村美術館研究紀要』第五号、野村文華財団、一九九六年。

矢ヶ崎善太郎『近代京都の東山地域における別邸・邸宅群の形成と数寄空間に関する研究』京都工芸繊維大学学位論文、一九九八年。

矢ヶ崎善太郎「白河院の建築」『庭園学講座Ⅶ　日本庭園と植物』京都芸術短期大学／京都造形芸術大学日本庭園研究センター、二〇〇〇年。

矢ヶ崎善太郎「文人達の数寄空間」『庭園学講座Ⅻ　近代庭園と煎茶』京都造形芸術大学日本庭園研究センター、二〇〇五年。

矢ヶ崎善太郎「伊集院兼常と廣誠院の建築」『庭園学講座Ⅻ　近代庭園と煎茶』京都造形芸術大学日本庭園研究センター、二〇〇五年。

矢ヶ崎善太郎「趣味世界としての東山——東山でおこなわれた茶会をめぐって」『東山／京都風景論』昭和堂、二〇〇六年。

矢ヶ崎善太郎「数寄屋大工の近代」『庭園学講座XVII　近代数寄者の庭——植治をめぐる人々』京都造形芸術大学日本庭園・歴史遺産研究センター、二〇一〇年。

矢ヶ崎善太郎「清流亭の建築」『庭園学講座XVII　近代数寄者の庭——植治をめぐる人々』京都造形芸術大学日本

庭園・歴史遺産研究センター、二〇一〇年。

矢ヶ崎善太郎「東山大茶会と東山茶会」『庭園学講座XVIII　庭園都市・京都――東山の庭園文化』京都造形芸術大学日本庭園・歴史遺産研究センター、二〇一一年。

矢ヶ崎善太郎「碧雲荘の建築と庭園」『庭園学講座XVIII　庭園都市・京都――東山の庭園文化』京都造形芸術大学日本庭園・歴史遺産研究センター、二〇一一年。

山田光三「植木屋仲ケ間について」『日本史研究　第九五号』一九六八年。

山根徳太郎『小川治兵衞』小川金三、一九六五年。

七代目小川治兵衛の三十三回忌にあたって出版された最初の略伝。この書物により、植治が専門家の間で認知されるようになった。

横山正「文人の好みとその空間」『茶道聚錦七　座敷と露地』一九八四年。

吉田光邦「並河靖之の七宝と中原哲泉」『中原哲泉・京七宝文様集』淡交社、一九八一年。

吉村龍二「近代数寄者、原富太郎が創った三溪園の庭――民に開かれた庭」『庭』No.202、建築資料研究社、二〇一一年。

若松雅太郎『琵琶湖疏水全誌』一八八八年。

若松雅太郎『平安遷都千百年記念祭協賛誌』一八九六年。

『稲畑勝太郎君傳』稲畑勝太郎翁喜壽記念傳記編纂會、一九三八年。

『岩崎小弥太伝』岩崎小弥太伝編纂委員会、一九五七年。

『宇多天皇一千年　弘法大師一千百年御忌紀要』仁和寺々務所、一九三一年。

『大原孫三郎伝』大原孫三郎伝刊行会、一九八三年。

『花洛名勝図会　東山之部』一八六二年。

『関西名家庭園図集』東雲新報社、一九一四年。

「旧齋藤家別邸活用等検討委員会　第二回会議　議事録」二〇一〇年。

『明治三十三年　京都市会議事録』一九〇〇年。

『京都市及接続町村地籍図』京都地籍図編纂所、一九一二年。

『京都商工大鑑　附　京滋紳士録』帝国興信所京都支所、一九二八年。

『京都ダイレクトリー』京都ダイレクトリー発行所、一九一五年。

『京都府寫真帖』京都府庁、一九〇八年。

『建築工藝叢誌』第二期　第二十三冊〜二十四冊、建築工藝協会、一九一六年。

『御大禮記念寫真帖』一九一六年。

『島藤百年史』島藤建設工業株式会社、一九七三年。

『清水吉次郎伝――近代数寄者・清水吉次郎と「十牛庵」の記録』植治研究会、一九九九年。

『清水建設二百年』清水建設、二〇〇三年。

『昭和大禮京都府記録』一九二九年。

『史料からみた清風荘の建築――建造物調査報告書』京都大学名勝清風荘庭園整備活用委員会、二〇一一年。

『住友春翠』住友春翠編纂委員會、一九五五年。

『大正大禮京都府記事庶務之部』京都府、一九一七年。

『武田博士作品集』武田博士還暦記念事業会、一九三三年。

『谷崎潤一郎旧邸・石村亭の文化的価値に関する調査研究』京都工芸繊維大学大学院工芸科学研究科　造形工学部門　日本建築研究室、二〇〇七年。

『淡交』「特集　数寄屋師木村清兵衛」第四十八巻第七号、淡交社、一九九四年。

『築山庭造伝（前編）』北村援琴、一七三五年。

『築山庭造伝（後編）』秋里籬島、一八二八年。

『庭園と風景』第九巻第二号、日本庭園協会、一九二七年。

『庭園』二十四号五巻、日本庭園協会、一九四二年。

『並河靖之七宝記念館　館蔵品図録　七宝』並河靖之七宝記念館、二〇一〇年。

『日本――美術と工藝』第四號、日本美術工藝社、一九一二年。

『庭――重森三玲作品集』平凡社、一九六四年。

『仁和寺殿舎再建記』大本山仁和寺、一九一五年。

『野村得庵』野村得庵翁傳記編纂會、一九五一年。

『伯爵清浦奎吾傳』伯爵清浦奎吾伝刊行会、一九三八年。

『東山茶會圖録』一九〇八年。

『古河虎之助君伝』古河虎之助君伝記編纂会、一九五三年。

『文化的資産としての名勝地　科学研究費補助金　平成十九年度〜平成二十一年度報告書』平澤毅ほか、二〇一〇年。

『米國庭園倶楽部代表　訪日記念寫眞帖』米國庭園倶楽部招待委員会、一九三五年。

『都林泉名勝図会』秋里籬島、一七九九年。

『都ホテル百年史』都ホテル、一九八九年。

『都ホテル　葵殿庭園及び佳水園庭園』尼﨑博正・今井直久・仲隆裕・矢ケ崎善太郎／都ホテル、一九九四年。

『名勝　慶雲館庭園　整備基本計画報告書』長浜市、二〇〇九年。

『山縣公遺稿』東京大学出版会、一九七九年。

『京都市景観計画』京都市、二〇一一年。

『平成22年度　京都市景観白書』京都市、二〇一一年。

『京都市指定名勝　光雲寺庭園整備・保存管理計画 平成十六年度報告書』光雲寺、植弥加藤造園、二〇〇五年。

『平成十年度　天王寺公園「慶沢園」整備に伴う調査業務委託報告書』大阪市建設局公園建設課／日本庭園研究センター、一九九九年。

『平成11年度　毛馬桜ノ宮公園「藤田邸跡」整備に伴う調査報告書』大阪市建設局／京都造形芸術大学日本庭園研究センター、一九九九年。

『平成12年度　毛馬桜ノ宮公園「藤田邸跡」整備に伴う調査報告書』大阪市建設局／京都造形芸術大学日本庭園研究センター、二〇〇〇年。

『平成一四年度「京都市指定名勝清水家十牛庵庭園」整備に伴う調査報告書』パックスモリ・山田造園／京都造形芸術大学日本庭園研究センター、二〇〇三年。

『京都市指定名勝　清水家十牛庵庭園整備・保存管理計画　平成十五年度報告書』パックスモリ・山田造園／京都造形芸術大学日本庭園研究センター、二〇〇四年。

『京都市指定名勝　並河家庭園整備・保存管理計画 平成一五年度報告書』財団法人並河靖之有線七宝記念財団／京都造形芸術大学日本庭園研究センター、二〇〇四年。

『京都市指定名勝　白河院庭園整備・保存計画　平成十五年度報告書』白河院／京都造形芸術大学日本庭園研究センター、二〇〇四年。

「長浜御着發」『日出新聞』一八八七年二月二十二日。

「北垣市長の談話（承前）」『日出新聞』一八九〇年二月十四日。

「山縣伯」『日出新聞』一八九二年六月十九日。
「山縣伯」『日出新聞』一八九二年六月二十一日。
「山縣伯の閑居」『日出新聞』一八九二年六月二十三日。
「山縣伯爵の別邸取拡げ」『日出新聞』一八九二年七月十三日。
「樹木植付の事」『日出新聞』一八九三年四月二十九日。
「付録」『京都日出新聞』一八九四年九月九日。
「並川氏新宅落成」『日出新聞』一八九四年十一月十六日。
「博覧會彙報」『日出新聞』一八九五年三月六・三〇日。
「博覧會案内記（三）」『日出新聞』一八九五年四月五日。
「山縣侯爵別荘の引水鐵管」『日出新聞』一八九五年八月八日。
「山縣侯来京の期」『日出新聞』一八九六年十二月二十二日。
「山縣侯の寄附」『京都日出新聞』一八九七年八月三日。
「新築府廳舎」『京都日出新聞』一九〇五年一月九日。
「抹茶と煎茶の對抗」『大阪時事新報』一九〇九年一月十五日。
「青年素人寫眞隊ＳＳ倶樂部」『京都日出新聞』一九〇九年七月四日。
「京名物（二十八）小川治兵衞氏」『京都日出新聞』一九一〇年四月十四日。
「西園寺陶庵候の隠棲」『京都日出新聞』一九一三年三月二十六日。
「閑雲に嘯く陶菴侯」『京都日出新聞』一九一三年四月十三日。
「塚本氏の福地庵」『京都日出新聞』一九一三年六月十六日。
「迎賓館」『京都日出新聞』一九一四年十一月三日。

「洛陶會　東山大茶會　ゴシップ」『京都日出新聞』一九二二年十一月一九日。

「東山茶會記（二）」『京都日出新聞』一九二一年十一月二十一日。

「洛陶會――後聞」『京都日出新聞』一九二一年十一月二十八日。

「名物老人　見識家の植治　造庭術の第一人者　七代目の小川治兵衛翁」『京都日出新聞』一九二六年二月二十一日。

「逝いた造園王　天下の名園に遺る手の跡　きかぬ氣と皮肉と　偲ばれる數々の逸話」『大阪毎日新聞』一九三三年十二月四日。

「小川治兵衛翁　造庭の一人者」『京都日出新聞』一九三三年十二月四日。

「綠の御園に映ゆる國體の尊嚴さガーデンクラブ員　御所に打たる」『京都日出新聞』一九三五年五月二十四日。

「湖畔の波打際で美に打たれる――午後は長尾欽彌氏別邸へ」『京都日出新聞』一九三五年五月二十七日。

『日本経済新聞』一九九〇年三月七日。

あとがき

一年前の平成二十三（二〇一一）年三月十一日、巨大地震と大津波が東北地方を襲った。多くの命が奪われ、数知れない人々が住む家を失った。原発から放出された放射性物質が故郷を汚染し、苦しみと恐怖に今もさいなまれている。自然の無情さを思い知らされた東日本大震災。

風景も一変した。名勝高田松原は瞬時に姿を消し、一本松だけが名残をとどめている。一方で、芭蕉も言葉を失った特別名勝松島の素晴らしい海岸風景が人々を津波から救ったという。千百数十年前に起こった「貞観」津波の時にも、湾内に浮かぶ数多の島々が防波堤となったにちがいない。これまで私たちは、どれほどまでに自然の恵みを享受してきたことか。しみじみと考えさせられる一年でもあった。

平安時代に編まれた『作庭記』の冒頭にあるように、古来、日本庭園は「生得の山水」、すなわち自然の風景に思いをよせつつ作庭されてきた。これは、日本庭園が「人と自然の共同作品」であり、その本質が「壮大な自然の輪廻」と「創造的な人の営み」の融合にあることを物語っている。私が植治に惹かれたのは、そこに日本庭園の本質を見たからのように思う。

もう三十年余り前になるだろうか、京都大学で日本庭園史を講じていた故村岡正先生の影響をうけた若い研究者たちを中心に「造園技術史研究会」が組織された。植治に関する調査報告が盛んになされ、日本造園学会でも同研究会のメンバーによる研究成果が発表されるようになる。メンバーの一人であった私が「植治研究会」を立ち上げ、建築の専門家等を交えて総合的かつ集中的に植治研究を行うことを決意したのは、急激に進む経済発展の陰で植治の庭園が次々と姿を消していく現実に直面したからであった。

その成果を平成二（一九九〇）年に『植治の庭——小川治兵衛の世界』、二年後の平成四（一九九二）年に『石と水の意匠——植治の造園技法』として世に出してから、はや二十年が経過しようとしている。当時は専門家の間でしか知られていなかった植治だが、最近では広く認知され、少々有名になりすぎた感がないでもない。それでもなお、いや、それだからこそ今、植治の事績を綿密に検証しておく必要性を感じる。

あらためて植治の生涯を振り返ってみると、京都の近代化の波にもまれながら、時代の潮流を的確に読み解き、創意工夫を発揮する総合プロデューサーとしての姿がより鮮明に浮かび上がってきた。あくまでも植木屋に徹した植治は、施主の要望に応えつつも、さりげなく自らの感性を挿入していくしたたかさを持ち合わせていた。たぐい稀な才能とともに、その現実主義こそが植治を近代庭園の先覚者たらしめたのである。

本書では主に、植治の作風を育んだ岡崎・南禅寺界隈での作庭活動に焦点を合わせてきた。それが植治の本質を見極めるのに不可欠だったからである。とはいえ、東京をはじめ全国へと展開していった植治だけに、施主層はもちろん、立地やデザインの多様性、あるいは技術面も含めて検証しなくてはならない点も多々残されている。また、植治を頂点とする職能集団「植治」の作庭活動を支えていた人々の動きも気になるところである。

若い頃、京都大学で森林生態学を学んでいた私が突然作庭の魅力にとり憑かれ、大学院を飛び出して植木屋に弟子入りしたのは四十年余り前のことであった。やがて村岡正先生をはじめとする先学との出会いによって日本庭園に目覚め、ひたすら作庭者の視点から研究を進めていくことになる。現場での仕事を通じて、作庭者の眼で古庭園と向き合い、そこに込められた多くの人々の情念を感じとりつつ、秘められた創意工夫から学ぶ。この現場主義は、全国の文化財庭園の保存修復に携わるようになった現在も、私の基本姿勢として生きている。

南禅寺界隈の庭園群を巡る水系調査では、琵琶湖疏水から庭園へ、さらには庭園から出た水の流れを足で辿りつつ、時にはマンホールを開けたりしながら、そのルートを二千五百分の一都市計画図へ丹念に書き込んでいった。これが私流の、庭園との対話手法なのである。

私は決して庭園史の「研究者」になろうとしてきたわけではない。あくまでも現場に身をおいて、今の時代、そしてこれからの時代にどのような庭園空間が求められているのかを、日本庭園の歴史の中から読み解くのが目的であった。それは「作庭者」としての私の進むべき道を発見する旅といってよいだろう。

これまでの道程で、大きな発見がいくつかあった。その一つが茶の湯にとっての理想の環境とされる「市中の山居」である。人と自然が融合する空間、とりわけ都市において自然と対話する場としての庭園、これこそが現代に課せられた命題ではないか。私自身の作庭集を「市中の山居」と名づけた所以である。じつは「植治」研究も、このような問題意識と同じ土俵上にある。

言うまでもないことだが、本書は多くの方々の研究成果の上に成り立っている。調査、研究を共にした仲間たち、それにもまして現場で職人さんから学んだことは計り知れない。現地調査では庭園の所有者や管理者の方々からひとかたならぬ厚情を賜った。深く感謝の意を表したい。

最後になったが、本書が出版の日の目を見ることができたのは、ひとえに、数年ものあいだ辛抱強く待ってくださったミネルヴァ書房編集部の堀川健太郎氏の御蔭である。また、武藤夕佳里さん、浅野生衣さん、松宮未来子さん、横田光代さんたちのアシストがなければとうていかなわなかった。あらためて御礼申し上げる次第である。

平成二十四年二月

尼﨑博正

七代目小川治兵衛略年譜

和暦	西暦	齢	関係事項	一般事項
万延 元	一八六〇	1	4・5山城国乙訓郡西神足村に山本藤五郎の次男として生まれる、幼名・源之助。	
慶応 三	一八六七	7		山縣有朋、長州吉田に無隣庵を営む。
明治 二	一八六九	10		明治天皇東幸。
四	一八七一	12		社寺上知令。木屋町二条に「勧業場」開設。
六	一八七三	14		1月公園設置に関する大政官布告第一六号。
七	一八七四	15		木屋町二条に「職工場」開設。
九	一八七六	17		官林禁伐の制。
一〇	一八七七	18	11月先代治兵衛の四女・ミツの婿養子として小川家に入る。	2月西南戦争。山縣有朋、東京目白・椿山荘造営。
一二	一八七九	20	1月家督を継ぎ七代目小川治兵衛を襲名。	

一四	一八八一	22		1月北垣國道、第三代京都府知事となる。
一五	一八八二	23	長男保太郎（白楊）誕生。	
一六	一八八三	24		5月田辺朔郎、疏水計画に着手。
一八	一八八五	26		琵琶湖疏水着工。
一九	一八八六	27		『日出新聞』創刊、明治三〇年七月一日以降は『京都日出新聞』。
二〇	一八八七	28		2・21明治天皇、長浜慶雲館で休憩。9月インクライン建設。京都園藝業組合が組織される。
二一	一八八八	29		疏水分線に水路閣完成。
二二	一八八九	30		京都市制執行。
二三	一八九〇	31		4月疏水竣工式典。吉水遊園開園。
二四	一八九一	32		7月山縣有朋、木屋町二条の旧角倉別邸を入手（第二無隣庵）。8月円山公園改良について田辺朔郎実地巡検。疏水運河より水を引いて大滝・噴水をつくるな

			ど、設計方針を決定。インクライン稼働。『シドモア日本紀行』初版出版、並河靖之邸訪問記事。田中光顕、目白椿山荘の隣に「蕉雨園」を営む。
二五	一八九二	33	6・17山縣有朋、木屋町二条の第二無鄰庵泊。二〇日に中井弘と南禅寺近傍を散策。6月この頃帝室京都博物館新築工事着工、日本土木会社が請け負い、新家孝正が担当。住友春翠、住友家へ入る。11月山縣有朋、第二無鄰庵を三野村利助へ売却。
二六	一八九三	34	平安神宮、造営に着手。疏水から円山公園へ引水。3月京都市、第四回内国勧業博覧会の岡崎での開催を決定。8・24第四回内国勧業博覧会会場内に植える樹木の競争入札、五百八十五円で井上清兵衛が落札。

二七	一八九四	35	『京都案内　都百種　全』発行、「植木並二庭石商　三條白川橋北裏堀池町　小川治兵衛」と記載。無隣庵作庭開始。11・15並河靖之邸竣工披露。平安神宮神苑の作庭特命。	8月日清戦争。
二八	一八九五	36	8月疏水から無隣庵へ引水。	3・7記念殿（平安神宮）建築工事竣工。4・1第四回内国勧業博覧会開催。4月日清講和条約調印。10・22～24平安遷都千百年記念祭挙行。
二九	一八九六	37	帝室京都博物館作庭。12・22無隣庵の庭園完成。	11・30黒田天外、並河靖之邸訪問。伊集院兼常、南禅寺福地町の地を入手、八月二日に縄張りを行い、一二月二五日に建築・庭園ともに完成。『平安遷都千百年記念祭協賛誌』発行。
三〇	一八九七	38	平安神宮神苑改造工事、西神苑と中神苑とをつなぐ流れが竣工。	8・2山縣有朋、三〇年度水利事業費として京都市に二百円の寄付を出願。11・7無隣庵洋館上棟。森林法制定。古社寺保存法公布。本多静六「赤松亡国

三二	一八九九	40		論」を唱える。9月黒田天外、南禅寺畔の伊集院邸訪問。
三三	一九〇〇	41		8・10吉水遊園の地に都ホテル開業。12・2黒田天外、無隣庵を訪れる。初代京都市長・内貴甚三郎、「東方ハ風致保存ノ必要アリ」と位置付ける。
三四	一九〇一	42		谷鐵臣『對龍山荘十二景詩帖』を撰す。黒田天外、『江湖快心録』刊行。
三五	一九〇二	43		山縣有朋、東京・新々亭造営。
三六	一九〇三	44	富山県高岡市「高岡古城公園」の設計を依頼され、廣瀬万次郎を派遣。	8月清水吉次郎、川田龍吉より木屋町二条・第二無隣庵の地を購入。伊庭貞剛、石山活機園の造営開始。
三七	一九〇四	45	12・25新築なった京都府庁作庭。亀岡田中源太郎本邸作庭開始、四二年竣工。都ホテルに瀑布築造。	2月日露戦争。4・21無隣庵洋館において「無隣庵会議」。岡崎公園開設。活機園の和館を二代目八木甚兵衛が手がける。伊

三八	一九〇五	46	12月對龍山荘の土蔵完成、この頃庭園も完成。和楽庵築造開始。	庭貞剛、活機園に隠棲。9月日露講和条約調印。
三九	一九〇六	47	田中市兵衛邸作庭。	塚本与三次、白川左岸に居を構え、南禅寺界隈の別荘地開発に取り組み始める。12月清水吉次郎、木屋町二条の地を売却、高台寺桝屋町の旧玉手氏別邸を入手し、十牛庵を営む。田中光顕、古谿荘を営む。
四〇	一九〇七	48	6・11平安神宮、京都市長宛に「石柱幷庭石等下渡願」を提出。同月二六日、五条橋橋柱十四個の保管を委託され、中神苑の臥龍橋創設。	塚本与三次、角星合資会社を設立。黒田天外、『續江湖快心録』刊行。住友春翠、清風館を徳大寺家から譲り受ける。山縣有朋、小田原古稀庵造営。円山公園の左阿彌を主会場として「東山茶会」開催。
四一	一九〇八	49	清水吉次郎の別邸・桝屋町十牛庵完成。大阪・茶臼山慶沢園の作庭に着手。	『京都府寫真帖』発行。
四二	一九〇九	50	京都園藝業組合、京都市商品陳列所作庭開始、植治	『京華林泉帖』刊行。京都府立

			が施工主任。白楊、塚本与三次邸の作庭開始。	図書館開設（設計は武田五一）。1・15「抹茶と煎茶の對抗」『大阪時事新報』記事。7・3〜6岡崎で第三回全国園藝大会開催。第二琵琶湖疏水着工。
四三	一九一〇	51	3月京都市商品陳列所庭園完成。富山県庁貴賓室庭園設計。11月平安神宮『神苑築造寄付ノ儀申込書』に一一月一一日付「平安神宮東側庭園築造設計書」および見取図、鳥瞰図を添付。	ポンティング、『この世の楽園・日本』出版、並河靖之邸訪問記事。山陰線開通。『名園五十種』刊行。黒田天外、白川畔の小川邸を訪問。
四四	一九一一	52	3月慶沢園の作庭完了、建築に着手。六月一二日付で、『平安神宮神苑設計書』を再提出、平安神宮東神苑の作庭に着手。10月住友春翠とともに金沢・兼六園を訪れる。	角星合資会社、碧雲荘・怡園の地を入手、「大華園」をつくる。8月清風荘の新館造営開始。11月平安神宮、京都府に三条橋柱の石材払い下げ願。
四五	一九一二	53	5・30白楊『行幸二十五年　慶雲館建碑式　記念写真帖』を発行。7月清風荘の作庭開始。	「京都御所防火水道」敷設。1・7黒田天外、對龍山荘訪問。3月第二琵琶湖疏水完成。
七・三〇改元 大正元			10月仁和寺再建にともなう庭園修理を開始、大正三年完成。大礼準備のため、京都御苑内改造工事、桂	11・20平安神宮東神苑に貴賓室・橋殿が建築中。12・30桃山

二	一九一三	54	離宮、修学院離宮、二条離宮整備工事を拝命。4月清風荘庭園完成。4月円山公園改良工事着工。桝屋町の十牛庵改修工事開始。伏見桃山御陵築造。住友春翠の京都・鹿ヶ谷別邸（有芳園）造営着手。	御陵起工奉告祭。黒田天外、『續々江湖快心録』刊行。6・2黒田天外、白楊の案内で塚本与三次邸を訪問。西川一草亭、華道去風流家元を継ぐ。
三	一九一四	55	桝屋町十牛庵改修、大礼の際、貴族院議員・荒川義太郎が宿泊。3月円山公園改良工事完了。5月、仁和寺庭園修理完了。9月鹿ヶ谷別邸（有芳園）一旦落成、さらに敷地を拡張し、工事を継続。10月京都市迎賓館作庭完了。大正大礼に伴い悠紀・主基両殿柴垣およびその他周囲の作庭。	2月清風荘、新座敷増築工事が始まる。
四	一九一五	56	6・19高橋箒庵、植治について「資産百萬圓と稱し植木屋中にて古今無類なり」と記す。11・16植治、高橋箒庵から光悦寺新席の飛石、柴垣等の指示をうける。伏見桃山東御陵築造。南禅寺下河原町の「小川治兵衛氏別邸」が片山東熊の宿舎となる。	6月二代目八木甚兵衛歿す。8月日本、第一次世界大戦に参戦。11・10大正天皇の即位大礼挙行、塚本与三次邸が東郷平八郎の宿舎となり、「残月の間」が「清流亭」と命名される。11月『京都ダイレクトリー』発行。12月住友家の本邸が大阪・鰻谷から

五	一九一六	57	9・19高橋箒庵、植治の店で伽藍石と石塔を購入。10月頃高橋箒庵、赤坂新宅の作庭に着手、植治から資材購入、作庭は松本亀吉、農学士外山英策が築庭家見習い。11・19高橋箒庵、植治の案内で稲畑邸、市田邸を訪問。11月光悦寺新席竣工、作庭は植治、大工は木村清兵衛。平安神宮神苑完成。	茶臼山に移される。6・30高橋箒庵、古河虎之助を訪ね筑波山下に産する庭石の分与を申し出る。7月和楽庵に武田五一設計の洋館完成。11月西園寺公望、和楽庵の滝を「瑞龍」と命名。11・16高橋箒庵、山中定次郎邸と塚本与三次邸を訪問。11・22、23光悦会。
六	一九一七	58	1・15野村得庵、角星合資会社から入手した碧雲荘の地をはじめて検分し、初夏の頃より造営に着手。作庭は白楊が中心となる。5・5植治、高橋箒庵とともに大原三千院を訪れ、庭園補修案を検討。10月和楽庵草堂完成。	清水吉次郎、高台寺桝屋町の十牛庵を上西亀之助に売却。12・1〜一木庵席披き。
七	一九一八	59	西園寺公望の東京・駿河台本邸作庭開始。東京・村井吉兵衛邸の作庭開始。東京・古河虎之助邸作庭開始、建築はコンドルの設計、翌大正八年完成。京都・下村忠兵衛岡崎本邸作庭、建築は武田五一、翌八年完成。	茶臼山慶沢園造営工事完了。天沼俊一、『家蔵瓦図録　上下』出版。
八	一九一九	60	2月京都南禅寺、浜崎健吉別邸（もと吉田一穀邸）	4月住友春翠の衣笠別邸上棟、

			作庭。10月山口県知事公舎庭園設計。12月住友春翠、慶沢園で先考追悼の茶会を催し、植治、道具方を手伝う。西園寺公望の静岡・興津坐漁荘作庭。清水吉次郎、白楊の仲介で橋寺の礎石を購入、建仁寺の一角に仮置きする、時価三千五百円。	作庭は植治。都市計画法公布。
九	一九二〇	61	2月京都・木屋町二条、阿部市太郎別邸（元第二無鄰庵）作庭。5月京都・山科の下郷伝平別荘（春秋山荘）作庭。5月仁清、乾山にちなむ京都・清水寺境内の華中庵と紫翠軒を作庭。夏ごろ鹿ヶ谷別邸（有芳園）庭園完成。10月京都・東山五条東の小津清左衛門別邸作庭。	明治神宮造営成る。
一〇	一九二一	62	山口・鋳谷氏別邸作庭。5月白楊、京都・聖護院町の二代目浅見又蔵別邸作庭開始。	2月高橋箒庵、碧雲荘を訪問。11月洛陶会主催の「東山大茶会」開催。11・24高橋箒庵、有芳園・漱芳庵の口切茶会に招かれる。「京都都市計画」策定。益田鈍翁、高橋箒庵、根津青山、馬越化生ら慶沢園の茶会に招かれる。住友春翠、茶臼山本邸を大阪市へ寄贈。

一一	一九二二	63	倉敷の大原孫三郎邸改修に着手。岡山・大原別邸の作庭に着手。京都・鹿ヶ谷小川陸之助邸作庭。白楊『古瓦譜』を自費出版。	2月山縣有朋没す。『泉石雅観』発行。
一二	一九二三	64	白楊、京都園藝業組合の造庭部代表となる。	5・19高橋箒庵、碧雲荘を訪れ、『大正茶道記』に工事が竣工に近づいたことを記す。9月関東大震災。
一三	一九二四	65	2・19高橋箒庵が益田鈍翁とともに碧雲荘を訪れ、露地を批判。京都園藝業組合の相談役に就任、昭和六年まで務める。7月白楊、『家蔵瓦譜　第二輯』発刊。	
一四	一九二五	66	3・25白楊、『考古聚英　第壹輯（石燈籠之部）』第一集発行。7・5第二集、9・1第三集。白楊、都ホテル内の清浦奎吾別荘（喜寿庵）作庭完了、五月別荘披き。6・16清水吉次郎、高台寺下河原町の地を購入、十牛庵の建設開始。神戸・住友住吉本邸庭園設計。	塚本与三次邸が岩崎小弥太別邸と下郷伝平別邸（清流亭）に分割される。
一五	一九二六	67	2・21『京都日出新聞』に「見識家の植治」掲載。3・20白楊、『考古聚英　第壹輯（石燈籠之部）』第四集発行。10・20第五集。京都・南禅寺薩摩治兵衛	3・2住友春翠歿す。10・23伊庭貞剛歿す。

昭和元 一二・二五改元			別邸（もと横山隆興別邸）作庭。兵庫・住吉安宅弥吉邸作庭。京都・八坂神社神苑作庭。京都・伏見大倉恒吉邸作庭。12・28、白楊歿す、享年四五歳。聖護院の浅見又蔵別邸未完。	
二	一九二七	68	昭和大礼に伴い悠紀・主基両殿柴垣および周囲の作庭。倉敷大原孫三郎邸改修完了。秋、光雲寺作庭。	2月『庭園と風景』第九巻第二号、白楊追悼文。8月上坂浅次郎歿す。
三	一九二八	69	倉敷大原別邸（有隣荘）作庭開始。4月高台寺下河原町の十牛庵竣工。11月大礼に際し鹿ヶ谷別邸（有芳園）、秩父宮殿下の宿舎となる。碧雲荘、久邇宮邦彦王殿下の宿舎となる。東京・鳥居坂の岩崎本邸作庭開始。	4月下河原町十牛庵に清水吉次郎入居。11月昭和天皇の即位大礼挙行。天沼俊一、恩賜京都博物館で「石燈籠」について講じる。
四	一九二九	70	仁和寺庭園修理開始。京都・島津源蔵邸作庭。京都・伏見大宮邸作庭。京都・醍醐寺伝法院作庭。	
五	一九三〇	71	6・17京都・岡崎大倉邸上棟、作庭は植治。	京都、「風致地区」指定。『瓶史』発行。
六	一九三一	72	11・11栂尾高山寺遺香庵席披き、作庭は植治、大工は木村清兵衛。東寺小子房作庭。仁和寺修理完了。東京・長尾欽弥邸作庭開始。鎌倉長尾欽弥別邸作庭	円山公園名勝指定。東今出川通の開通により、清風荘の南側部分が失われる。

			開始。生家・山本邸作庭。	
七	一九三二	73	滋賀・坂本長尾欽弥別邸（隣松園）作庭開始。細川護立別邸（怡園）作庭完了。	7月島田藤吉歿す。
八	一九三三	74	京都・南禅寺岩崎小弥太別邸の改修に着手。8・3中原哲泉、植治より「岩崎邸の滝の図」に対する謝礼を受け取る。大阪・鰻谷住友旧邸作庭。京都・白川小川睦之助邸作庭開始。都ホテル可楽庵露地、葵殿作庭に着手。12・2植治歿す、享年七十四歳。12・4『京都日出新聞』死亡記事。『大阪毎日新聞』追悼記事。	京都市美術館（京都市商品陳列所跡）開設。

人名索引

あ 行

か 行

さ　行

た　行

な　行

ら・わ 行

庭園名索引

あ 行

か 行

さ　行

た　行

な　行

《著者紹介》

尼﨑博正（あまさき・ひろまさ）

1946年　兵庫県生まれ。

1968年　京都大学農学部卒業。

　　　　京都の植木屋で修業したのち，
1989年　京都芸術短期大学教授。

1992年　農学博士（京都大学）。

　　　　日本造園学会賞（設計作品部門）受賞。

　　　　京都芸術短期大学学長，京都造形芸術大学副学長を経て，
現　在　京都造形芸術大学教授，同日本庭園・歴史遺産研究センター名誉所長。

主　著　『植治の庭――小川治兵衛の世界』（編著）淡交社，1990年。

　　　　『石と水の意匠――植治の造園技法』淡交社，1992年。

　　　　『風景をつくる』（共著）昭和堂，2001年。

　　　　『庭石と水の由来――日本庭園の石質と水系』昭和堂，2002年。

　　　　『茶庭のしくみ』淡交社，2002年。

　　　　『市中の山居　尼﨑博正作庭集』淡交社，2006年。

　　　　『對龍山荘――植治と島藤の技』（編著）淡交社，2007年。

　　　　『庭と建築の煎茶文化――近代数寄空間をよみとく』（共編著）恩文閣，2018年など多数。

ミネルヴァ日本評伝選

七代目小川治兵衛《ななだいめおがわじへえ》

――山紫水明の都にかへさねば――

2012年2月10日　初版第1刷発行
2019年7月10日　初版第2刷発行

〈検印省略〉

定価はカバーに
表示しています

著　者　尼　﨑　博　正
発行者　杉　田　啓　三
印刷者　江　戸　孝　典

発行所　株式会社　ミネルヴァ書房

607-8494 京都市山科区日ノ岡堤谷町1
電話 (075)581-5191(代表)
振替口座 01020-0-8076番

共同印刷工業・新生製本

ISBN978-4-623-06285-0

Printed in Japan

刊行のことば

歴史を動かすものは人間であり、興趣に富んだ人間の動きを通じて、世の移り変わりを考えるのは、歴史に接する醍醐味である。

しかし過去の歴史学を顧みるとき、人間不在という批判さえ見られたように、歴史における人間のすがたが、必ずしも十分に描かれてきたとはいえない。二十一世紀を迎えた今、歴史の中の人物像を蘇生させようとの要請はいよいよ強く、またそのための条件もしだいに熟してきている。

この「ミネルヴァ日本評伝選」は、正確な史実に基づいて書かれるのはいうまでもないが、単に経歴の羅列にとどまらず、歴史を動かしてきたすぐれた個性をいきいきとよみがえらせたいと考える。そのためには、対象とした人物とじっくりと対話し、ときにはきびしく対決していくことも必要になるだろう。

今日の歴史学が直面している困難の一つに、研究の過度の細分化、瑣末化が挙げられる。それは緻密さを求めるが故に陥った弊害といえるが、その結果として、歴史の大きな見通しが失われ、歴史学を通しての社会への働きかけの途が閉ざされ、人々の歴史への関心を弱める危険性がある。今こそ歴史が何のためにあるのかという、基本的な課題に応える必要があろう。評伝という興味ある方法を通じて、解決の手がかりを見出せないだろうかというのも、この企画の一つのねらいである。

狭義の歴史学の研究者だけでなく、多くの分野ですぐれた業績をあげている著者たちを迎えて、従来見られなかった規模の大きな人物史の叢書として、「ミネルヴァ日本評伝選」の刊行を開始したい。

平成十五年（二〇〇三）九月

ミネルヴァ書房

ミネルヴァ日本評伝選

企画推薦
梅原　猛
ドナルド・キーン
佐伯彰一
角田文衞

監修委員
上横手雅敬
芳賀　徹

編集委員
石川九楊
伊藤之雄
猪木武徳
今谷　明
今橋映子
熊倉功夫
佐伯順子
坂本多加雄
武田佐知子
竹西寛子
西口順子
兵藤裕己
御厨　貴

上代

*俾弥呼　古田武彦
*日本武尊　西宮秀紀
*仁徳天皇　若井敏明
雄略天皇　吉村武彦
継体天皇　若井敏明
*蘇我氏四代　遠山美都男
推古天皇　義江明子
聖徳太子　仁藤敦史
斉明天皇　武田佐知子
*小野妹子・毛人・毛野　大橋信弥
*額田王　梶川信行
弘文天皇　遠山美都男
天武天皇　新川登亀男
持統天皇　丸山裕美子
阿倍比羅夫　熊田亮介
*藤原四子　木本好信
*柿本人麿　古橋信孝
*元明天皇・元正天皇　渡部育子
聖武天皇　本郷真紹
光明皇后　寺崎保広
*孝謙・称徳天皇　勝浦令子
藤原不比等　荒木敏夫
橘諸兄・奈良麻呂　遠山美都男
吉備真備　今津勝紀
*藤原仲麻呂　木本好信
道鏡　吉川真司
*藤原種継　木本好信
*行基　吉田靖雄

平安

*桓武天皇　井上満郎
嵯峨天皇　西別府元日
宇多天皇　古藤真平
醍醐天皇　石上英一
村上天皇　京樂真帆子
花山天皇　上島　享
*三条天皇　倉本一宏
藤原薬子　中野渡俊治
*藤原良房・基経　瀧浪貞子
*紀貫之　神田龍身
源高明　所　功
*安倍晴明　斎藤英喜
*藤原道長　朧谷　寿
*藤原伊周・隆家　倉本一宏
藤原定子　山本淳子
*藤原彰子　朧谷　寿
清少納言　三田村雅子
和泉式部　ツベタナ・クリステワ
大江匡房　小峯和明
*阿弖流為　樋口知志
坂上田村麻呂　熊谷公男
*源満仲・頼光　元木泰雄
平将門　西山良平
藤原純友　寺内　浩
最澄　吉田一彦
円珍　岡野浩二
*空也　石井義長
奝然　上川通夫
*源信　小原　仁
慶滋保胤　吉原浩人
*後白河天皇　美川　圭
*式子内親王　奥野陽子
建礼門院　生形貴重
*藤原秀衡　入間田宣夫
平時子・時忠　元木泰雄
平維盛　根井　浄
守覚法親王　阿部泰郎
藤原隆信・信実　山本陽子

鎌倉

源頼朝　川合　康
*源義経　近藤好和
源実朝　神田龍身
*九条兼実　加納重文
九条道家　上横手雅敬
北条時政　野口　実
熊谷直実　佐伯真一
*北条政子　関　幸彦
*北条義時　岡田清一
曾我十郎・五郎　杉橋隆夫
北条時頼　山本隆志
北条時宗　近藤成一
平頼綱　細川重男
竹崎季長　堀本一繁
西行　光田和伸
鴨長明　浅見和彦
藤原定家　赤瀬信吾
*京極為兼　今谷　明
*兼好　島内裕子
重源　横内裕人
*運慶　根立研介
快慶　井上一稔
法然　今堀太逸
栄西　中尾良信
明恵　西山　厚
*親鸞　末木文美士
恵信尼・覚信尼　西口順子
覚如　今井雅晴
*道元　船岡　誠
叡尊　細川涼一
*忍性　松尾剛次
*日蓮　佐藤弘夫
一遍　蒲池勢至
夢窓疎石　原田正俊
*宗峰妙超　竹貫元勝

南北朝・室町

後醍醐天皇　上横手雅敬

*護良親王　新井孝重
懐良親王　森　茂暁
*赤松氏五代　渡邊大門
*北畠親房　岡野友彦
楠正成　兵藤裕己
楠木正行・正儀　生駒孝臣
*新田義貞　山本隆志
*光厳天皇　深津睦夫
足利尊氏　市沢　哲
*足利直義　亀田俊和
佐々木道誉　下坂　守
細川頼之　亀田俊和
円観・文観　田中貴子
足利義詮　早島大祐
足利義満　川嶋將生
*足利義持　吉田賢司
足利義政　木下昌規
*大内義弘　平瀬直樹
伏見宮貞成親王　松薗　斉
*山名宗全　山本隆志
細川勝元・政元　古野　貢
畠山義就　呉座勇一
足利成氏　阿部能久
世阿弥　西野春雄
雪舟等楊　河合正朝
宗祇　鶴崎裕雄
*満済　森　茂暁
一休宗純　原田正俊
蓮如　岡村喜史

戦国・織豊

北条早雲　家永遵嗣
*北条氏政　黒田基樹
大内義隆　藤井　崇
斎藤氏三代　木下　聡
*毛利元就　岸田裕之
*毛利輝元　光成準治
*小早川隆景・秀秋　光成準治
*六角定頼　村井祐樹
*今川義元　小和田哲男
*武田信玄　笹本正治
*武田勝頼　笹本正治
*真田氏三代　笹本正治
*三好長慶　天野忠幸
松永久秀　天野忠幸
*宇喜多直家・秀家　渡邊大門
*上杉謙信　矢田俊文
大友宗麟　鹿毛敏夫
島津義久・義弘　福島金治
*長宗我部元親・盛親　平井上総
浅井長政　長谷川裕子
吉田兼倶　西山　克
山科言継　松薗　斉
*雪村周継　赤澤英二
正親町天皇・後陽成天皇　神田裕理
足利義輝・義昭　山田康弘

織田信長　三鬼清一郎
織田長益　八尾嘉男
*明智光秀・秀満　小和田哲男
豊臣秀吉　藤井譲治
豊臣秀次　矢部健太郎
*北政所おね　田端泰子
*淀殿　福田千鶴
蜂須賀正勝・家政　三宅正浩
前田利家　東四柳史明
山内一豊・忠義　長屋隆幸
*黒田如水　小和田哲男
*蒲生氏郷　藤田達生
石田三成　堀越祐一
*細川ガラシャ　田端泰子
*支倉常長　田中英道
千利休　熊倉功夫
*長谷川等伯　宮島新一
顕如　神田千里
教如　安藤　弥

江戸

*徳川家康　笠谷和比古
本多忠勝　柴　裕之
*徳川家光　野村　玄
徳川吉宗　横田冬彦
*後水尾天皇　久保貴子
後桜町天皇　所　京子
*光格天皇　藤田　覚

*春日局　福田千鶴
宮本武蔵　渡邊大門
*池田光政　倉地克直
保科正之　八木清治
シャクシャイン　岩崎奈緒子
*田沼意次　藤田　覚
細川重賢　安高啓明
*二宮尊徳　小林惟司
末次平蔵　岡　美穂子
*高田屋嘉兵衛　生田美智子
*林羅山　鈴木健一
吉野太夫　渡辺憲司
熊沢蕃山　川口　浩
*山崎闇斎　澤井啓一
山鹿素行　前田　勉
*北村季吟　島内景二
伊藤仁斎　澤井啓一
貝原益軒　辻本雅史
*ケンペル　B・M・ボダルト＝ベイリー
新井白石　大川　真
荻生徂徠　柴田　純
*雨森芳洲　上田正昭
石田梅岩　高野秀晴
白隠慧鶴　芳澤勝弘
前野良沢　松田　清
平賀源内　石上　敏
本居宣長　田尻祐一郎
杉田玄白　吉田　忠
木村蒹葭堂　有坂道子
*大田南畝　沓掛良彦

菅江真澄　赤坂憲雄
*鶴屋南北　諏訪春雄
良寛　阿部龍一
*山東京伝　佐藤至子
*滝沢馬琴　高田　衛
平田篤胤　山下久夫
国友一貫斎　太田浩司
シーボルト　宮坂正英
本阿弥光悦　岡　佳子
小堀遠州　中村利則
狩野探幽・山雪　山下善也
尾形光琳・乾山　河野元昭
*二代目市川團十郎　田口章子
伊藤若冲　狩野博幸
浦上玉堂　高橋博巳
*佐竹曙山　成瀬不二雄
葛飾北斎　岸　文和
酒井抱一　玉蟲敏子
孝明天皇　青山忠正
*和宮　辻ミチ子
徳川慶喜　大庭邦彦
島津斉彬　原口　泉
横井小楠　沖田行司
*古賀謹一郎　小野寺龍太
*永井尚志　高村直助
*岩瀬忠震　小野寺龍太
*栗本鋤雲　小野寺龍太
大村益次郎　竹本知行
河井継之助　小川和也

*西郷隆盛 家近良樹
*由利公正 角鹿尚計
*塚本明毅 塚本学
*月性 海原徹
*吉田松陰 海原徹
*高杉晋作 海原徹
*久坂玄瑞 一坂太郎
*ペリー 遠藤泰生
ハリス 福岡万里子
オールコック 佐野真由子
アーネスト・サトウ 奈良岡聰智

近代

*明治天皇 伊藤之雄
*大正天皇 F・R・ディキンソン
*昭憲皇太后・貞明皇后 小田部雄次
大久保利通 三谷太一郎
山県有朋 鳥海靖
木戸孝允 落合弘樹
井上馨 伊藤之雄
*松方正義 室山義正
北垣国道 小林丈広
板垣退助 小川原正道
長与専斎 笠原英彦
大隈重信 五百旗頭薫
伊藤博文 坂本一登
井上毅 大石眞
*井上勝 老川慶喜

*桂太郎 小林道彦
*渡邉洪基 瀧井一博
*乃木希典 佐々木英昭
星亨 小林道彦
林董 奈良岡聰智
*児玉源太郎 小林道彦
*高宗・閔妃 木村幹
山本権兵衛 室山義正
*金子堅太郎 松村正義
高橋是清 鈴木俊夫
小村寿太郎 簑原俊洋
*犬養毅 小林惟司
原敬 季武嘉也
*加藤高明 櫻井良樹
牧野伸顕 小宮一夫
田中義一 黒沢文貴
内田康哉 高橋勝浩
平沼騏一郎 堀田慎一郎
*鈴木貫太郎 小堀桂一郎
宇垣一成 北岡伸一
*宮崎滔天 榎本泰子
*浜口雄幸 川田稔
幣原喜重郎 西田敏宏
関一 玉井金五
水野広徳 片山慶隆
広田弘毅 井上寿一
安重根 上垣外憲一
*グルー 廣部泉
*永田鉄山 森靖夫
東條英機 牛村圭
今村均 前田雅之

蔣介石 劉岸偉
石原莞爾 山室信一
近衛文麿 庄司潤一郎
*岩崎弥太郎 武田晴人
伊藤忠兵衛 末永國紀
*五代友厚 田付茉莉子
*大倉喜八郎 村上勝彦
*安田善次郎 由井常彦
渋沢栄一 武田晴人
中野武営 佐賀香織
益田孝 鈴木邦夫
山辺丈夫 宮本又郎
武藤山治 阿部武司・桑原哲也
池田成彬 松浦正孝
西原亀三 森川正則
小林一三 橋爪紳也
大倉恒吉 石川健次郎
大原孫三郎 猪木武徳
*河竹黙阿弥 今尾哲也
イザベラ・バード 加納孝代
*林忠正 木々康子
*森鷗外 小堀桂一郎
*二葉亭四迷 ヨコタ村上孝之
*夏目漱石 佐々木英昭
徳冨蘆花 半藤英明
巌谷小波 千葉信胤
樋口一葉 佐伯順子
*島崎藤村 十川信介
泉鏡花 東郷克美
上田敏 小林茂

*有島武郎 亀井俊介
北原白秋 平石典子
菊池寛 山本芳明
芥川龍之介 髙橋龍夫
*宮沢賢治 千葉一幹
高浜虚子 坪内稔典
与謝野晶子 佐伯順子
*種田山頭火 村上護
*斎藤茂吉 品田悦一
*高村光太郎 湯原かの子
石川啄木 先崎彰容
萩原朔太郎 エリス俊子・栗原飛宇馬
*原阿佐緒 秋山佐和子
*狩野芳崖・高橋由一 古田亮
川村清雄 落合則子
*小堀鞆音 小堀桂一郎
竹内栖鳳 北澤憲昭
黒田清輝 高階秀爾
中村不折 石川九楊
横山大観 高階秀爾
*橋本関雪 西原大輔
小出楢重 芳賀徹
土田麦僊 天野一夫
岸田劉生 北澤憲昭
濱田庄司 濱田琢司
*山田耕筰 後藤暢子
松旭斎天勝 川添裕
中山みき 鎌田東二
佐田介石 谷川穣
*ニコライ 中村健之介

*出口なお・王仁三郎 川村邦光
*新島襄 太田雄三
新島八重 佐伯順子
木下広次 冨岡勝
海老名弾正 西田毅
嘉納治五郎 クリストファー・スピルマン
柏木義円 片野真佐子
津田梅子 田中智子
*澤柳政太郎 新田義之
河口慧海 高山龍三
山室軍平 室田保夫
大谷光瑞 白須淨眞
*久米邦武 髙田誠二
フェノロサ 伊藤豊
井上哲次郎 井ノ口哲也
三宅雪嶺 長妻三佐雄
*岡倉天心 木下長宏
志賀重昂 中野目徹
德富蘇峰 杉原志啓
*竹越与三郎 西田毅
内藤湖南・桑原隲蔵 礪波護
*廣池千九郎 橋本富太郎
岩村透 今橋映子
*西田幾多郎 大橋良介
*金沢庄三郎 石川遼子
柳田国男 鶴見太郎
厨川白村 張競
*村岡典嗣 水野雄司

大川周明　山内昌之
西田直二郎　林　淳
*折口信夫　斎藤英喜
シュタイン　瀧井一博
*西周　清水多吉
*福澤諭吉　平山　洋
成島柳北　山田俊治
福地桜痴　山田俊治
*村山龍平　早房長治
島田三郎　武藤秀太郎
田口卯吉　鈴木栄樹
*陸羯南　松田宏一郎
黒岩涙香　奥　武則
長谷川如是閑　織田健志
*吉野作造　田澤晴子
*山川　均　米原　謙
*岩波茂雄　十重田裕一
*北　一輝　岡本幸治
*穂積重遠　大村敦志
中野正剛　吉田則昭
*満川亀太郎　福家崇洋
*エドモンド・モレル　林田治男
*北里柴三郎　福田眞人
高峰譲吉　木村昌人
田辺朔郎　秋元せき
*南方熊楠　飯倉照平
石原　純　金子　務
*辰野金吾　河上眞理・清水重敦
*七代目小川治兵衛　尼崎博正

本多静六　岡本貴久子
ブルーノ・タウト　北村昌史

現代

昭和天皇　御厨　貴
高松宮宣仁親王　後藤致人
*李方子　小田部雄次
吉田　茂　中西　寛
マッカーサー　柴山　太
鳩山一郎　楠　綾子
*石橋湛山　増田　弘
重光　葵　武田知己
市川房枝　村井良太
*池田勇人　藤井信幸
高野　実　篠田　徹
和田博雄　庄司俊作
朴正熙　木村　幹
*田中角栄　新川敏光
宮沢喜一　村上友章
竹下　登　真渕　勝
*松永安左エ門　橘川武郎
鮎川義介　井口治夫
*出光佐三　橘川武郎
*松下幸之助　米倉誠一郎
渋沢敬三　井上　潤
*本田宗一郎　伊丹敬之
*井深　大　武田　徹
*佐治敬三　小玉　武

幸田家の人々　金井景子
*正宗白鳥　大嶋　仁
*大佛次郎　福島行一
*川端康成　大久保喬樹
*薩摩治郎八　小林　茂
坂口安吾　千葉一幹
太宰　治　安藤　宏
松本清張　杉原志啓
安部公房　鳥羽耕史
*三島由紀夫　島内景二
井上ひさし　成田龍一
R・H・ブライス　菅原克也
柳　宗悦　熊倉功夫
バーナード・リーチ　鈴木禎宏
熊谷守一　古川秀昭
川端龍子　岡部昌幸
藤田嗣治　林　洋子
*井上有一　海上雅臣
*手塚治虫　竹内オサム
古賀政男　藍川由美
*吉田　正　金子　勇
*武満　徹　船山　隆
*八代目坂東三津五郎　田口章子
*力道山　岡村正史
*西田天香　宮田昌明
安倍能成　中根隆行
サンソム夫妻　平川祐弘・牧野陽子
*天野貞祐　貝塚茂樹

和辻哲郎　小坂国継
矢代幸雄　稲賀繁美
石田幹之助　岡本さえ
*平泉　澄　若井敏明
*早川孝太郎　須藤　功
安岡正篤　片山杜秀
青山二郎　田野　勲
島田謹二　小林信行
田中美知太郎　川久保剛
前嶋信次　杉田英明
*唐木順三　澤村修治
亀井勝一郎　山本直人
知里真志保　モコットゥナㇱ
*保田與重郎　谷崎昭男
石母田正　磯前順一
*福田恆存　川久保剛
井筒俊彦　安藤礼二
佐々木惣一　伊藤孝夫
小泉信三　都倉武之
*瀧川幸辰　伊藤孝夫
式場隆三郎　服部　正
大宅壮一　有馬　学
清水幾太郎　庄司武史
*フランク・ロイド・ライト　大久保美春
*中谷宇吉郎　杉山滋郎
今西錦司　山極寿一

*は既刊
二〇一九年七月現在